法科大学院をねらう

中央ゼミナール編

信山社

まえがき

　この本は，今年度，法科大学院を受験される方，あるいは，これから法科大学院受験を考えている方を対象にしています。特に，来年早々に実施される第1回目の既修者試験と未修者試験の情勢を可視化することに努めました。

　法律学の教科書を紐解くと，「予見可能性」という言葉がよく登場します。しかし，法科大学院をめぐる情勢については，「予見可能性」という言葉が全く当てはまりません。法科大学院は未だに濃霧の中にあります。このため，法科大学院を受験すべきか躊躇されている方は少なくありません。

　また，法科大学院を目指して勉強されている全国2万余の方々も，適性試験は何とかがんばれそうだけれども，既修者・未修者試験に向けていったいどんな対策を採ればよいのか不安な方も多くおられるはずです。本書はそうした方々の支え手になりたいと思っています。

　私たちは，既修者・未修者試験の情勢を予測するために法科大学院の具体的な授業内容に照準を合わせました。なぜなら，法科大学院のカリキュラムが，新司法試験の内容を方向付けるだけでなく，法科大学院既修者・未修者課程の入学試験をも決定づけると考えたからです。こうした視座から検討して明確になったのは，現行司法試験対策が直ちに法科大学院のそれには当てはまらないということでした。

　大学院・編入学試験予備校が法科大学院受験に関する本を単独で出版するのは初めてかもしれません。「オタクは司法試験予備校でないのに，なぜ法科大学院受験対策ができるの？」との質問を幾度も受けました。

　しかし，法科大学院受験対策は，司法試験予備校のノウハウではなく，むしろ大学院・編入学受験予備校が培ってきた受験指導の経験の方が役立つという強い確証を抱くに至りました。これが私たちのささやかなプライドです。

　2003年7月

中央ゼミナール法科大学院コース
執筆者一同

目　次

まえがき

なぜ，いま「法科大学院」か

1. 現行司法試験，3つの問題 ……………………………………………1
   1. 司法試験合格までに費やす時間 ……………………………………1
   2. 本当に合格するのかという不安感 …………………………………1
   3. 合格優先枠制度 ………………………………………………………2
2. 法学部教育・研究に対する反省 ………………………………………2
3. 国家観の変容，社会の法化 ……………………………………………3
   1. 事前規制国家の弊害 …………………………………………………3
   2. これからの法曹に求められるもの …………………………………4

法科大学院とは

1. 法曹養成のための専門職大学院 ………………………………………5
2. 法科大学院への2つの入り口と試験
   ―法学既修者課程（標準2年）と法学未修者課程（標準3年）― ………5
   1. 法学既修者課程 ………………………………………………………5
   2. 法学未修者課程 ………………………………………………………8
3. 法科大学院のカリキュラム ……………………………………………8
   1. 法律基本科目群（標準54単位） ……………………………………9
   2. 実務基礎科目群
      （当面は標準5単位。現行司法試験終了後は9単位） ……………9
   3. 基礎法学・隣接科目群（標準4単位程度の選択必修） …………10
   4. 展開・先端科目群 …………………………………………………10
4. 法科大学院における教育方法 ………………………………………11

5. 入学者選抜方法 …………………………………………………………11

> いま，現行司法試験をねらうべきか，
> 法科大学院に進学すべきか？

1. 現行司法試験の行方 ……………………………………………………13
   1 現行司法試験の存続期間 …………………………………………13
   2 現行司法試験の合格者数 …………………………………………13
2. 最終合格までの期間 ……………………………………………………14
3. 最終合格までの費用 ……………………………………………………15
4. 最終合格のしやすさ（合格率）…………………………………………16
5. どちらを選択すべきか？ ………………………………………………18
   1 自分の能力に自信があるか？ ……………………………………18
   2 学費を工面できるか？ ……………………………………………18
   3 法律実務教育など，高度な教育を大学院で学びたいか？ ………18
   4 孤独な受験勉強に耐えられるか？ ………………………………19
   5 英語の成績，学部試験の成績，志望理由書，推薦書等に自信が
     あるか？ ……………………………………………………………19
   6 現行短答式試験の合格経験があるか？ …………………………19

> 適性試験

1. 初年度は2団体が実施 …………………………………………………20
2. 適性試験では総合的な論理的思考力が要求される ……………………21
3. 適性試験の得点は既修者・未修者試験の事前選抜の材料に …………22
4. 適性試験の得点が既修者・未修者試験に及ぼす影響 …………………22
5. 適性試験の重要度はほどほどに考えた方がよい ………………………24
6. 参考書 ……………………………………………………………………24

小論文試験　傾向と対策

1. 小論文試験の傾向 ……………………………………………………25
   - **1** すべての未修者に課せられる ……………………………25
   - **2** 議論する能力が試される試験 ……………………………25
   - **3** 議論能力とは ………………………………………………25
   - **4** 法と関連する社会問題が出題される公算 ………………26
2. 小論文試験対策 ………………………………………………………27
   - **1** 出題形式の特徴を知る ……………………………………27
   - **2** 法との接点をなるべく探るようにする …………………32
   - **3** 議論の成立した論文を心がける …………………………32
   - **4** 情報を常にチェックする …………………………………33
   - **5** 一つの問題を考え抜けば視野が広がる …………………33
3. 参考になる本 …………………………………………………………35

志望理由書・面接・推薦状

1. 志望理由書 ……………………………………………………………36
   - **1** それぞれの大学の教育理念・意図を理解する ……………36
   - **2** 自らのビジョンを明確に …………………………………36
   - **3** 対　策 ………………………………………………………37
2. 面　接 …………………………………………………………………37
   - **1** 志望理由書にそった面接 …………………………………37
   - **2** 面接形式 ……………………………………………………37
   - **3** 対　策 ………………………………………………………37
   - **4** ひとこまを大切に …………………………………………38
3. 推薦状 …………………………………………………………………38
   - **1** 誰に書いてもらうか ………………………………………38
   - **2** 何通用意すればいいか ……………………………………39

外国語の能力

1. TOEFL か TOEIC か ……………………………………………40
2. その他の外国語 …………………………………………………41

法学既修者法律学試験の出題予想
―法科大学院カリキュラム案を手がかりに―

Ⅰ 法科大学院カリキュラムが試験内容を決定づける
  1. 一段と不透明な既修者試験 ……………………………………42
  2. 中央教育審議会の最終答申 ……………………………………42
  3.「法科大学院カリキュラム案」を手がかりに ………………43

Ⅱ 法律学試験の全体傾向
  1. 出題範囲―1年次法律基本科目群か，2年次法律基本科目群までか― ……………………………………………………44
  2. 2年次法律基本科目群までが出題範囲となる公算 …………45
  3. 現行司法試験論文式試験のような出題はされない …………46
  4. なぜ現行司法試験論文式試験のような出題はされないのか …46
  5. 論点主義の「功」 ………………………………………………47
  6. 論点主義の「罪」 ………………………………………………48
  7. 既修者法律学試験の出題内容および出題形式 ………………49
    1 法理論に対する理解度を試すなら1行型
      ―法学研究科試験，学年末試験レベル― …………………49
    2 事例問題なら最新判例や複雑事例よりもオーソドックスな事例
      ―基本判例の習得― …………………………………………50
    3 最高裁判例じっくり読ませ型
      ―法科大学院1年次基本科目群の期末試験程度？― ……52
    4 擬律や法適用をめぐり争いのある事例問題は出題しづらい ……52
  8. オーソドックスの一言に尽きる ………………………………53

Ⅲ 科目別出題範囲予想

1. 憲　法 …………………………………………………………54
   - **1** 1年次・2年次カリキュラム案の概容 …………………54
   - **2** 出題予想 ………………………………………………55
2. 行政法 …………………………………………………………57
   - **1** 1年次・2年次カリキュラム案の概容 …………………57
   - **2** 出題予想 ………………………………………………57
3. 刑　法 …………………………………………………………58
   - **1** 1年次・2年次カリキュラム案の概容 …………………58
   - **2** 出題予想 ………………………………………………58
4. 刑事訴訟法 ……………………………………………………60
   - **1** 1年次・2年次カリキュラム案の概容 …………………60
   - **2** 出題予想 ………………………………………………60
5. 民　法 …………………………………………………………61
   - **1** 1年次・2年次カリキュラム案の概容 …………………61
   - **2** 出題予想 ………………………………………………62
6. 民事訴訟法 ……………………………………………………64
   - **1** 1年次・2年次カリキュラム案の概容 …………………64
   - **2** 出題予想 ………………………………………………65
7. 商　法 …………………………………………………………66
   - **1** 1年次・2年次カリキュラム案の概容 …………………66
   - **2** 出題予想 ………………………………………………66

全国法科大学院情勢
―アンケート集計結果に基づいて―

Ⅰ　法科大学院の動向
 1．受け入れ態勢 ……………………………………………………70
  ① 募集定員 ………………………………………………………70
  ② 授業料 …………………………………………………………72
  ③ 法科大学院独自の奨学金 ……………………………………72
  ④ 社会人の受け入れを検討している大学院 …………………73
 2．受験をめぐる情勢 ………………………………………………74
  ① 入学課程の決定方法 …………………………………………74
  ② 既修者・未修者課程の定員 …………………………………74
  ③ 適性試験の得点で事前選抜を実施する可能性 ……………75
  ④ 外国語能力を示す資料の提出 ………………………………76
  ⑤ 志望理由書 ……………………………………………………76

Ⅱ　法科大学院受験校選定の心構え
 1．全国区か地方区か ………………………………………………77
 2．学　費 ……………………………………………………………77
 3．法学既修者と法学未修者のいずれを選択すべきか …………78
 4．目標の実現にあわせて大学院を選ぶ …………………………79
 5．研究者志望の人はどうしたらよいか …………………………79

全国法科大学院設置予定校情報

●国立／公立 ……………………………………………………………82
●私立 ……………………………………………………………………126
●適性試験・法律学科目一覧表 ………………………………………226

> 資料

ア　法科大学院における教育内容・方法に関する研究会

　＜資料1＞　法科大学院における民事法カリキュラムのあり方（抜粋）
　　　　　　（2001年4月24日）……………………………………………230

　＜資料2＞　法科大学院における刑事法カリキュラムのあり方（抜粋）
　　　　　　（2001年4月24日）……………………………………………241

　＜資料3＞　法科大学院における教育内容・方法（公法）のあり方について
　　　　　　（抜粋）（2001年10月26日）…………………………………246

　＜資料4＞　法科大学院における公法系教育のあり方などについて
　　　　　　（中間まとめ）（抜粋）（2002年6月28日）…………………263

イ　文部科学省中央教育審議会大学分科会法科大学院部会

　＜資料5＞　法科大学院の教育内容・方法等に関する中間まとめ（抜粋）
　　　　　　（2002年1月22日）……………………………………………268

なぜ，いま「法科大学院」か

1. 現行司法試験，3つの問題

　日本にある資格試験の中で，もっとも形式的平等な制度が司法試験でした。大学を卒業していなくても1次試験に合格すれば，大学在卒者と対等に試験で自己の力を競い合えました。それゆえ，司法試験は，本来であれば真の意味で機会均等な試験でした。

　しかし，さまざまな弊害が顕在化してきました。その弊害は司法試験の合格率に帰着します。司法試験の最終合格率は2.85%です。合格率の少なさそれ自体が問題なのではありません。この狭き門が反射的にもたらした問題が深刻なのです。

１　司法試験合格までに費やす時間

　司法試験に最終合格するためには3～4年かかるのが通例です。7～8年かかるのも異常なことではありません。「2年で合格」というのは，まれな美談にすぎません。これを宣伝文句にしている司法試験予備校も少なくありませんが，阿漕(あこぎ)といえましょう。現実はそう華麗なものではありません。裕福な家庭であれば「パラサイト」で何とか試験を乗り越えることができるかもしれません。しかし，たいていの場合は何らかの形で生活費を稼ぐ必要が出てくるでありましょう。そうなると試験勉強との両立に悩むことになります。

　悩みは物理的問題にとどまりません。

２　本当に合格するのかという不安感

　漠然として，それでいて切実な悩みの中で，気が滅入ってしまっている司法試験受験生は少なくありません。機会均等な試験なのだから仕方がないのでは

ないか，という意見もありましょう。しかし，人間は世間がいうほどには強靱な存在ではありません。このように，司法試験受験生は過酷な試験勉強を強いられているのです。

3　合格優先枠制度

　おそらくこれが最大の問題点であり，現行司法試験制度のもっとも汚点といえるでしょう。論文式試験において，初めての受験から3年以内の者を優先的に合格させる制度です。高得点のベテラン受験生よりも，低得点の「ひよっこ」受験生を合格させるのです。これでは機会も結果も不平等になってしまいます。司法試験の最大のよさであったはずの「機会均等」は，もはやここに崩壊しました。2004年度の司法試験論文式試験から優先枠制度が撤廃されますが，後の祭りといえましょう。

　さて，優先枠制度によっていちばんのしわ寄せを食らったのがベテラン受験生です。優先枠制度は遡及的に適用されてしまったからです。さらに，司法試験合格者の「学力崩壊」が指摘されていますが，この優遇制度で合格していった人々が，修習や法曹の現場で少なからず問題を起こしているのではないかと思われます。

2.　法学部教育・研究に対する反省

　法律実務と研究との乖離が顕著になっています。
　ある法律系学会でのことです。講演会場の外にあるロビーで，紫煙をくゆらしている検事の方が数名おりました。
　「学会報告をお聴きにならないのですか」と尋ねたところ，「あんな過失犯の議論を聞いたところで，何の役にも立たないし，何が言いたいのかもわからない」とぼやいておりました。きわめて象徴的な光景でした。
　実務と研究とが没交渉では，互いの発展はあり得ません。その不利益は，結局は市民が被ることになります。その意味で，法科大学院には，実務と研究の

橋渡し的役割が期待されています。裁判官，検察官，弁護士といった法曹実務家も法科大学院教員として教育現場に参画します。理論と実務がいかに融合し，その成果を法科大学院教育に還元できるかが期待されています。

それだけにとどまりません。法科大学院制度が実施されることにより，法学部における法学教育も再考を迫られています。専攻の法分野を深く研究している教員の授業に参加すれば，教科書を読まなくても授業を聴きながら考えるだけで当該法分野の全体像が見えてきます。見解が対立している点もしっかり理解できます。何が未解明なのかまでもわかってきます。

しかし，大学でこうした授業を展開している教員は，ごく一部しかいないというのが現状でしょう。大講堂に学生を集め，生徒に聴いてもらうことを全く意に介していないかのような講義を一方的に展開する，というのが普通ではないでしょうか。

これも重要なことなのですが，司法試験合格者を多数輩出している大学だからといって，教員の研究・教育能力が高いというわけでもありません。これでは，法曹教育の大半を，事実上，司法試験予備校が担うことになってしまっても仕方ありませんし，大学が司法試験予備校を一方的に批判するのは的はずれといわざるを得ません。法学部教育，法科大学院教育のスタイルをどのように構築するのかが，大学側の課題といえましょう。

3. 国家観の変容，社会の法化

❶ 事前規制国家の弊害

敗戦後，日本国憲法が制定されたことにより，個人や国家に関わる法理念は革命的に変容を遂げました。しかし，現実を見渡すと，少なくとも国家体制に関する限り，戦後も戦前をなおも継承していたといえましょう。戦前の国家総動員体制により，戦争目的のために国家が国民生活の細部まで統制する仕組みができあがりました。戦後，強大な国家体制が縮小されることは，ありませんでした。むしろ，とりわけ行政組織は戦前の国家総動員体制を基盤に，さらに

肥大化を続けました。

　皮肉なことに，これが高度経済成長の土台となりました。行政府は膨大な許認可権限を掌握し，行政指導を駆使して国民生活に対して影響力を行使し続けました。政治家も行政府の権限に寄生して自らの政治的影響力を及ぼし続けました。許認可に絡む政治汚職は未だに絶えません。背後に，許認可に群がって私腹を肥やそうとすると人々が少なからずいることも否定できません。

　思えば，規制の多い国家は，がんじがらめの社会的風潮を生み出します。がんじからめの社会，何でも行政に庇護を求める社会は，不自由な社会です。何か新しい事業を始めようと思っても，許認可を得るために，膨大な書類を抱え，時間もかけて行政機関に赴くことは稀有ではありません。確かに，どうしても行政府が主体にならなければならない分野も存在します。特に費用対効果で割り切れない領域はそうです。しかし，何でも行政の指示を得なければならない社会は，人々を思考停止にし，人々から創造力を奪います。近年の小さな政府論は財政の悪化を理由に提唱されている点で妥当ではありませんが，自由に活動したい人間にとってはこれほどの福音はないでしょう。

2　これからの法曹に求められるもの

　事前規制のない社会では，自由な人間や主体間でさまざまな法的紛争が増加することでしょう。もともと人間は有形無形に人や自然を傷つけて自己の生存を図っている面があります。万人は万人に対してオオカミであるともいわれます。利害の衝突や利益葛藤が生じ，経済的弱者を食い物にした犯罪も多発するかもしれません。紛争の範囲も，日本国内にとどまらず，全世界規模にまで広がります。旧共産圏の崩壊により，事実上地球はすべて市場経済圏になってしまいました。利害衝突は，今後，激しさを増すことでしょう。価値観が多様化した社会における紛争解決規準は法に求める以外にありません。紛争を調整し，裁判を通じていかに正義を実現し，国際的紛争にも対処するか。これがこれからの法曹に求められる手腕といえましょう。「法化社会」の担い手を法科大学院は養成することになります。

法科大学院とは

1. 法曹養成のための専門職大学院

　専門職大学院とは,「高度の専門性が求められる職業を担うための深い学識および卓越した能力を培うことを目的とする」(「大学設置基準などの改正について(答申)」の専門職大学院設置基準要綱から引用)大学院です。法科大学院も専門職人学院の一翼を担います。端的に言えば,2006年から開始される新司法試験と連動した大学院です。修了要件として修士論文の作成は必要ありません。

　わが国では,これまで法律家になるための段階としては事実上次のようなステップを踏むのが通例でした。

① 司法試験予備校で勉強する → ② 司法試験に合格する → ③ 司法研修所で修習を受ける

　しかし,先にも指摘したように現行の法曹養成プロセスには多々問題がありました。そのため,これからは法曹養成の中心的な役割を法科大学院が担うことになりました。これからの土流になります。これからの法曹養成制度については図1,2をご覧ください。

2. 法科大学院への2つの入口と試験
―法学既修者課程(標準2年)と法学未修者課程(標準3年)―

1 法学既修者課程

　入学試験では,適性試験に加えて,法律学試験が課されます。憲法,行政法,民法,商法,民事訴訟法,刑法,刑事訴訟法の計7科目の中から出題されます。もっとも出題科目については大学によりバリエーションがあります。出題形式

〔2004年～2011年〕

法科大学院ルート： 適性試験 → 既修者・未修者試験 →〔法科大学院〕既修者 2年 ／ 未修者 3年
- 法律基本科目群
- 実務基礎科目群
- 基礎法学・隣接科目群
- 展開・先端科目群

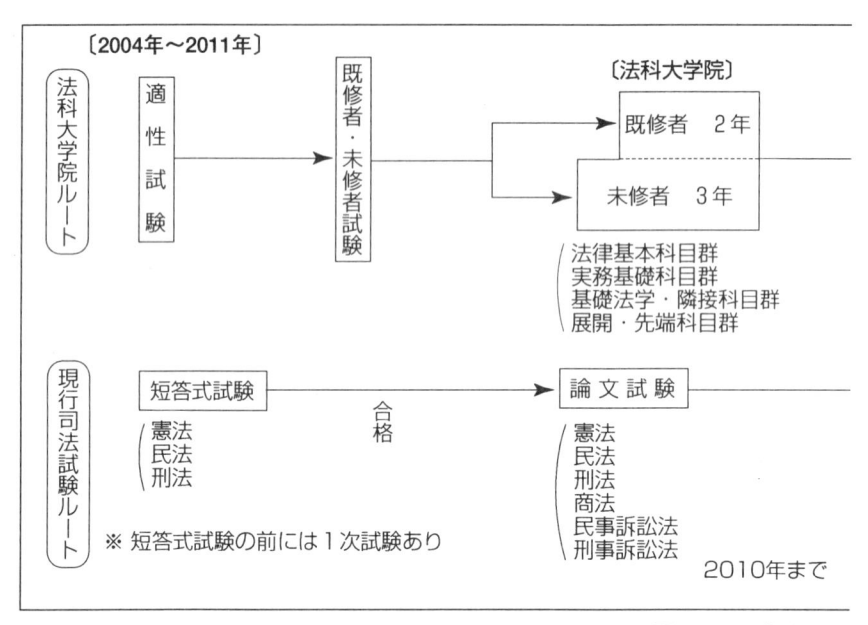

現行司法試験ルート： 短答式試験 →（合格）→ 論文試験
- 短答式試験：憲法／民法／刑法
- 論文試験：憲法／民法／刑法／商法／民事訴訟法／刑事訴訟法
※ 短答式試験の前には1次試験あり

2010年まで

図1　2011年までの

〔2011年以降〕

法科大学院ルート： 適性試験 → 既修者・未修者試験 →〔法科大学院〕既修者 2年 ／ 未修者 3年

司法試験予備試験ルート： 短答式試験 →（合格）→ 論文試験
- 短答式試験：憲法／行政法／民法／商法／民事訴訟法／刑法／刑事訴訟法　＋一般教養
- 論文試験：憲法／行政法／民法／商法／民事訴訟法／刑法／刑事訴訟法　＋一般教養／法律実務基礎科目

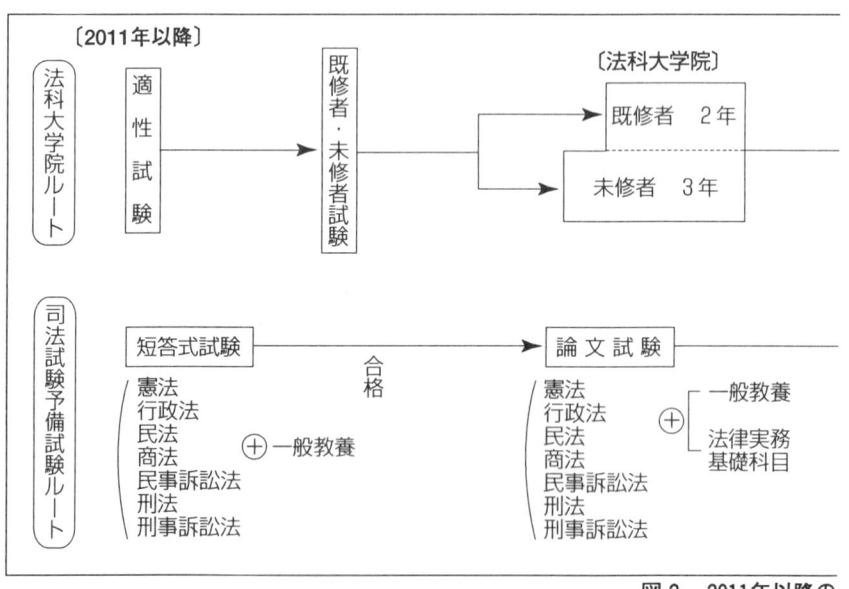

図2　2011年以降の

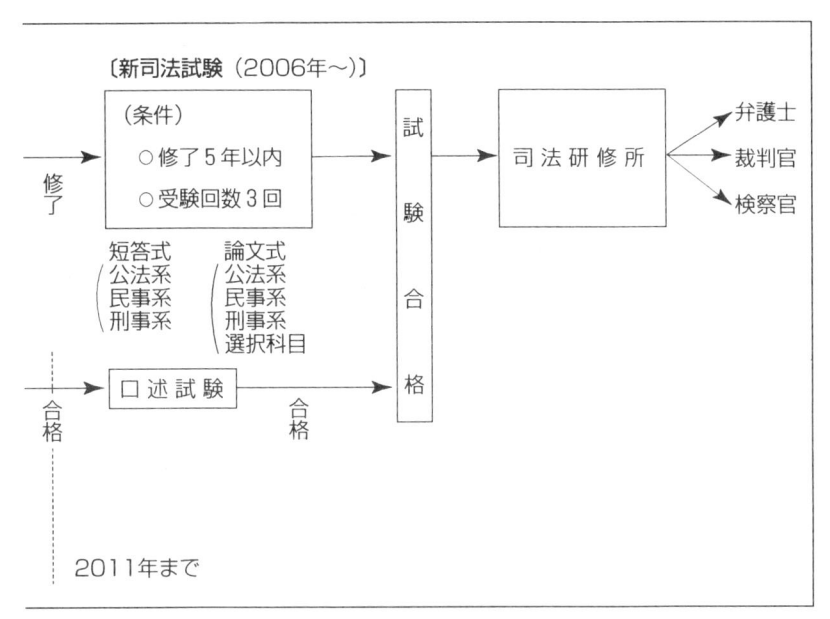

〔新司法試験（2006年～）〕
（条件）
○修了5年以内
○受験回数3回

修了 → 試験合格 → 司法研修所 → 弁護士／裁判官／検察官

短答式（公法系／民事系／刑事系）　論文式（公法系／民事系／刑事系／選択科目）

合格 → 口述試験 → 合格

2011年まで

法曹養成制度

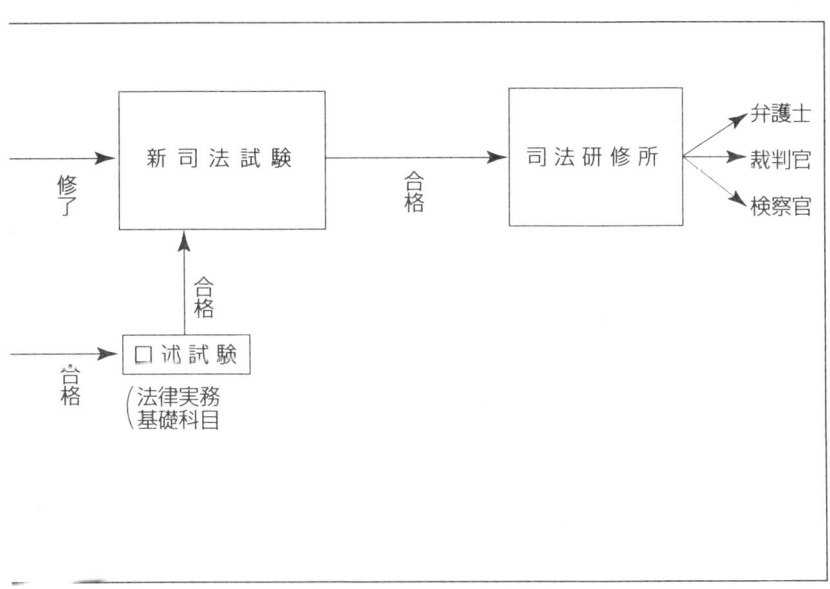

修了 → 新司法試験 → 合格 → 司法研修所 → 弁護士／裁判官／検察官

合格 → 口述試験（法律実務基礎科目）→ 合格

法曹養成制度

法科大学院とは

としては，①全科目，②憲民刑の基本3科目，③公法（憲法・行政法）・民事法（民法・商法・民事訴訟法）・刑事法（刑法，刑事訴訟法）の3つのカテゴリーでそれぞれ融合問題，④憲民刑と，両訴訟法は基礎的出題，等が考えられます。

新たな動きとして，**日本弁護士連合会法務研究財団による「法科大学院法学既修者試験」**が**11月16日**に**実施**されます。上記7科目70問の択一式試験です。一橋大学法科大学院が大学独自に実施する試験に加えて財団の既修者試験の受験を義務づける予定です。東北大学法科大学院も同試験の受験を求める予定です。さらに，香川大学・愛媛大学連合法科大学院（四国ロースクール）は，財団既修者試験の成績のみで，既修者課程進学者を選抜する見込みです。今後，大学によっては，この試験の受験を義務づける動きも出てきそうです。

2 法学未修者課程

法律学を学んだ背景がなくても，入学できるのが法学未修者課程です。しかし，法曹になるために必要な法律学の基礎を1年次でしっかり身につけるために，法学既修者課程よりも1年間修学期間が長くなっています。

入学試験は適性試験に加えて，法律学的知識の問われない小論文試験，面接試験が中心となります。法律学を必要とする試験がないのが，未修者課程入学試験の特徴です。

法学部以外の学部出身の方（特に理系の方），法学修士・博士以外の学位をお持ちの方，公認会計士や税理士，弁理士，医師等何らかの資格をお持ちの方，ユニークな社会人経験をお持ちの方は，是非チャレンジするに値する課程といえるでしょう。現に，一定の資格や経験を有利に評価すると示唆している大学院もあります。

3. 法科大学院のカリキュラム

次の4つのカテゴリーから法科大学院カリキュラムは編成されます。
① 法律基本科目群

② 実務基礎科目群
③ 基礎法学・隣接科目群
④ 展開・先端科目群

各法科大学院の教員の力量が①で試され，各法科大学院の特色は②～④に現れると言っても過言ではありません。

なお，修了に必要な単位数は，最低限，未修者課程（3年コース）で93単位以上です。既修者課程（2年コース）は30単位を超えない範囲で単位を修得したものと見なされます。

1 法律基本科目群（標準54単位）

ここで法理論教育が展開されます。しかも，「理論のための理論」ではなく，法律実務との関連を強く意識した授業が展開されます。したがって，教授される内容も，実務と関係の深い内容に絞られ，あるいは，これから展開される需要が高まるであろう分野（憲法訴訟はその代表例でしょう）に焦点が当てられます。

科目は，公法系科目（憲法，行政法など。標準10単位），民事系科目（民法，商法，民事訴訟法など。標準32単位），刑事系科目(刑法，刑事訴訟法など。標準12単位）から構成され，1年次（法学未修者のみ）と2年次に配分されます。1年次では，各科目ともに，それぞれの系列法分野の全体像と具体的論点への理解を中心とした講義が展開されます。まさに「基礎固めの1年次」です。2年次では，事件や判例を素材にして，1年次に修得した法律学の基礎を使いこなす能力の養成に力点が置かれます。

2 実務基礎科目群（当面は標準5単位。現行司法試験終了後は9単位）

法曹としての責任感や倫理観を身につけるための科目と，専門的技能を育成するための科目が設置されます。どのような科目が設置されるかは，各大学院の裁量に委ねられていますが，おおよそ次のような授業になりそうです。

「法曹倫理」では，法律家として要求される倫理を学びます。実際の問題事例

なども取り上げられることです。

「法情報調査」を通じて，法令，判例，学説の検索・整理・分析法を学習します。

「法文書作成」では，契約書の作成や遺言書，法律意見書などの法的文章の作成方法を学びます。

「要件事実と事実認定の基礎」では，訴訟記録を使ったり訴訟関係書面を作成したりするなどの方法を通じて，要件事実論（民事）や証拠法・事実認定論（民事・刑事）の基礎を修得します。

「ローヤリング」では，依頼者や相談者との接し方を学びます。

「模擬裁判」を経験することにより，からだで裁判実務を学びます。

「クリニック」では，弁護士の監督指揮の下で法律相談，事件内容の聴取法，事案の整理，法令調査，解決策の見い出し方などについて学びます。

「エクスターンシップ」では，法律事務所や企業法務部，官庁法務部で実習を行います。

3　基礎法学・隣接科目群（標準4単位程度の選択必修）

基礎法学科目としては，法哲学，法史学，法社会学，比較法，外国法などがあります。また，政治学，公共政策，経済学などが隣接科目となります。法学部出身者は隣接科目を，法学部以外の出身者は基礎法学の修得が好ましいでしょう。国際的に活躍できる法曹を養成するとしている法科大学院では，アメリカ法，イギリス法，フランス法，ドイツ法といった外国法科目の修得が求められるでしょう。

4　展開・先端科目群

法科大学院の修了に必要な単位数の3分の1から4分の1が展開・先端科目群に配当されるべきことが推奨されています。このため法科大学院の特色がここにもっとも現れることになりそうです。

労働法，経済法，税法，倒産処理法，国際司法などが展開科目に当てられそ

うです。先端科目としては、知的財産法、国際取引法、環境法などが考えられます。バリエーションに富んだ授業が展開されそうです。

　各法科大学院の特色を知りたい場合は、展開・先端科目群にどのような講座が設置されているかを調べるとよいでしょう。

4. 法科大学院における教育方法

　少人数で時間をかけて法曹を養成するという法科大学院の特質のゆえ、教育方法はかなり工夫されたものとなりそうです。大学教員だけでなく、裁判官、弁護士、検察官といった法律実務家も授業に参加します。

　教員が一方的に講義する授業形式は限られたものになりそうです。討論形式が多用されそうです。ソクラティックメソッド（プラトン〔藤沢令夫訳〕『メノン』〔岩波文庫〕を参照）という対話形式も用いられます。調査やレポート作成、答案作成および添削も実施されそうです。

　もっとも、教員たちにとっても法科大学院で授業を展開することは初体験です。したがって、教育方法も試行錯誤しながら確立されていくことになるでしょう。

5. 入学者選抜方法

　法科大学院には、法学未修者課程と法学既修者課程の2つの課程が設置されます。それぞれ試験科目が大幅に異なることについても、すでにご説明してきたとおりです。

　これにともない、入学者選抜方法も多少複雑化します。

　まず、受験者は、全員、適性試験を受験しなければなりません。次に、既修者・未修者試験の前に、適性試験の得点や書類などを資料に、事前選抜が多くの大学で実施されます。そのうえで、次のパターンで既修者・未修者試験が実施されます。

パターン①　既修者課程と未修者課程の一方しか出願・受験できない

　このパターンを採用する大学院を受験し，万が一，志願した課程の試験に不合格になると，その大学院の受験はおしまいということになります。

パターン②　志願者全員に未修者課程を受験させ，未修者試験合格者の中から既修者課程進学者を選抜する

　このパターンは「内部振り分け方式」とでもいうべき選抜方法です。
　パターン①との大きな違いは，仮に既修者試験に合格できなかったとしても，すでに未修者試験には合格しているため，未修者課程に進学できるという点にあります。

パターン③　既修者課程志願者に未修者課程への併願を認める

　仮に既修者試験が不合格となっても，未修者試験に合格していれば，法科大学院への入学を許可するという方式です。パターン①とパターン②の性格を兼ねた選抜方式といえます。
　私たちの調査によると，パターン②の形式で入学試験を実施する法科大学院がかなりの割合を占める情勢です。

いま，現行司法試験をねらうべきか，法科大学院に進学すべきか？

　2011年までは，法律家になるためのルートは，今まで行われてきた現行司法試験を受験するルートと法科大学院を卒業して新司法試験を受験するルートの2つのルートが併存することになります。

　では，法律家になりたい人はどちらのルートを選択すべきでしょうか？　難しい問題ですが，以下に，①現行司法試験の行方，②合格までに必要な期間の比較，③合格までにかかる費用の比較，④合格のしやすさ（合格率）の比較，を検討し，どちらを選択すべきかについて考えてみます（参考：法科大学院に対するアンケート（後掲）や法務省ホームページ）。

1. 現行司法試験の行方

1　現行司法試験の存続期間

　現行司法試験は2011年まで行われます。ただし，2011年においては2010年の論文式試験に合格した者に対する口述試験に限り行われます。

　結局，実質的には2010年までとなります。

　＊ただ，2011年から予備試験が行われます。この試験は法科大学院を経由しない者にも法曹資格を取得する途を開くために設けられるものであり，これに合格した者は法科大学院修了者と同等の資格で新司法試験を受験することが出来ます。予備試験には受験資格の制限等はありません（法務省新司法試験Q＆A）。

2　現行司法試験の合格者数

　2004年には，優先枠（初受験から3年以内の合格者を優先的に合格させる制度）からが廃止された上，1,500人程度に増員されます。2005年も1,500人程度

だと考えられます。

　問題は，新司法試験（法科大学院修了者対象）が開始される2006年以降の現行司法試験合格者数がどうなるか，です。

　法務省によると2010年頃には合格者3,000人程度を目指すとされていますが，これは現行司法試験，新司法試験両方合わせた合格者数です。両者の内訳を明確に述べた公的文書（公的見解）はいまのところないようです。

　一説によると，現行司法試験合格者数は1,500人程度が維持されるのではないか，といわれています。しかしそうなると，新司法試験合格者数が1,500人を切ることになり，法科大学院修了者の対新司法試験合格率は著しく低くなります。仮にそのような事態が生じるとすれば，法科大学院入学志望者は激減するでしょう。このような結果は「法科大学院中心の法曹育成」（司法制度改革推進本部）という司法制度改革の趣旨に反します。

　いちばん可能性が高いのは，現行司法試験の合格者数を徐々に減らし，その分，法科大学院修了者対象の新司法試験合格者数を増やすことだと考えられます。

　ただ，上記計画では新司法試験実施後も5年間程度は併行して現行司法試験を実施するとともに，経済的事情や既に実社会で十分に経験を積んでいるなどの理由により，法科大学院を経由しない者にも法曹資格取得のための適切な途を確保することとするとされていますので(司法改革推進本部)，現行司法試験合格者数がすぐに激減することはないと考えられます。

2. 最終合格までの期間

　まず法科大学院ルートですが，最初に法科大学院の受験準備に最低1年は必要でしょう。次に既修者課程は2年間，未修者課程は3年間法科大学院で学ばねばなりません。さらに，新司法試験に対する合格率が5割ぐらいとすると法科大学院卒業後1～3年は試験勉強が必要でしょう。すると，結局最終合格までは，4～7年は必要と考えた方がよいかもしれません。

次に現行司法試験ルートですが，法務省によると，2002年の現行司法試験合格者の平均受験期間は5.49年となっています。ですから6年くらいは合格に必要といえるでしょう。ただ，優先枠制度（初年度受験から3年以内の受験者を優遇する制度）の下での数字ですので，実際はもっと合格に時間がかかっているのが実態です。

3. 最終合格までの費用

法科大学院ルートの場合，年間の学費が150万〜200万円とするところが大多数です。すると，未修者課程で450万〜600万円，既修者課程で300万〜400万円かかります。それから入学金，法科大学院受験の予備校代がかかることになるでしょう。

これに対し現行司法試験の場合，受験のために予備校に通う人が多いようです。そこで予備校代が，かかる費用の中心となります。費用は初学者が法律の基礎を学ぶのに約100万円，それから模試代等で年間50万円くらいはかかるでしょう。受験期間が6年とするとトータルで400万円ぐらいはかかるのではないでしょうか。

結局，費用の点では大きな違いはないようです。

司法試験予備校に通う場合（現行司法試験狙い）： 400万円程度
- 法律の基礎修得100万
- 模試代などで年間50万
- 合格に6年を費す

法科大学院へ進学する場合：
〔未修者〕450万円〜600万円程度
〔既修者〕300万〜400万円程度

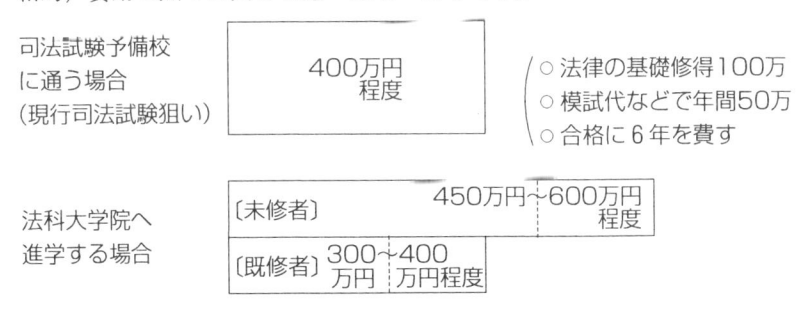

図3　合格までの費用

4. 最終合格のしやすさ（合格率）

　法科大学院ルートの場合，いちばん問題となるのは，法科大学院修了者の新司法試験合格率です。一時は医学部と医師国家試験の関係と同じように，法科大学院修了者の7～8割は合格できるようになるとも言われてきました。これは司法制度改革審議会意見書（2001年6月12日）に「その課程の修了者のうち相当程度（7～8割）の者が新司法試験に合格できる」ようにする，とあるのが一人歩きしたようです。

　最近では，新聞や週刊誌などでは合格率5割という数字が出ています。一方で1年目3割，2年目以降1割という試算もあります。ただ，現時点では分からないといわざるを得ません。その理由は，①新司法試験合格者の数がまだ発表されてないこと，②法科大学院がどのくらい設置認可されるか不明なこと（日本経済新聞6月12日夕刊によると，来春開講予定の法科大学院は72校，定員総計5,950人）にあります。

　ただ，法科大学院を修了しても新司法試験に合格しにくいということになると，法科大学院に行く意味が薄らぐことになり，法科大学院の存在意義が問われかねません。

　そこで7～8割の合格率を維持するためには，①法科大学院の設置申請の段階で設置を認可する大学院の数を絞る，②法科大学院で厳格な成績評価および修了認定の厳格化をはかり，成績の悪い者は卒業させず新司法試験を受験させない，③司法試験合格者総数のうち新司法試験合格者数の比率を増やす，ということが考えられます。しかし，それぞれについて不透明であり，現段階ではなんともいえません。

　一応の試算をしてみます。

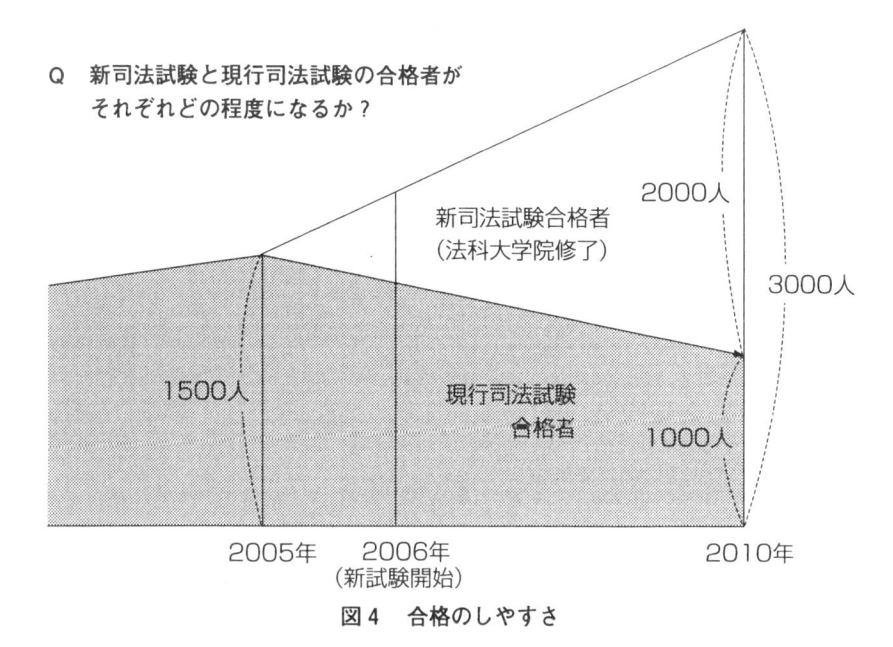

Q 新司法試験と現行司法試験の合格者が
  それぞれどの程度になるか？

2000人
新司法試験合格者
（法科大学院修了）
3000人

1500人
現行司法試験
合格者
1000人

2005年　2006年　　　　　2010年
　　　（新試験開始）

図4　合格のしやすさ

　合格者3,000人（現行司法試験合格者数と新司法試験合格者数の合計）にするといわれている2010年で，その内訳を現行司法試験1,000人，新司法試験2,000人と仮定します。法科大学院の1年間の卒業生が5,000人とすると単純計算で合格率4割となります。ただ，前述のように不確定要素が多い上に，合格者数が3,000人になるのは2010年になってからのことです。それまでは徐々に合格者数を増やすとはいえ，もっと合格率が下がることも十分考えられます。

　これに対し，現行司法試験の場合，合格率2.85％（2002年度）です。

　そして2004年の試験からは優先枠制度（初年度受験から3年以内の人を優先的に合格させる制度）が廃止されるので，長年勉強してきた実力のある受験生は合格しやすくなるといえますが，初学者は合格しにくくなるといえるでしょう。しかも2006年からは現行司法試験の合格者数が減らされる可能性を考えると初学者にとってますます厳しい試験となりそうです。

　結局，現行司法試験で法曹を目指すなら合格者1,500人が決まっている2005年までが狙い目となるでしょう。

合格しやすいのは（合格率の高いのは）法科大学院ルートということは間違いないといえます。

5. どちらかを選択すべきか？

以下にどちらを選択すべきかの判断材料を挙げます。

1　自分の能力に自信があるか？

現行司法試験に1回か2回で合格する自信がある人は現行司法試験を受験するのがよいでしょう。ただ、優先枠導入前の平成元年では受験2年以内での合格者は全合格者のわずか4.5％であり、かなり困難です。1，2回で合格する自信のない人はプロセス重視の法科大学院進学のほうがよいかもしれません。

2　学費を工面できるか？

法科大学院に通う場合、前述のように年間の学費が150～200万円かかります。それらを工面できない人は、現行司法試験を予備校に通わないでめざすことを考えるかもしれません。ただ、各法科大学院は奨学金制度の創設を検討しているようですので、経済的理由により法科大学院入学を断念することはないのではないでしょうか。逆に、経済的理由により多くの人が法科大学院進学をあきらめることになれば問題でしょう。

3　法律実務教育など、高度な教育を大学院で学びたいか？

法科大学院では法律文書作成やローヤリング、リーガルクリニック等、法律実務教育を受けることができます。また大学院によっては、一流の学者、実務家の講義を受けることができます。

現行司法試験受験ではこれらの教育を受けるのは困難です。ですからこれらの教育を受けたいなら法科大学院に行くべきでしょう。

4 孤独な受験勉強に耐えられるか？

現行司法試験では，孤独な勉強を長い期間（平均約6年）強いられがちです。これに対し，法科大学院では少人数教育がなされるとされており，仲間とともに切磋琢磨しながら学ぶことができます。そこで，孤独な勉強が苦手な人は，法科大学院ルートの方がよいかもしれません。

5 英語の成績，学部試験の成績，志望理由書，推薦書等に自信があるか？

現行司法試験を受験している（あるいはするつもりのある）人は学部の授業を重視せず，学部の成績は悪い方も多いでしょう。また，英語も大学受験以来勉強していない方もいるでしょう。これらについて自信のない人は法科大学院進学より現行司法試験受験のほうがよいかもしれません。

6 現行短答式試験の合格経験があるか？

短答式試験の合格経験がある人は，最終合格までもう一歩ともいえます。したがって現行司法試験で最終合格をめざすべきではないでしょうか。

以上，判断材料をいくつか挙げました。結局は，諸事情を考慮し，自分で判断するしかありません。

しかし，現行司法試験の合格には，毎日10時間くらいの勉強を2年間ぐらい継続する必要があるともいわれています。

また法科大学院に進学する場合も，大学院側は学生が相当の時間，自習・復習をするのを前提で授業を行うとしており，現行司法試験合格に必要な時間と同じぐらいの学習が必要と考えられるでしょう。

法科大学院の学生がアルバイトをする時間などはないと考えてよいでしょう。

いずれにしても，どちらの方向に進むにせよ，今後も法曹（法律家）になるためには大変な努力が必要になりそうです。

適性試験

1. 初年度は2団体が実施

　法科大学院の制度設計に関する検討の過程で，すべての試験は各大学の裁量で実施するという案もあったようですが，結局，全国統一の試験が第一次段階で課されることになりました。アメリカのロースクールで実施されているLSATを模範にしました。

　受験生の立場からは，1つの団体が適性試験を実施する方が好都合です。対策が立てやすくなるからです。しかし，最終的には，**大学入試センター**と**日本弁護士連合会法務研究財団**の2団体が適性試験を主催することになりました。それぞれに言い分はあろうかと思いますが，受験生にとってみれば，適性試験への負担が増える結果となりました。受験生の立場に立った制度設計という視点が重要だったと思います。

　もっとも，法科大学院協会設立準備会は大学入試センターの適性試験を推奨し，各法科大学院もこの動きを受けて，大学入試センターのスコアを要求する傾向を示しています。それゆえ，初年度は大学入試センターの適性試験は必ず受験すべきです。また，法務研究財団の適性試験も受験しておいた方が安心です。法務研究財団の適性試験も好成績の場合は既修者・未修者選抜試験で有利に評価されます。

適性試験関係問い合わせ先

独立行政法人　大学入試センター　総務課企画室（URL　http://www.dnc.ac.jp/）

　〒153-8501　東京都目黒区駒場2-19-23

　電話　03-5453-6000（志願者専用）

　月曜～金曜　9時30分～12時，13時～17時　（祝日を除く）

※電話による問い合わせは，原則として受験者本人が行ってください。

日本弁護士連合会法務研究財団適性試験委員会 事務局
（URL　http://www.jlf.or.jp/）
〒103-0025　東京都中央区日本橋茅場町3-9-10
TEL：03（5614）6287　FAX：03（5643）7186
MAIL:jlflsat@cd.inbox.ne.jp

2. 適性試験では総合的な論理的思考力が要求される

適性試験では以下の内容が問われます。

【大学入試センター】
　第1部：推論・分析力（90分）　　第2部：読解・表現力（90分）

【日弁連法務研究財団】
　①論理的判断力（40分）　②分析的判断力（40分）　③長文読解力（40分）
　④表現力（論述，40分）

　全般的に，上級公務員試験の判断推理と文章読解に類似してはいます。しかし，これまで実施された模擬試験を見る限り，特に読解力を問う問題は，かなり高度な論理的思考力が要求されます。小手先の経験だけでは対応できないと思われます。
　問題の詳細は，過去に実施した模擬試験をホームページ上に公開したり（大学入試センター：http://www.dnc.ac.jp/houka/houka_seikai.htm），問題集を発売したりしています（日本弁護士連合会法務研究財団編『法科大学院統一適性試験ガイドブック』商事法務，2,400円）。また，各予備校が適性試験に特化した問

題集も販売したりしていますので，詳細はそちらを参考にするとよいでしょう。

3. 適性試験の得点は既修者・未修者試験の事前選抜の材料に

　学費の安さなどから，国立の法科大学院に志願者が殺到することが予想されます。特に，未修者課程志願者は既修者課程志願者を大きく上回るものと考えられます。有力私学にも志願者が殺到することでしょう。そのため，大学側としては，既修者・未修者試験の採点の負担を何らかの形で軽減する必要があります。

　まず，適性試験の得点が事前選抜の材料になりそうです。4月21日朝刊（日本経済新聞）によりますと，同新聞が，法科大学院協会設立準備会加盟の大学にアンケート調査を実施したところ，既修者・未修者試験実施前に，適性試験の結果等を考慮して，事前選抜を実施する公算が高いことが判明しました。同新聞によると，返答のあった70大学のうち，42校が事前選抜を実施するとしています。そのうち，適性試験や学部成績，志願理由書などの書類審査のみで事前選抜を実施する大学は33校にのぼりました。この傾向については私たちのアンケート調査でも確認しています。

　もっとも事前選抜を実施する際の諸条件や基準については，法科大学院ごとに対応が異なるようです。

4. 適性試験の得点が既修者・未修者試験に及ぼす影響

　事前選抜を実施したあと，なおも適性試験の得点がその後の試験にどのように反映されるのかが，受験生としては大変気になります。しかし選抜過程はいわばブラックボックスですから，私たちはいっさい中身を窺い知れないのが実際です。

適性試験の得点を既修者・未修者試験でどのように考慮するのでしょうか。いくつかパターンが考えられます。

① **適性試験の得点は既修者・未修者試験の事実上の受験資格にすぎず，既修者・未修者試験の合否にはいっさい反映されない。**

①はつまり，合否は既修者・未修者試験の得点だけで決めるということになります。しかし，私たちの調査によると，そうした対応をとる大学はきわめて少数です。

② **適性試験の得点と既修者・未修者試験を総合して既修者・未修者試験の合否を判断する**

これが主流と断言してよいでしょう。しかし，既修者・未修者選抜選考において適性試験の得点がどの程度のウェイトを占めるかは，なお，各大学院の裁量ということになりましょう。

例えば，大阪大学法科大学院は，未修者選抜試験の配点を公表しています。まず適性試験の得点で事前選抜を行い，受験生を300人に絞り込みます。そのうえで全員に未修者試験を受けさせます。合計200点満点の内訳は，適性試験が100点，大学の成績が30点，志望理由書が10点，推薦書が10点，小論文が50点です。適性試験の得点が50％のウェイトを占めています。

また，北海道大学法科大学院（事前選抜実施を予告しています）も，違った角度から，選抜試験の詳細を公開しています。それによると，最終合格者100人のうち，特別選考を20名，一般選考を80名としています。特別選考では，適性試験や小論文，面接試験，実績評価，学修評価，法律学試験を総合評価します。一般選考では，適性試験高得点者20名，小論文試験高得点者10名，学修評価が優秀な者30名，総合評価が20名となっています。適性試験高得点者が合格

者に占める割合は20％です。

　慶應義塾大学法科大学院は，適性試験得点による事前選抜は行わず，しかも，事実上，既修者・未修者試験にウエイトを置いた選抜を行う模様です。

5. 適性試験の重要度はほどほどに考えた方がよい

　法科大学院受験者はすべて適性試験を受験しなければなりません。その意味で，適性試験がきわめて重要であることについては，異論はないと思います。

　しかし，「適性試験で合否が決まる」と考えるのは少し行き過ぎだと思います。法科大学院試験が大学受験のように偏差値序列化される恐れがかねてから指摘されています。その疑念を払拭すべく各法科大学院は対応を考えているはずです。既修者・未修者試験において，適性試験の得点だけで合否が決せられることはぜったいにないといってよいでしょう。

　事前選抜においても，適性試験と書類を併せて審査を行う大学院が半数です。既修者・未修者試験においても，適性試験だけが決め手になるとは限りません。

　「適性試験で8割以上の得点を確保する」と気張るよりも，ともかく一問一問手堅く点を取るとの姿勢の方が良いと思われます。法科大学院試験は長丁場です。くれぐれも適性試験で燃え尽きないようにすべきです。

6. 参考書

　適性試験対策に最適な本として共通して勧められているのが，野矢茂樹『論理トレーニング101題』（産業図書）と『論理トレーニング』（産業図書）です。適性試験は「考えるより慣れだ」との指導が主流です。しかし，慣れでは対応できないところもあるはずです。得意な問題と苦手な問題が出てきてしまうのが通例です。その点，この2冊をしっかり修得すれば，適性試験で問われるかなりの部分に対応できる力が身につくはずです。

小論文試験　傾向と対策

1. 小論文試験の傾向

1 すべての未修者に課せられる

　小論文は，法学未修者試験において課されます。法学既修者志望者も，内部振り別け方式や併願方式を採用する大学院を受験する際には，小論文試験が課されます。

　字数は，1200字前後が主流になるものと思われます。試験時間は90分が標準となるでしょう。小論文試験で出題される内容は，法律学の専門知識は必要とされないので，大学受験と同じレベルの対策でことが足りると考えることは危険です。あくまでも，法科大学院の小論文であることを肝に銘ずるべきです。

2 議論する能力が試される試験

　入学する先は大学院です。しかも法科大学院です。試験の各所で要求されるレベルは大学受験以上です。また，論文執筆の技術も，大学受験よりもより高度なものが求められます。議論能力の有無が直截的に小論文では問われます。「青春メッセージ」的な自己主張文では，法科大学院の小論文としては合格レベルとはいえません。

3 議論能力とは

　たとえば，神戸大学法科大学院のHPによると，小論文試験において，次の力を試すとしています。

　① 複数の日本語の資料を読み，それらに含まれる主張とその論拠を正確に理解する能力
　② 資料に示された論拠の間の相互関係を明確に整理する能力

③　各主張の論拠を単に羅列するのではなく，②で行った整理にもとづいて，論理的な文章で的確に表現する能力

　確かに小論文試験では，法律学の専門知識は必要ではありません。しかし，3つの能力はまさに法的議論に必須の能力といえます。しばしば法科大学院教育の目標の1つに論点主義の弊害を克服することが挙げられています。小論文試験においても，論点主義のような小手先の思考力ではなく，深く本質を見きわめて議論する力が要求されます。

4　法と関連する社会問題が出題される公算

　法曹は社会の中で活躍しなければ意味がありません。また，他者や社会に対する関心がなければ，「ペーパードライバー」ならぬ「ペーパー法律家」に堕することになりましょう。ところが，最近，法律家というステータスばかりにこだわって，社会で惹起している問題をいっさい知らない人が多いと思います。まるで世捨て人のようです。

　近年，各法分野において，さまざまな社会問題によって，法のあり方が再考を迫られています。たとえば，武力攻撃事態法はまさに憲法9条の存在意義を揺るがすものといえましょう。成年後見制度はまさに高齢社会を反映したものです。これまでは犯罪とはされていなかった行為が犯罪化されています。環境保護のために法は何ができるかも問題となっています。このように法は社会と人間に根ざしているのです。

　法科大学院小論文で，社会問題が広く出題される可能性が高いのは，法科大学院カリキュラム案をみてもわかります。各法分野で1年次に履修する基礎科目の内容をみてください。それぞれのテーマの背後には，日常社会で惹起されている紛争が深く絡んでいます。法律に関する知識がなくても，常日頃から社会問題に関心を持ち考えている人を未修者課程に入学させたい，と法科大学院は考えるのではないでしょうか。

　いまこの世でどのような矛盾が発生しているのか。法曹を目指すのであれば，しっかり社会と向き合わなければなりません。

2. 小論文試験対策

1 出題形式の特徴を知る

　編入学・学士入学試験で，社会時事問題がよく出題されます。おそらく法科大学院の小論文も出題内容としてはこれらの試験レベルと考えられます。

　1行タイプ，図表読み取りタイプ，課題文読解タイプ，ディベートタイプが基本的な出題形式といえます。

[1行タイプ]

　1行タイプでは，出題形式が抽象的なので，受験生自らが問題提起を具体的に行う必要があります。他方で，出題形式が抽象的ということは，受験生による問題提起の枠を広く採っていることでもあります。したがって，出題者の期待している「キャッチャーミット」の中に問題提起が収まれば，議論の端緒としては全く問題がありません。

【例題】　神戸大学法学部平成7年度編入学試験
・「日本文化の普遍性と特殊性」について，論じなさい。

[図表読み取りタイプ]

　図表読み取りタイプでは，与えられた情報を整理し，その過程の中から問題点を見いだす必要があります。論点が一つしか考えられない出題もあり得ますが，受験生の見識を問うためには，図表の中に複数論点が隠されている出題が通例でしょう。

【例題】　早稲田大学政治経済学部1995年度社会人入試試験問題
　現代日本の政治・経済に対して，人口移動・人口流動がどのように影響を及ぼし，またどのような問題を生んできたかについて論じなさい。字数

は600字から1000字以内とする。

表1　日本の市区町村間移動者総数
　　　および有権者数の推移：1955〜1990年

年	移動者総数 （単位：1,000人）	移動者の 人口性比	移動率 （％）	有権者数 （単位：1,000人）
1955	5,140	—	5.80	49,235
1960	5,652	112.2	6.09	54,312
1965	7,380	115.5	7.56	59,544
1970	8,272	114.2	8.02	
1975	7,543	111.4	6.78	
1980	7,067	112.1	6.07	80,925
1985	6,482	116.1	5.39	
1990	6,518	120.7	5.32	90,322

出所：総務庁統計局編『住民基本台帳人口移動報告年報平成2年』
　　　1991年
注1）人口性比は，女子100人に対する男子の数
注2）移動率は，日本人人口に対する比率

表2　関東地方都県別の常住人口と昼間人口：1990年

（単位：1,000人）

| 都県別 | 常住人口
（夜間人口） | 15歳以上の就業者および通学者数 | | | | 昼間人口 |
		同市区町村 で就業，通学	県内他市区町 村で就業，通学	他県へ 通勤， 通学	他県か ら通勤， 通学	
茨城	2,842	1,024	468	149	67	2,760
栃木	1,934	814	267	53	50	1,931
群馬	1,965	778	330	45	41	1,961
埼玉	6,388	1,613	1,014	1,185	232	5,425
千葉	5,538	1,527	780	947	173	4,762
東京	11,762	3,029	3,837	418	3,184	14,483
神奈川	7,955	1,938	1,682	1,120	282	7,110
全国	123,285	42,518	23,003	5,773	5,773	123,285

出所：総務庁統計局編『日本の統計　1994年版』1994年

表3　三都市の人口推移

(単位:1,000人)

日本（東京）			ヨーロッパ		
時期	東京区部	東京都	時期	ロンドン	パリ
19世紀前半	1,000～1,500	—	1801年	1,117	547
1872年	520	—	1850年	2,685	1,053
1898年	1,440	1,878	1880年	4,777	2,269
1918年	2,347	3,340	1910年	7,256	2,888
1940年	6,779	7,355	1930年	8,216	2,891
1945年	2,777	3,488	1950年	8,348	2,850
1970年	8,841	11,408	1970年	7,452	2,989
1990年	8,164	11,856	1990年	6,756	2,189

出所：『第44回・東京統計年鑑』，『日本長期統計総覧』，『明治大正国勢総覧』，『マクミラン・世界歴史統計』，『British Historical Statistics, 1990』など。

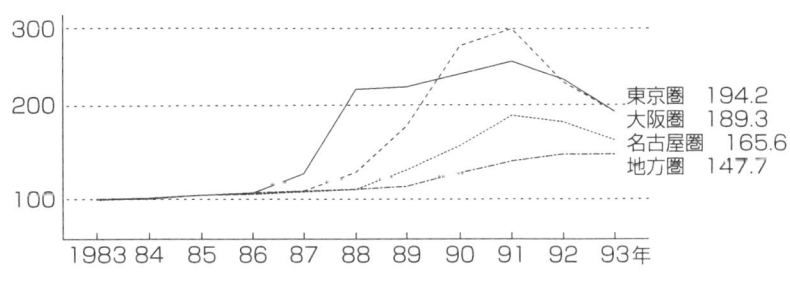

図A　地価の推移（住宅地）

東京圏　194.2
大阪圏　189.3
名古屋圏　165.6
地方圏　147.7

出所：郵便貯金振興会・貯蓄経済研究センター『個人金融年報　平成5年版』。国土庁「地価公示」による。
注：1983年時点の地価水準を100とする。

[課題文読解タイプ]

　課題文読解タイプは，課題文に対する理解力が正面から問われます。筆者が

何を問題とし，どのような見解を主張し，いかに理由付けしているかを読み取っていかなければなりません。読者の議論を無視して自己の主張を展開することがあってはなりません。筆者の議論が論文の土俵となるからです。

【例題】　大阪大学法学部平成15年度3年次編入学試験

　以下の文章を読んで，これまで個人のマナーやモラルの問題とされてきた行為を法律や条例で禁止することについて，身近な事例に言及しつつ，あなたの考え方を述べなさい。

　「東京都千代田区が制定した"歩きたばこ禁止条例"が波紋を広げている。路上禁煙地区での喫煙と吸い殻のポイ捨てを禁じ，全国初の罰則規定で悪質な違反者に対して最大で2万円の科料を科すところがミソ。他の自治体に追随の動きがあるほか，民主党が同じ目的で国会に提出した軽犯罪法改正案をめぐる議論にも影響を与えそうだ。

　"罰金"の是非はともかく，条例が目指す歩きたばこ追放に，真っ向から反対する向きはいないだろう。分煙が進む折，人混みで紫煙を吐き散らすのは自分勝手にすぎる。衣服を焦がしたり，火が触れるトラブルも多い。94年1月には千葉県の船橋駅で，母親に手を引かれていた3歳の女児がまぶたにやけどを負っている。

　『もはや個人のマナーやモラルを求めるだけでは限界。罰則規定で抑止効果を上げたい』とする同区の説明はもっともだ。人の良心は期待できなくなったと実感するし，下手に注意すれば逆に怒られそうで怖い。歩きたばこを『違法行為＝罪』とすれば，愛煙家の自粛が進み，注意もしやすい。

　ついでに携帯電話の乱用防止法，満員電車でのヘッドホンからの"シャカシャカ音"漏出禁止条例……といった法令もできれば便利だと思わないわけでもない。

　しかし，禁止法令や罰則制定では，問題の抜本的な解決はあり得ない。法令で取り締まれば，法令で禁止されていないことはやっていい，と抜け道を探る風潮が広がりもする。同区を歩いていた愛煙家が区境を超えた途端，たばこを吸う様子を描いた漫画が早く登場したのも，そうした認識が人々にあればこそだろう。

　改めて言うまでもなく，法令や規則でがんじがらめにされた社会は住みにくい。しかも何でも法令に頼れば，人は法令で定められた義務しか果たさなくなる。シルバーシートができたら席を譲る人が減り，シルバーシートまで若くて元気な人に占拠されるようになったのは裏目に出た格好だ。

　条例化の抑止効果や良識派のいらだちは十分に理解できる。それでも，

法令依存体質にはそろそろ見切りをつけようではないか。迂遠でもあきらめずにマナーやモラルの向上を目指し，家庭のしつけと学校教育を根本から問い直すことから始めよう。
　それでなくても，"何でも条例化"は加速するばかりだ。青森県ではねぶた祭りから乱暴な踊り手を締め出すハネト防止条例，群馬県新治村では野猿，神戸市ではイノシシへの餌付け禁止条例，大阪府では金属バットの持ち歩き禁止条例……といった具合だ。
　どれももっともで制定者の意図はよくわかる。だが，このまま進むと電車内の「放屁禁止条例」まで作られて，法廷で故意か過失かが争われる事態にもなりかねない。笑い話ですむうちに"罰則頼み"の風潮に歯止めをかけたい。
（2002年7月8日毎日新聞社説「歩きたばこ禁止条例　放屁禁止法も必要？！」）

[ディベートタイプ]

　ディベートタイプとは，対立する論者の見解を読ませ受験生の見解を問うたり，ある見解に対して論駁することを求めるタイプです。このタイプに取り組むためには，多面的なモノの見方を身につけること，論のどの部分に対して反論を加えるべきか見極める力を養うことが重要です。

【例題】　東京大学法学部2002年度学士入学試験問題
　科学技術会議生命倫理委員会「クローン技術による人個体の産生等について」は，クローン技術による人個体の産生についての基本認識として，次のような意見を述べている。
　「クローン技術の人個体産生への適用については，人間の育種や手段化・道具化に道を開くものであり，また，生まれてきた子供は体細胞の提供者とは別人格を有するにもかかわらず常に提供者との関係が意識されるという人権の侵害が現実化する。このため，個人の尊重という憲法上の理念に著しく反することとなる。さらに無性生殖であることから，人間の命の創造に関する我々の基本認識から逸脱するものであり，家族秩序の混乱等の社会的弊害も予想される。
　また，クローン技術による人個体の産生については，安全性に関する問題が生じる可能性も否定できない。

> このように、クローン技術による人個体の産生には人間の尊厳の侵害などから重大な問題があり、その弊害の大きさから、法律により罰則を伴う禁止がなされるべきである。」
>
> この意見に対して考えられる反論をあげた上で、あなたの意見を述べよ。

2　法との接点をなるべく探るようにする

　確かに小論文試験では法的知識は問われないとされています。しかし、それは、専門知識は問わない、という趣旨で理解しておくべきでしょう。

　たとえば、時事問題として当然に知っておくべき法あるいは法案の名前は多々あります。また、法・法案に関するおおよその内容についても、新聞などで取り上げられる範囲内での知識は当然に求められるはずです。

　また論点の設定についても、法あるいは法案における論争点を取り上げるとよいでしょう。確かに詳細な法的知識や高度な法的議論は小論文では必要ありません。しかし、法的論点に対しては法律家でなければ発言権がないということはぜったいにありません。法律的知識がなくても、論点についてはたいていある種の違和を感じるものです。受験生の健全なバランス感覚を働かせれば、解決策や守るべき主張・価値観・人は何かを主張することが可能です。予断や偏見にもとづく主張、あまりにもアンバランスな見解を展開すると、「法律家としての素養がない」と疑われることは確実です。

3　議論の成立した論文を心がける

　「論文です」と提出した答案を読んでみると、説明文であることがよくあります。また、「〜という主張がある。また……という反論もある。それほど対立しあうことはよくない。」という趣旨の論文も見かけます。論文は知識の多寡を試すために出題されるのではありません。また、「けんかはやめて仲良くしようよ」的な主張も、論文では是認されません。

　論文とは、議論が成立している文章です。議論とは、問題点をめぐり、異なる見解を持つ者同士が互いにテーブルについて意見を交換しあい、自らの正当

性を主張しあう場です。論理的なけんかをしてよいのです。よく考えると法廷もそうした場所なのです。

　ですから，問題点をめぐり，反対者の見解が紹介され批判的検討がなされていること，自分の見解が示され理由もしっかりつけられていることが，論文としての最低ラインといえましょう。しかも，他者の見解の背後に横たわる価値基準をも見抜き，それに対して，少々大げさかもしれませんが，自己が是とする倫理基準を基礎に据えて，深みのある議論を展開することが必要でしょう。

4　情報を常にチェックする

　新聞に，毎日，目を通すことは絶対に必要です。すべての記事を読む必要はありません。しかし，法科大学院での学習事項と深く関連する報道や解説記事は必ず読むようにしてください。新聞を取ることが難しい場合でも，近所の図書館に出向いたり，月刊新聞ダイジェストのような雑誌を購入したりして，情報にふれてください。NHK総合テレビの「あすを読む」や「視点・論点」は，短い時間でニュースを深く掘り下げうまくまとめているので，メモをとりながら毎日見ることもよいでしょう。

　1日1ネタを目標に，時事ネタ帳をつけることをおすすめします。キーワードだけ羅列してメモをとるだけでも結構です。時間が許せば，5W1Hの観点からニュースをまとめ，自分なりのコメントを書き加えてみるのもよいと思います。「継続は力なり」という言葉があるように，1日1ネタの地道な積み重ねが，自己の見識を広め深めます。ネタ帳をつけるのが面倒な方は，『朝日キーワード2003』（朝日新聞社），あるいは『時事ニュースワード2003』（時事通信社）を購入し，毎日，数項目読んでいくこともおすすめです。

5　一つの問題を考え抜けば視野が広がる

　暗記型人間の特徴は，知っていることについて出題された場合は完璧に応えることができ，知らないことについては全く太刀打ちできない，という点につきると思います。しかし，それはあまりにも石頭であり融通が利かない思考の

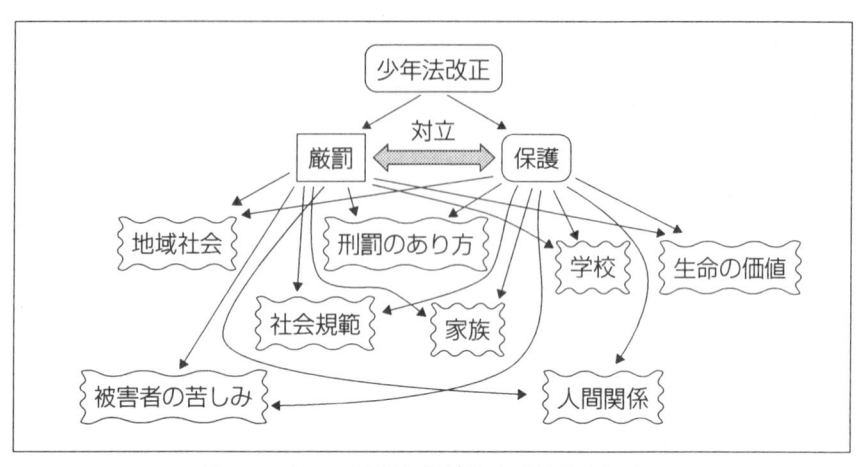

図5　ひとつの問題を考え抜けば視野が広がる

持ち主とも言えましょう。

　ある事柄について考え抜くと，モノの考え方に奥行きと深さが生まれます。社会問題をたくさん暗記するという勉強姿勢よりも，一つ一つの問題について考え抜く姿勢で勉強していただきたいと思います。

　例えば，少年法改正について考えていくと，厳罰を臨む人，保護を維持すべき人の見解が見えてきます。前者は社会の倫理観の崩壊を嘆くでしょう。では，なぜ社会倫理が崩壊するのか……。後者は少年を取り巻く人間関係や社会環境に問題を見いだします。では，なぜ一見生活に不自由をしていない家庭で非行がおきるのか……。

　このように一つの問題の背後にはさらにさまざまな問題が控えており，どれも根本問題に行き着くのです。この作業を通じて視野が広がり考えも深まります。たとえば，家族や社会規範の問題が出題されたときも，少年法改正で考えたことが応用できるのです。

3. 参考になる本

　議論が成立している論文を作成するためにはどうしたらよいかを懇切に解説しているのが，樋口裕一『手とり足とり小論文』(ごま書房) です。論文が書けないという人は根本的なところに欠陥があります。それを修復してくれる本です。大学受験小論文の参考書の中で，唯一，法科大学院の小論文にも十分に活用できます。

　条文や法律家の文章には一般的に悪文が多いようです。小論文のためには，それらはあまり模範になりません。他者へ正確に自分のメッセージを伝えるためには，岩淵悦太郎編著『悪文(第3版)』(日本評論社) から，文章作法を学ぶ必要があります。本多勝一『日本語の作文技術』(朝日新聞社) も，例文に違和を感じるかもしれませんが，明快な文章を書く技術を学ぶには絶好の本です。

　論理がしっかりした論文を書くためには，野矢茂樹『論理トレーニング101題』(産業図書) が参考になります。いかに私たちいい加減に論文を書いてきたかがよくわかります。野矢茂樹『論理トレーニング』(産業図書) の第12章も論文を書く際の参考になります。この2冊は適性試験の参考書とされていますが，実は小論文作成のためにも役に立つのです。

志望理由書・面接・推薦状

1. 志望理由書

1 それぞれの大学の教育理念・意図を理解する

　志望理由書を提出させる大学側の意図として，明確な志望理由がない者はあまり入学させたくないということが挙げられます。また，あまりにも不純な動機を持った者も入学させたくないという意図もあります。現行司法試験制度では，志望理由書は提出しません。センセイと呼ばれて人生を送りたい，法曹資格を得てブラックビジネスで大儲けしたい，といった不純な動機でも試験さえ合格すれば現行司法試験制度では何ら問題はないのです。

　しかし，法科大学院では志望理由書の提出がほぼ義務づけられています。法科大学院はそれぞれ教育理念を打ち出しています。この教育理念にふさわしい人物を入学させたいわけです。逆に受験生の側も，自らのビジョンを明確にした上で，ビジョンを実現することが可能な大学を選択していかなければなりません。

2 自らのビジョンを明確に

　次の事項についてしっかり考えておく必要があります。

　① **法科大学院へ進学しようと思った動機**
　　……なるべく具体的に示さなければなりません。

　② **法科大学院を修了したあとのビジョン**
　　……現時点でのビジョンですから，将来実現するかどうかは気にする必要はありません。将来の抱負をおもいっきり語ってみましょう。夢

は他者から与えられるものではなく自ら持つべきものです。

③ **法科大学院で特に重点的に学んでみたい事柄**
……動機・将来のビジョンと絡ませるのがよいでしょう。

④ **なぜ当該法科大学院を志望したか**
……この大学院であれば自分の学びたいことが学ぶことができるのかどうかという視点で書くべきです。

3 対　策

これらの①〜④の項目について，800字程度にまとめる訓練をしておくとよいでしょう。字数が2,000字程度に及ぶ指定があった場合でも，各項目について内容をさらに豊富にすれば容易に2,000字程度までたどり着けます。

2. 面　接

1 志望理由書にそった面接

面接試験は，行わない法科大学院もありますが，多くの大学院で実施されます。

志望理由書をもとに面接は行われそうです。法学研究科であれば，研究計画書を手がかりに面接が実施されるわけですが，法科大学院では修士論文を作成する必要が全くないため，この志望理由書をもとに面接が行われます。

専門内容に深くつっこんだ面接はあまりないでしょう。

2 面接形式

面接形式としては，
① **教授陣と一人ずつ面接**
② **教授陣が受験生同士の集団討論を見守る**

③　ディベート形式で面接

といった方式が考えられます。

3　対　策

　面接対策としては，話す訓練と聞く訓練が挙げられます。

　① 話す

　自分の主張を話す場合は，最初に結論を述べてから理由付けを後に回す，といった小さな工夫で，自分の考えを相手にはっきり伝えることができます。

　② 聞く

　また，話し上手になるためには聞き上手にならなければなりません。相手の質問が長い場合，質問が数点にわたる場合は，きちんと相手の質問事項を把握しなければなりません。そうでないと，応答がちぐはぐとしたものになり，あるいは，相手の尋ねていないことにまで応えることになります。

4　ひとこまを大切に

　その意味で，面接試験ではその一こま一こまを大切にする姿勢が重要になります。予め「想定問答集」をつくることは否定しませんが，受験生が事前に想定したことを教授陣が聞いてくるはずだという姿勢で面接に臨むべきではありません。そこまで他者をコントロールすることはできないのです。

3．推薦状

1　誰に書いてもらうか

　推薦状の目的は，受験生の人物をより客観的に大学院側が知るためにあります。このため，推薦状を書いてもらう人物をしっかり見極めなければなりません。たとえば，親や配偶者，祖父母，恋人，親戚，というように，自分とあまりにも距離が近い人が書いた推薦状はほとんど信用されません。なぜならば，

それらの人物は受験生を客観的に推薦することが難しい人物だからです。しかし，どうしても自分自身を客観的に推薦してくれそうな方が身近にいない場合は，志望先の法科大学院に直接問い合わせて相談されることをおすすめします。

　大学生であれば，ゼミの教員やよく参加する授業の講師に，推薦状を執筆してもらうと良いでしょう。社会人の方であれば，職場の上司の推薦状が効果的です。

2　何通用意すればいいか

　通例，1通ないしは複数の推薦状を準備します。自分という人間を法科大学院の教員に伝えるため，どのような人物に推薦状を書いてもらうかをしっかり考えておく必要があります。また，推薦状を書く側もいろいろ苦労しますので，なるべく早めに推薦状を書いていただけないか打診することも大切です。

　なお，推薦状を書いて下さった方への御礼状も必ず書いてください。

外国語の能力

1. TOEFL か TOEIC か

　既修者・未修者試験出願書類を提出する際に，TOEFL（英語圏の大学や大学院へ留学する際に同試験のスコアが要求される）や TOEIC（ビジネスイングリッシュといってよい。日本や韓国で受験熱が高まっている）のスコアも併せて提出するようにしている法科大学院は少なくありません。特に国際的に活躍できる法曹を養成することをモットーにしている法科大学院ではスコア提出を必須とし，審査・選抜において，それらのスコアが良い場合は有利に評価するとしています。

　しかし，スコアの提出が任意であったり，あるいはスコア提出が必須であっても他の試験と総合的に評価される場合，必ずしもそれらの試験スコアが入学の合否を決める材料とはならないことに注意しなければなりません。既修者試験であれば適性試験と法律学試験など，未修者試験ならば適性試験と小論文，志望理由書などが，合否の決定的材料となり，語学スコアはその際の「彩り役」にとどまるにすぎません。合否線上に数名がおり，合否の決定的材料で比較しても甲乙がつけがたい時のみ，スコアが働き始めると考えた方が良いと思います。つまり，試験勉強においては，まず本試験の方を優先に考えるべきでしょう。

　さて，TOEFL か TOEIC のいずれかの提出が求められるとき，どちらが大学側に評価されるかですが，いずれかでよいと大学側がしているのであれば，それほど悩む必要はないと思います。ただ，法科大学院は大学院である以上，TOEFL スコアの方が有利に評価されることは考えられます。

【TOEFLの問い合わせ先】
国際教育交換協議会（CIEE）TOEFL事業部
　　コールセンター　03-5467-5489（月〜金10：30〜16：30）
＜受験要項請求（個人）＞

〒150-8355　東京都渋谷区神宮前5-53-67　コスモス青山CIEE TOEFL事業部
　注意：切手を貼ったA4サイズの返信用封筒（22cm×28cm以上の大きさ，1部希望の場合には，160円分の切手を貼付）に，住所・氏名　および「TOEFL-CBT（コンピュータ版）またはTOEFL-PBT（ペーパー版）受験要綱希望」と明記のうえ，送付のこと。＊CIEEのホームページからも受験要項を請求することができます。http://www.cieej.or.jp/

【TOEICの問い合わせ先】
㈶国際ビジネスコミュニケーション協会（http://www.toeic.or.jp/toeici）
　　TOEIC運営委員会　東京業務センター

〒100-0014　東京都千代田区永田町2-14-2　山王グランドビル
TEL：03-3581-4701（土・日・祝日を除く10：00〜17：00）
フリーダイヤル：0120-40-1019（24時間案内）　FAX：03-3581-4783
＜受験申込書請求（個人）＞
上記に葉書あるいはFAXで請求してください。ホームページからも請求できます。

2. その他の外国語

　法律家として国際的に活躍する場合，その対象は何も英語圏に限られません。EU諸国との関係で仕事をしたいのならば，フランス語やドイツ語を駆使できるかが重要になってくるでしょう。CIS諸国であればロシア語，イスラム諸国との関係ならばアラビア語，中国を相手に交渉するならば中国語の能力が必要でしょう。英語以外の言語が得意な人は，是非その点もアピールすべきでしょう。英語以外の能力を示す書類を提出してよいのであれば積極的に出すべきですし，志望理由書などで自分自身の語学力をきちんと伝えるべきです。

法学既修者法律学試験の出題予想
―法科大学院カリキュラム案を手がかりに―

I　法科大学院カリキュラムが試験内容を決定づける

1.　一段と不透明な既修者試験

　法科大学院受験生の動向を見ると，未修者試験に合格して法科大学院に進学したいと考えている方が多数派のようです。法科大学院受験をめぐる情勢は依然として混沌としていますが，とりわけ既修者試験の不透明さは未修者試験のそれよりも著しいと言えるでしょう。適性試験のように模擬試験さえ行われていません。それゆえ受験生が未修者試験指向を強めるのも無理はありません。裏からいえば，現時点ほど，法学既修者試験の内実を予測する必要性に迫られている時はないとも言えましょう。

2.　中央教育審議会の最終答申

　既修者試験の内容について，唯一手がかりになるのが，中央教育審議会の最終答申「法科大学院の設置基準等について（2002年8月5日）」です。それによると，既修者試験では，

「法科大学院の基礎的な法律科目の履修を免除できる程度の基礎学力を有しているか」

が問われます。しかし，この基準はなお不明確といわざるを得ません。これを可視化する作業が受験対策のためには不可欠です。

3.「法科大学院カリキュラム案」を手がかりに

　法学既修者法律学試験の内容を決定づけるのは，法科大学院のカリキュラムであると私たちは考えます。

```
    決定          法科大学院         決定
既修者・  ←──  カリキュラム  ──→  新司法試験
未修者試験
```

図6　法科大学院カリキュラムが入試を決める

　法科大学院カリキュラムは，新司法試験との関係で論じられることが通例ですが，じつは既修者法律学試験の内容を方向付けると考えます。そこで，以下の資料を手がかりに試験内容の予測を試みてみました。もちろん，同カリキュラム案は各法科大学院を規範的に拘束する性質のものではありません。しかし，法科大学院の授業内容が具体的に検討されている数少ない資料だと思います。

　そこで，本章においては，まず，各大学院の裁量で出題される既修者法律学試験全般に共通する傾向を指し示し，各論では，公法系，刑事法系，民事法系，試験を取り巻く「霧」を少しでも晴らしてみることにしたいと思います。

【資料】
ア　法科大学院における教育内容・方法に関する研究会
①「法科大学院における民事法カリキュラムのあり方」（2001年4月24日）
　　共同研究者：磯村　保　（神戸大学大学院法学研究科）
　　　　　　　　大村　敦志（東京大学大学院法学政治学研究科）
　　　　　　　　加藤　哲夫（早稲田大学法学部）
　　　　　　　　山本　和彦（一橋大学大学院国際企業戦略研究科）
②「法科大学院における刑事法カリキュラムのあり方」（2001年4月24日）
　　共同研究者：酒巻　匡　（上智大学法学部）
　　　　　　　　井田　良　（慶應義塾大学法学部）
　　　　　　　　大澤　裕　（名古屋大学大学院法学研究科）
③「法科大学院における教育内容・方法（公法）のあり方について」（2001

年10月26日)
　　共同研究者：石川　敏行（中央大学法学部）
　　　　　　　　小早川光郎（東京大学大学院法学政治学研究科）
　　　　　　　　土井　真一（京都大学法学研究科）
　　　　　　　　中川　丈久（神戸大学大学院法学研究科）
　　　　　　　　長谷部恭男（東京大学大学院法学政治学研究科）
④「法科大学院における公法系教育のあり方などについて（中間まとめ）」
　　　　　　　　（共同研究者は上記ア③と同じ。2002年6月28日）

イ　文部科学省中央教育審議会大学分科会法科大学院部会
「法科大学院の教育内容・方法等に関する中間まとめ」（2002年1月22日）

　　＊先生方の所属は当時のものです。
　　＊各資料の詳細は巻末資料として掲げてあります。

II　法律学試験の全体傾向

1. 出題範囲──1年次法律基本科目群か，2年次法律基本科目群までか──

　2002年8月5日に最終答申された文部科学省中央教育審議会の「法科大学院の設置基準等について」によると，法学既修者法律学試験の目的は次の点にあるとされます。すなわち「法科大学院の基礎的な法律科目の履修を免除できる程度の基礎学力を有しているか」を確認する点です。「基礎的な法律科目」とは法律基本科目群（公法系，民事系，刑事系）のことを指すものと考えられます。
　ところが，法律基本科目群が具体的にどのように展開されるかは，事実上，各法科大学院の裁量に委ねられているため，現段階においても一部の法科大学院を除き明確になってはいません。とはいえ，少なくとも1年次のカリキュラ

ムで履修する法律基本科目群が既修者法律学試験に影響を及ぼすことだけは間違いありません。これが，法律学試験の試験範囲に関する1つの考え方です。

　もう1つの考え方として，1年次と2年次に履修する法律基本科目群まで試験範囲に含める行き方があります。2年次カリキュラムでは，主として判例を素材に，法的思考の養成に重点が置かれそうです。議論や対話を通じて，問題解決を図るための視野を培います。公法系では憲法訴訟に主眼が置かれ，刑事系では実体法と手続法とが融合した問題を扱い，民事系でも実際の事件を素材とした授業が展開されるものと思われます。もしも，出題範囲が2年次法律基本科目群のカリキュラムまで広げられるならば，試験内容も，それに相応して，高度な能力が問われる試験となりましょう。

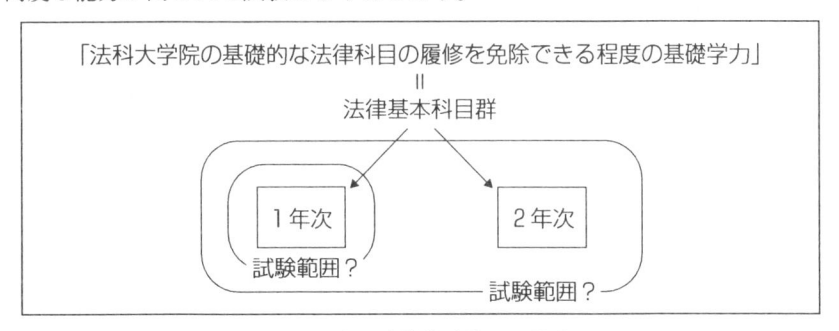

図7　既修者法律学試験の出題範囲

2. 2年次法律基本科目群までが出題範囲となる公算

　法科大学院制度を鳥瞰すると，限られた時間の中で，膨大な事項が教授されなければなりません。そのため，大学教員の間では，授業内容の絞り込みをいかに行うかが喫緊の課題となっています。あわせて，手取り足取り懇切丁寧な指導は現実的に無理ではないか，との声もささやかれています。この文脈で考えると，法科大学院で物理的に指導不可能な部分については，受験生の能力に委ねるということになりましょう。2年次までが試験範囲になりうるとする説

は，きわめて説得力があると思われます。

3. 現行司法試験論文式試験のような出題はされない

近年の司法試験論文式試験では，比較的新しい判例をもとにした事例が出題されています。論点は複数複合的であり，諸論点の解決がそれぞれ論理的に矛盾のないものになっているかどうかが問われます。そのため，現行司法試験論文式試験に対応するためには最新判例の習得は欠かせません。また，これまで身につけてきた法的思考力を駆使して，これまでに十分に想定されてこなかった事例をいかに解決していくかが求められます。

結論から言うと，既修者試験では現行司法試験論文式試験のような問題が出題される可能性はかなり低いものと思われます。

4. なぜ現行司法試験論文式試験のような出題はされないのか

第1に，既修者法律学試験と司法試験論文式試験がきわめて類似した試験になると，いったい何のために法科大学院を制度設計したのか，その存在意義が問われることになるからです。司法試験論文式試験に合格すれば，やがては司法修習を受けます。既修者試験に合格すれば法科大学院に入学できます。両試験は行き先がそれぞれ異なる訳ですから，問われる内容も同一ではあるはずがありません。現行司法試験論文式試験で出題されるような内容を，プロセスで学ぶところに法科大学院の意義が存在すると捉えるべきでしょう。

第2に，現行司法試験論文式試験のように複雑な案件をいかに解決するかは，まさに法科大学院でじっくり時間をかけて学ぶからです。いわゆる論点主義的思考では，事案に複数存在する問題を，論理的に整合性を採りながら解決する能力は身につきづらいと思います。この弱点を克服することが，法科大学院教

育における重要な目標の1つになっています。そうなると、複雑な案件を既修者試験で課すことは、これから法律基本科目群で学習する内容を先取りすることになってしまいます

したがって、現行司法試験論文式試験のための対策は、既修者試験に無益とは絶対に言い切れないまでも、ある意味で「やりすぎ」であり「的はずれ」ではないかと私たちは考えます。

5. 論点主義の「功」

論点主義とは、次のようなものといえるでしょう。

第1に、各法律分野において判例や学説が対立している論点にのみ照準を合わせて授業を展開したり学習したりする考え方です。

第2に、各論点について提案されている説を徹底的に暗記することが至上命題であると考えることです。特に司法試験委員の見解や司法試験界で人気のある学者の見解が暗記の対象になっています。

第3に、判例で論文を書くように指導し、これを受けて受験生が判例で論文を一律的に執筆することです。

論点主義をすべて否定することは、妥当とは言えないでしょう。司法試験では出題範囲が広範囲にわたるため、いかに効率よく勉強するかが、まず求められます。しかも、膨大な法的知識と高度な法的思考力、論述力を身につけなければなりません。合格率2％という狭き門をくぐるためです。もっとも、これほどの合格率だと、果たしてどれだけの人が真の実力で合格しているかは、確かに分明ではありません。しかしそうであっても、確実に合格するためには実力をつけることが最優先事項となります。

こうした司法試験の現実を直視して教授法を真剣に考えてきたのは、大学ではなく、むしろ司法試験予備校であったといえましょう。ときたま、司法試験合格者を多数輩出している大学で、あたかもそれを大学の手柄のように誇る大学教員が散見されます。しかし、これは筋違いですし、現実ではありません。

確かにしっかり研究に励んでいる教員の授業に参加すると，毎回，目から鱗が落ちるほどの学問的感動を受けます。けれどもこうした教員はごく少数にすぎません。多くの受験生は，形骸化した大学の授業に辟易し，予備校に足を運ぶことになるのです。

6. 論点主義の「罪」

　しかし，論点主義は「功」だけでなく，弊害を生み出していることも否定できません。試験の合格のためには効率の良い勉強法であっても，将来その知識を生かしてさまざまな紛争や事件に取り組むことを見据えると，論点主義には限界があります。

　第1に，論点に対する理解が表面的な理解にとどまることです。ある問題点について議論が戦わされている場合に，「M教授はこういった」「O教授はこういった」「A教授の教科書ではこういっている」という方向に行ってしまうことがままあります。しかし，議論において重要なことは，論点に存する問題点を的確に把握し，反対説をふまえながら自らの立場を説得的に主張することにあります。「教授はこういった」議論にとどまっていたら，永遠に問題を解決することは不可能になるでしょう。法的議論では，最終的には価値判断が求められるのです。しかし論点主義にとどまっていると，結局，何も法的に判断できないという事態に陥るのです。

　第2に，論点間の相互関係に対する配慮が欠けることです。論点主義を実践すれば，具体的かつ単純な事例の解決には役立つかもしれません。しかし，現実の紛争では複数の法的問題点が存在します。しかも，それぞれをバランスよく解決する必要があります。論点主義を鵜呑みに実践すると場当たり的な解決しかできないことになります。それだけにとどまらず，ある法的解決を図ろうとするとき，その効果が将来どのような影響をおよぼすのかも見極めなければなりません。論点主義だと，場当たり的解決に終始してしまい，やがて相手方が新たな法的手段を容易に採る隙を与えることになりましょう。複雑な事例が

近年の司法試験論文試験で出題されていますが、だからこそ、まさに論点主義の弊害が如実に現れたと言えましょう。

7. 既修者法律学試験の出題内容および出題形式

　法科大学院の存在理由の1つは、論点主義のもたらした「罪」をどう克服するかにあります。論点主義的勉強の最大の欠陥は、各法分野の根本理論に対する理解の欠如と法的論点間で整合性を取ることへの無理解にあると言えます。法科大学院が論点主義を批判するのならば、既修者法律学試験では、論点主義的勉強で対処できるような問題は出題されないでしょう。

　他方で、現行司法試験論文式試験のような出題がなされる公算が低いとすると、法学既修者法律学試験では、どのような形式で、いかなる内容の問題が出題されるのでしょうか。

　これまでの検討から、既修者法律学試験は、法学研究科で出題されてきた問題を模範に作成される可能性がかなり高いのではないかと、考えています。法学研究科で指導にあたってきた教員が法科大学院の教員に就任するはずです。しかも、法科大学院が大学院である以上、教員が問題作成の際に法学研究科で出題してきた問題を参考にすることは、至極当然のことと言えます。以下、もう少し具体化してみたいと思います。

1　法理論に対する理解度を試すなら1行型
——法学研究科試験、学年末試験レベル——

　「1行型」とは、たとえば「中止犯の法的性質について論じなさい。」といった形式の出題です。大学院法学研究科試験でこのような出題形式が主として採られてきました。また、一昔前の司法試験論文式試験もこうした形式で出題がされていました。

　出題者としてはいちばん気楽な出題方法と言えます。反面、受験生としては解答に一苦労する出題形式と言えます。しかし、それでも、1行型出題は受験

生の理論に対する理解度を試すためには比較的良い出題形式と言えます。

　1行型出題では出題意図自体が包括的であるため，複数の論点が含まれているのが通例です。このため受験生としては，論ずるべき事項は何かをまず自ら確定しなければなりません。ここで，まず受験生のセンスが要求されてきます。

　論点を確定したあとは，論ずる優先順位を決めなければなりません。受験生の問題処理能力が問われます。

　最後に，論点に関する議論につき受験生は自ら価値判断を下さなければなりません。法理論に対する理解度，法的議論能力，対立錯綜する状況の中で，これを是としあれを非とする，価値判断能力が試されます。しかも，ここがいちばんの山場です。判例や諸学説の陳列だけでは，1行問題には太刀打ちできないのです。

【具体例】　左記から1問を選択して論じなさい。
　一　民法上の権利外観法理と問題点
　二　バブル崩壊の処理と物上代位制度
　三　資産の証券化

（早稲田大学大学院法学研究科修士課程2001年度試験）

2　事例問題なら最新判例や複雑事例よりもオーソドックスな事例
――基本判例の習得――

　近年の司法試験論文試験では，最新判例を模範にした比較的複雑な事例が出題されています。事例問題の出題意図とは，複数の論点を発見し，問題点を解決し，各論点の解決において相互に論理的矛盾がないかを試すことにあります。しかし，いわばこうした実践的かつ複雑な法的論点を解決する能力を身につける場所がまさに法科大学院であることふまえると，既修者法律学試験で現行司法試験論文式試験のような複雑な事例が出題される可能性は低いものと思われます。

　では，どのような事例問題が出題されるのでしょうか。具体像を予想するの

は困難ではありますが、おおよそ次のようになりましょう。

　第1に、最新判例を素材にした出題がなされる可能性は低いと思われます。最新判例では、事案として新しい事案、言い換えればこれまでの議論ではそれほど想定されていなかったような事案が登場します。しかも、新事案に対する裁判所の判断もはじめてであることが通例です。このように2重の意味で新しさが最新判例にはあります。それゆえ、出題者としてはどうしても最新判例を素材にした問題を作成したいという思いに駆られます。なぜならば、受験生の法的素養がどの程度あるのかを見極めるために、最新判例は絶好の素材だからです。しかし、こうした素養はまさに法科大学院で養成されるべき事柄です。従って、最新判例をアレンジした出題は少し行き過ぎの感があることは否定できないと考えられます。

　第2に、論点を複雑に絡ませた出題の可能性も低いと思われます。複雑な論点を有する事例で受験生がもっとも苦労するのは、まさしく事例から論点を発見する作業でありましょう。こうした眼を養う場がまさに法科大学院であると考えられます。したがって、論点発見作業で骨を折るような試験が出題される公算も低いと思われます。

　第3に、基本書で取り上げられる事例や判例百選に登場しているようなオーソドックスな事例を素材にした問題が、むしろ出題されるのではないかと考えられます。もちろん、論点が一つしかないような出題はこれもあり得ないでしょう。論点主義的勉強で対処できるからです。相互に密接に共働する複数論点が含まれた事例が出題されるでありましょう。

【具体例】
　甲と乙は、A殺害を計画し、Aの帰路を調べたところ、イかロの道を通ることを確認した。甲と乙は、Aの殺害を確実にするため、それぞれ、イとロの道に分かれて待ち伏せることにしたが、犯行当日、Aがたまたまイの道を通ったため、甲がAを殺害した。この事案について、従来どのような議論がなされているかについて述べた後、貴君の見解を述べなさい。
（慶應義塾大学大学院法学研究科修士課程1999年度試験）

3 最高裁判例じっくり読ませ型
——法科大学院1年次基本科目群の期末試験程度？——

出題の可能性としてはもっとも低いタイプといえましょう。ただ，この類の出題がぜったいに出題されないとは断言できません。たとえば，1年次法律基本科目群の期末試験に準じた出題をすると大学院が示唆した場合，1行型や基本事例型のような出題以外の出題方法もあり得ます。

その1つの方法として，判例をじっくり読ませて，これについて，比較的基本的な設問を準備し，これに対し論述して答えるという形式が考えられます。「法科大学院における公法系教育のあり方などについて(中間まとめ)」では，法科大学院の科目試験のあり方にまで言及しています。最高裁判例を読ませ，分析的な問いかけを行うタイプが提案されています。もっとも，科目試験のモデルは新司法試験のあり方を想定して作成されたきらいはあります。しかし，判例をじっくり読ませ，設問を通じて，判例のロジックをきちんと把握させること，そのロジックの妥当性について論じさせること自体は，きわめてまっとうな出題方法とも考えられます。

【具体例】
　巻末の「法科大学院における公法系教育のあり方について(中間まとめ)」のモデル問題を参照してください（263頁）。

---

4 擬律や法適用をめぐり争いのある事例問題は出題しづらい

1つの事例について数通りの法律判断の可能性がある事例（擬律が争点となる事例）が存在します。例えば，被害者が頭部から血を流して仰向けで死亡しており，なおかつローレックスの腕時計が奪われていた事例を想定してみましょう。強盗殺人罪，殺人罪と窃盗罪など，擬律をめぐりさまざまな見解があり得ます。

また，法規準を適用する際に一つの事例について数通りの適用の可能性のある事例もあります。例えば，総理大臣が靖国神社に公式参拝した場合，目的効

果基準を客観的あるいは主観的に適用するかで結論が大きく変わると思います。

　こうした事例問題が，法律学試験で出題される確率はかなり低いように思われます。なぜなら，このような事例を解決する技術は法科大学院2年次のカリキュラムで集中的に磨くからです。擬律や法適用について争いのある事例を出題するよりも，その前提である基礎知識や見解を問う出題の方が，まだ出題されやすいと考えるべきでありましょう。

8. オーソドックスの一言に尽きる

　法律学試験の出題予想は，未だ実施されていない事情もあり困難を極めます。従って，出題は「こうだ」と積極的に特定することはできないのが正直なところです。

　しかし現段階の情報を整理すると，およそ「こういう出題がされる可能性は低い」という消極的予測は十分に立ちます。あり得ない事情を数々取り除いていくと，オーソドックスな出題形式で，オーソドックスな内容を問う出題が主流を占めるのではないかと思われます。

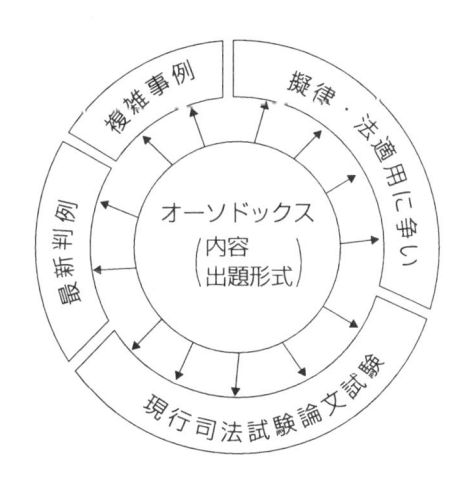

図8　オーソドックスの一言に尽きる

III 科目別出題範囲予想

　以下の分析は，本章Ｉ３で示した「法科大学院カリキュラム案」のア①②③④とイの資料を素材としました。もっともこれらに各法科大学院のカリキュラムが拘束される規範性はありません。また，イにより法科大学院のカリキュラム単位数は少々限定されることになりました。しかし，その分の負担が受験生に向けられる可能性もあります。そこで，イの以前に作成されたア①②③は，法科大学院カリキュラムをめぐり議論された数少ない資料であり，なおかつ詳細に検討が加えられた資料でもあるため，用いることにしました。そのため，実際のカリキュラムと多少異なることもあるかもしれませんが，ご了承ください。

1. 憲　法

1　1年次・2年次カリキュラム案の概容

　1年次では，「人権の基礎理論」「統治の基本構造」がそれぞれ2単位ずつ設定されます。公法的なものの見方を涵養し，併せて2年次基幹科目で取り扱う憲法訴訟論や人権保障論の基礎原理を修得するとしています。なお，違憲審査基準論や立法事実論，専門的・複合的な人権問題は2年次の基幹科目で学習します。授業では，論点主義の克服するために各論点の体系的な位置づけや論点の相互関係の理解に主眼がおかれています。

　2年次では，憲法については「憲法演習Ⅰ・憲法訴訟論」「憲法演習Ⅱ・人権保障論」が提案されています。「憲法演習Ⅰ・憲法訴訟論」では，憲法訴訟の意義と目的を理解すること，憲法訴訟を遂行する上で必要な知識を習得すること，法の支配の観点から各訴訟制度が権利救済のために実効的に働いているのかを批判的に検討することなどに主眼がおかれています。「憲法演習Ⅱ・人権保障

論」においては，権利救済のために必要な法解釈能力と事案分析能力，憲法的議論の展開能力を養成するとしています。違憲審査基準論，立法裁量論，立法事実論，違憲合憲の立証のあり方について焦点が当てられます。いずれの講座も憲法訴訟や権利救済に重点が置かれたカリキュラム設定となっています。

2 出題予想

　1年次のカリキュラムのみが出題範囲とするならば，ほぼ各点につき網羅的に学習する必要がありましょう。「これが出る」とはなかなか断定できないのが正直なところです。しかし，2年次で憲法訴訟論を中心とした授業展開が組まれていることをふまえると，「憲法演習Ⅱ・人権保障論」の基礎が問われる可能性が高いと考えられます。各権利における違憲審査基準に関する判例の立場，学説，さらにそれらの見解が対立している理由をしっかり理解しておくべきでしょう。

　2年次のカリキュラムまで出題されるならば，出題内容は憲法訴訟論や人権保障論に特化されるでしょう。しかし，憲法訴訟論について学部の授業で十分にはふれられていません。とすると，ここでもやはり，「憲法訴訟Ⅱ・人権保障論」に直接関係する内容が出題されやすいでしょう。しかも，出題においては，違憲審査基準に対する理解を問うだけでなく，比較的単純な事例を違憲審査基準に従って解決することが要求されることもあり得ましょう。その際，基準をめぐる諸見解の中で，自身の立場を明らかにできる程度の議論能力も要求されましょう。

　法科大学院によっては，法科大学院カリキュラムに則って，憲法と行政法の融合問題が出題される可能性もあります。融合問題の場合，統治機構が主な出題範囲となりましょう。特に，選挙に関連する問題やハンセン病訴訟に代表される立法不作為が出されることもあり得ます。行政法の所も参照して下さい。

〔参考問題 1〕
　営利的言論の自由について論じなさい。
　　　　　　　　　（東京大学大学院法学政治学研究科専修コース2002年度試験）

〔参考問題 2〕
　司法権が裁判所に属するという原則（憲法76条）との関係で，(1)行政機関の事実認定が，公正な手続で得られた確実な証拠に基づく限り，裁判所を拘束するものとすること，(2)刑事事件における事実認定について，職業裁判官以外の一般国民を参加させることは，それぞれ憲法上どのように評価されるべきか。
　　　　　　　　　（京都大学大学院法学研究科修士課程2000年度試験）

〔参考問題 3〕
　憲法が保障する地方自治の趣旨，内容を説明せよ。
　　　　　　　（法政大学大学院社会科学研究科法律学専攻修士課程研究コース
　　　　　　　　　　　　　　　　　　　　　　　　　　　　　　　2002年度試験）

〔参考問題 4〕
　次の文章をよく読んで，そこに含まれている問題点を指摘して論じなさい。
　「日本国憲法の定める政教分離原則（憲法20条１項後段，３項，89条）は，宗教や信仰の問題の私事性に鑑みて，世俗的権力である国家は宗教そのものに干渉すべきでないとする，国家の非宗教性ないし宗教的中立性を意味する。ただ現代福祉国家（憲法25条等参照）においては，国家と宗教の関わり合いをいっさい排除することはできないばかりか，かえって不合理な結果を生むことになるので，徹底した政教分離原則は理想であるとしても，実際にこれを実現することは不可能である。そこで，国家と宗教の結びつきをある程度認めざるをえないことを前提としつつ，憲法が政教分離原則を採用したことの趣旨を損なわないよう，両者の関わり合いを最小限にとどめるための基準として，いわゆる目的効果基準が打ち出されたが，最高裁判所の実際の判例におけるその適用は緩やかすぎて問題があるとの指摘がなされている。」
　　　　　　　　　（京都大学大学院法学研究科修士課程1999年度試験）

2. 行政法

1　1年次・2年次カリキュラム案の概容

　行政法については，1年次に「行政活動と訴訟」が2単位，2年次に「行政法演習Ⅰ　違法判断」「行政法演習Ⅱ　訴訟方法」がそれぞれ2単位提案されています。行政紛争をめぐる裁判実務の現状に焦点を合わせて授業内容が示されています。

　「行政活動と訴訟」では，受講者の理解に資するよう，あらかじめ数事例を準備し，それらの事例を授業の中で繰り返し用いるようにするとしています。一つの事例の中にさまざまな法的論点があることを受講者に理解させるためとしています。

　行政法演習Ⅰでは，各種訴訟における本案審理に深く関係している行政活動の適否の判断方法や本案審理における攻撃防御の方法について学習するとされています。行政法演習Ⅱでは，訴訟提起の方法を中心に講義が展開されます。実務法曹を念頭に問題分析・問題処理能力の育成に力が入れられています。ケーススタディー，プロブレムメソッドが多用されます。

2　出題予想

　司法試験では行政法は出題されてきませんでした。そのため，今回，行政法ではどのような問題が出題されるかが，注目されています。

　「憲法理念に基づいた行政法」が近年強調されていますので，出題者としては，特に憲法と行政法が直接交錯するテーマを選択する可能性があります。行政訴訟に関連した内容は法学部の授業でも十分に触れられていませんので，むしろ法科大学院の授業で修得すべき事柄といえましょう。

　こうした観点から行政法の出題を占うと，次の項目に注意する必要があるでしょう。①特別権力関係論，②行政立法の司法審査，③行政裁量に対する司法審査，④行政指導と法律との関係，⑤即時強制・行政調査と憲法上の権利との関係，⑥国家賠償制度と憲法17条との関係，⑦統治行為論，⑧行政事件訴訟と

憲法との関係。

> 〔**参考問題 1**〕
>   立法の不作為を理由とする国家賠償について論ぜよ。
> 　　　　　　　（東京大学大学院法学政治学研究科専修コース2001年度試験）
>
> 〔**参考問題 2**〕
>   非権力的行政作用に関する法的統制の諸問題について。
> 　　　　　　　（中央大学大学院法学研究科修士課程2002年度試験）

3. 刑　法

1　1年次・2年次カリキュラム案の概容

　刑法については，1年次に「刑事法Ⅰ」が6単位，2年次に「刑事法演習Ⅰ」が4単位が提案されています。刑事法では，刑法総論と各論の体系的知識を修得するとしています。しかし，犯罪学や刑事政策学，特別刑法にも配慮したカリキュラムが提案されています。刑事法演習では，実務との関連を意識した授業内容が組まれています。例えば，共犯論については共同正犯論を中心にとりあげるとしています。結果的加重犯や罪数・犯罪競合，刑の適用，経済犯罪，薬物犯罪にも多くの時間が割かれるようです。

2　出題予想

　刑法は，論点主義の弊害が如実に表れる科目と言えましょう。したがって，出題形式としては，2～3の論点が含まれている事例か，理論への理解度を問う1行型のいずれかになると思われます。事例問題では事例に対する擬律が問われるよりも，むしろ違法論への態度決定が各論点を通じて迫られる出題になるでしょう。

　1年次までが出題範囲とすると，刑事政策論も出題範囲に含まれることにな

ります。例えば，少年法は刑事法の存在意義を考えさせるには格好の問題といえます。もっとも出題範囲が2年次まで拡大されても，罪数論や量刑論，特別刑法に関する問題を問うことはまれでしょう。

総論では，因果関係，正当防衛・緊急避難，未遂犯・不能犯，中止犯，過失犯の構造が中心となるかもしれません。注目すべきは，議論が複雑化している共犯論については，共同正犯を中心にした出題に限定される可能性がある点です。共同正犯と幇助犯の区別，あるいは共同正犯と違法性阻却事由の効果などが出題される可能性があります。

各論も総論との関連で出題される確率が高いと言えましょう。例えば，被害者の同意（法益関係的錯誤），不作為犯，結果的加重犯が関係する問題が出題されるでしょう。

〔参考問題 1〕
　不真正不作為犯における保障人的地位の要件について論ぜよ。
　　　　　　　（東京大学大学院法学政治学研究科専修コース2002年度試験）

〔参考問題 2〕
　次の問題について簡潔に答えなさい。
　1　誤想防衛はどのような場合に成立するか。また，それを刑法の体系上，どこで処理すべきかについて考察しなさい。
　2　原因において自由な行為の着手時期について考察しなさい。
　　　　　　　（慶應義塾大学大学院法学研究科修士課程平成8年度試験）

〔参考問題 3〕
　次の3問中2問を選択して論じなさい。
　　一　誤想過剰防衛
　　二　不能犯
　　三　共犯の処罰根拠
　　　　　　　（早稲田大学大学院法学研究科修士課程2001年度試験）

〔参考問題 4〕
　刑事政策の２極分化論を説明した上で，組織犯罪に対して刑事政策はいかにあるべきかについて論じなさい。
（慶應義塾大学大学院法学研究科修士課程平成11年度試験）

4. 刑事訴訟法

1　1年次・2年次カリキュラム案の概容

　1年次には「刑事法Ⅱ」が4単位，2年次には「刑事法演習Ⅱ」が4単位提案されています。さらに，刑法と刑事訴訟法を融合した「刑事法演習Ⅲ」が2年次において2単位のカリキュラム案として示されています。刑事法Ⅱでは刑事訴訟法の考え方や刑事手続の実際に対する理解を中心に講義が展開されます。刑事法演習Ⅱでは，刑事訴訟制度と基本判例および解釈学説への理解が確立されていることを前提に，定着した知識を使いこなすこと，判例の射程を探ること，事実関係の分析から訴訟法上の論点を発見することなどを修得します。刑事法演習Ⅲでは事実認定に争いのある事例を中心に実体法と手続法との連携を図る授業が展開されます。

2　出題予想

　2年次カリキュラムへ直ちに適応できる能力を試験で試すという観点からは，逮捕・勾留，身体検査，科学的証拠収集，違法収集証拠，接見交通権，黙秘権，自白，伝聞法則，被害者と刑事手続が比較的出題されやすいと思います。出題方式は，事例よりも理論への理解を問う1行型が主流になると思われます。刑事訴訟法学では，実務と学説が厳しく対立しています。事件の真相解明と被疑者・被告人の人権保障という2つの利益が正面からぶつかり合うからです。従って，まずは基本判例のロジックを理解し，判例を説得的に批判しうる学説は何かを見極め，2つの対立をふまえて議論できるようにしておくべきでしょう。必要性と相当性で何でも解決すればよいというわけにはいきません。

〔参考問題 1〕
　共犯者の供述取得の重要性と、この供述の証拠法上の扱いを説明してください。
　　　　　　　　　　（中央大学大学院法学研究科修士課程2002年度試験）

〔参考問題 2〕
　捜査機関によって違法に収集された証拠の証拠能力について論じなさい。
　　　　　　　　　（慶應義塾大学大学院法学研究科修士課程1999年度試験）

〔参考問題 3〕
　令状主義について論ぜよ。
　　　　　（東京大学大学院法学政治学研究科研究者養成コース2001年度試験）

5. 民　法

１　1年次・2年次カリキュラムの概容

　1年次では，前期に「財産法1」「財産法2」がそれぞれ4単位ずつ設定されています。そして後期には「財産法3」「家族法」がそれぞれ2単位設定されています。

　ここでは民法の基本的知識の体系的理解に主眼が置かれています。

　なお，ここで民法基礎科目の単位数が12単位程度とされているのは，現在の法学部における民法科目の総単位数が概ね20単位程度とされていることを考慮すると少なすぎるように思われるかもしれません。しかし，法科大学院では受講者の予習，復習が想定されており，勉学時間が少なくてよいことを意味しません。

　2年次では，民法については民事法演習Ⅰ（民事判例演習）2単位，民事法演習Ⅱ（民事事例演習1）2単位，民事法演習Ⅲ（民事事例演習2）2単位，民事法演習Ⅳ（民事事例演習3）2単位，民事法演習Ⅵ（実体法・手続法統合

演習）4単位，が提案されています。

以下においては，民事法演習Ⅰ（民事判例演習），民事法演習Ⅱ（民事事例演習），民事法演習Ⅵ（実体法・手続法統合演習）の授業内容を見ていきます。

民事法演習Ⅰ（民事判例演習）では，まず各判決例について，事件全体の事実関係がいかなるものであったか，当事者の相対立する主張につき裁判所はどのような事実認定を行った等を客観的に把握する能力を養成します。

さらに上記を踏まえ，各審級の判断に相違があるとすれば，どのような理由によると考えられるか，最高裁判決の判旨はどのような趣旨であり，これまでの判例理論とどのような関係にあるか，判例の射程等，判例の読み方，分析の仕方を学びます。

民事法演習Ⅱ（民事事例演習）は生の事実関係から，法的に有意義な事実を抽出する訓練をします。

民事法演習Ⅵ（実体法・手続法統合演習）では実務においてもっとも日常的に発生する事件類型を題材とすることによって，すぐにでも実務で活動できる基盤を養成します。法科大学院の授業の中核を占めるものです。

2 出題予想

1年次のカリキュラムのみが出題範囲とするならば，ほぼ民法全体につき網羅的に学習する必要があります。親族相続法の出題可能性は低いかもしれませんが，財産法についてはどこの出題可能性が高いとはいえません。判例演習を2年次に組んでいることを考えると事例問題よりも1行問題が出やすいかもしれません。事例が出るとしても基本的な重要判例を素材にした出題と考えられます。

これに対し2年次のカリキュラムまで出題されるならば，事例問題の出題可能性が高いのではないでしょうか。具体的には裁判で問題になった事案と類似する事案について解答させる出題が考えられます。ただ，司法試験で出題されるような多論点型の複雑な事例は出題されないのではないでしょうか。基本的な判例集に記載されている判例については十分学習しておく必要があります。

ただ，具体的なイメージが湧きにくいかも知れません。そこで，従来の法学研究科（法学系の大学院）で出題された過去の問題の中から参考になりそうな問題を以下に挙げます。法学研究科の先生の多くが法科大学院で指導されるはずであり，法科大学院入試の出題問題作成にも関わられると考えられるからです。

〔参考問題 1〕
　X女は，Y会社に勤めていたが，同僚のZから執拗に性的な嫌がらせを受けたために，会社に行くことが苦痛になり，会社を辞めざるを得なくなった。そこで，Xは，Z及び有効な手立てを講じなかったY会社に対して損害賠償請求することを考え，弁護士にも相談したが，事がおおやけになる事も嫌だったので，訴訟を提起することには躊躇していた。この場合に，次の質問に答えなさい。
(1) Xとして考えられる損害賠償請求は，誰に対して，どのような損害の賠償を請求するものか。
(2) XとYの交渉の結果，Yは慰謝料としてXが請求していた500万円の一部である200万円を支払うことに同意し，両者の間で示談が成立した。Xは，Zに対してはどのような請求が出来るか。Zの行為が民法709条の要件を充たすものとして考えよ。
(3) Zに対して何らかの損害賠償ができるとした場合に，Xが権利を行使することなく死亡したときは，Xの相続人である母親Mの債権者Gは，Mがこの損害賠償請求権を相続したとして，これを代位行使する事ができるか。

(東京大学大学院法学政治学研究科修士課程2003年度試験)

〔参考問題 2〕
以下の3問中1つを選び，解答しなさい。
　第1問
　　即時取得は占有改定，または指図による占有移転によってもする事が出来るか説明せよ。
　第2問
　　請負契約における危険負担の問題について，詳しく論ぜよ。

第3問
　　夫婦間の財産関係とその清算方法について，詳しく論ぜよ。
　　　　　　（中央大学大学院法学研究科博士前期課程民事法専攻2002年度試験）

〔**参考問題　3**〕
以下の3問中1つを選び，解答しなさい。
　第1問
　　担保物権の物権性につき説明せよ。
　第2問
　　双方過失による不法行為における民法509条の適用につき論ぜよ。
　第3問
　　幼児の引渡請求について，詳しく論ぜよ。
　　　　　　（中央大学大学院法学研究科博士前期課程民事法専攻2002年度試験）

〔**参考問題　4**〕
　1　Aは，B宅を訪れ，「あなたの亡きお祖父さんの霊が苦しんでいる。教祖様のお払いを受けているこの壺によってその魂を供養する事が出来る」と言葉巧みに説明した。Bは，半ば疑いながらも，幼い頃からいつもかわいがってくれたお祖父さんを供養するつもりで，その壺を100万で購入した。その後，そんな壺は二足三文の価値しかないと諭されたBは，壺の購入を後悔した。Bがこの壺の売買契約から免れるためにはどのような法律構成が考えられるか検討しなさい。
　　　　　　　　　　（神戸大学大学院法学研究科博士課程1999年度試験）

6. 民事訴訟法

1　1年次・2年次カリキュラム案の概容

　1年次では，「民事訴訟法」が4～6単位設定されます。ここでは手続きの全体を一体的に教えて，手続きの全体像を学生に把握させることに重点を置くことを目的にするとされています。この段階で，実体法と関連する事項の細部に

踏み込むことは，学生の混乱を招く恐れがあるので，2年次に行う民事裁判演習に委ねるとされています。

そのかわりに，狭義の民事訴訟法に限定せず，調停等ADR手続き，民事保全法，民事執行手続等についても，その概要を授業対象に含めるものとしています。

2年次では，民事法演習Ⅴ（民事裁判演習）4単位が提案されています。ここでは，実体法と相対的に関連性が薄い事項について学習するとされています。具体的には，争点整理手続，証拠調べ各論等が挙げられています。また，実務理論の基礎（弁護士倫理，要件事実，事実認定）も学習の対象になります。

2 出題予想

1年次のカリキュラムが出題範囲とするならば，民事訴訟法全体の学習が必要になります。司法試験であまり出題されなかった，訴訟と非訟，ADR，強制執行手続もしっかり勉強する必要があるでしょう。

また，「1年次のカリキュラムでは体系的な基礎知識の定着・確認ということを目的とする。ここで重要なのは，単なる制度の知識ではなく，それがなぜそうなっているのかという理解を完全なものにすることである」（法科大学院における民事法カリキュラムのあり方モデル案）とあるので，基本的な概念（処分権主義，弁論主義，自由心証主義，証明責任等）について論じさせる問題の出題可能性もあります。

ただ，「民事訴訟法を4単位とする場合には（学修）対象が判決手続の部分に限られることもやむを得ないだろう」とされていること（法科大学院における民事法カリキュラムのあり方モデル案）を考えると，重点的に学修すべき所は判決手続だといえるでしょう。

ここでも法学研究科の問題を挙げておきます。

〔参考問題　1〕
1　いわゆる裁判所の釈明権（民事訴訟法149条）の意義と範囲について

論じなさい。

2　不法行為に基づく損害賠償請求訴訟の期日においてした「自己には過失がある」旨の陳述を，被告Yは，後の期日において撤回し，自己の過失を争う事が出来るか，論じなさい。

（神戸大学法学研究科博士前期課程1999年度試験）

〔**参考問題　2**〕

民事訴訟はどのような場合にどのような効果をもって完結するか。

（中央大学大学院法学研究科博士前期課程2001年度試験）

7. 商　法

1　1年次・2年次カリキュラム案の概容

商法については1年次に基礎科目として6～8単位置かれています。ここでどのような内容を学習するかについてはいろいろな案があるようですが，主に会社法を学修するとする案があります（法科大学院の教育内容・方法等に関する中間まとめ　資料Ⅱ民事系のカリキュラムモデル案）。

確かに商法といえば従来，商法総則商行為，会社法，手形小切手法が学習範囲でしたが，手形小切手法については時代の流れで重要性が相対的に落ちてきているとされています。また，現行司法試験では商法総則商行為が出題されることはあまりありません。3年に1度出題されるくらいです。

会社法もここ数年抜本的改正が相次ぎ，出題が困難になってきています（従来は，改正されたばかりのところはすぐには出題されませんでした）。

2　出題予想

重要性から言えば，会社法が一番出題の可能性が高いでしょう。しかも近年改正がない会社設立，資金調達は出題しやすいのではないでしょうか。また，会社法の基本概念（株主有限責任・資本・会社財産の関係，物的会社と人的会

社）も理解しておく必要があります。
　次に，法学研究科で意外と出題が多いのは商法総則・商行為です。ですから商法総則・商行為についてもしっかり勉強しておく必要があります。
　ただ，現行司法試験では商法2題中1題は手形小切手法から出題されていますので，手形小切手の学習も欠かせません。
　結局，会社法の勉強に重点を置きながら，商法総則・商行為，手形小切手についても幅広く学習する必要があります。
　以下に法学研究科の問題を挙げておきます。

〔参考問題　1〕
　次の3問のうち，1問を選択して答えなさい。
　1　商法上の代理制度につき論じなさい。
　2　議決権行使の代理人資格を株主に限る旨の定款規定の効力について論じなさい。
　3　手形裏書人の担保責任と手形保証人の手形責任とを対比し，その法的性格の異同を論じなさい。
　　　　　　　　　　　（中央大学大学院法学研究科博士前期課程2001年度試験）

〔参考問題　2〕
　商人および商行為の概念規定を論評しなさい。
　新株発行の無効原因について説明しなさい。
　　　　　　　　　　　（中央大学大学院法学研究科博士前期課程2000年度試験）

全国法科大学院情報作成にあたって

　2003年7月10日現在の全国法科大学院情報を掲載します。受験生の方々ならば進路決定に，受験を考えておられる方々にはその判断材料として，役立てていただけると幸いです。

　なお，本情報作成に当たりましては，各法科大学院設立準備担当者，広報担当者の方々の多大なご協力を賜りました。申請直後でご多忙の中，ご協力していただきまして，この場を借りて，厚く御礼申し上げます。

【読者への注意】
　(1)　現在，各法科大学院ともに，文部科学省に対して設置認可申請中です。法科大学院設置認可が正式に文部科学省から下りるのは，11月下旬から12月上旬になりそうです。従って，すべての大学院に設置認可が下りるわけではありませんので，その点を留意して情報をお読みください。
　(2)　掲載している情報は，2003年7月10日現在の情報です。設置認可が下りる前の情報ですから，大学院名をはじめ，すべての項目とも，現段階では「予定」あるいは「検討中」の情報とお考えください。
　(3)　(1)(2)の事情により，今後，本書に掲載されている情報は変更されることがあります。最新の情報は，各大学の法科大学院設立準備担当係に相談したり，説明会に出席したり，ホームページを確認したりしてください。情報が変更された場合，各大学院，弊校ともに責任を負いかねます。

【調査方法】
　①　弊校が法科大学院設置認可申請を予定している大学に対して2003年5月に実施したアンケート調査
　②　弊校が法科大学院設置認可申請を行った大学に対して2003年7月10日までに行った情報確認
　③　各大学院の法科大学院ホームページ
　　以上の情報をもとに作成しました。

全国法科大学院情勢
―アンケート集計結果に基づいて―

ここでは，当ゼミが独自に行ったアンケート（2003年7月5日現在回収，法科大学院設置認可申請大学72校中58設置予定校分）やさまざまな情報を総合して，法科大学院の全体像を探ることにします。法科大学院別の情報は，次の「全国法科大学院設置予定校情報」を参照してください。

なお，11月下旬の正式認可までの間に，情勢が変化し全体像が大きく変わる可能性もありますので，2003年7月現在の情勢としてお読みください。

I　法科大学院の動向

1. 受け入れ態勢

1　募集定員（グラフ(1)）

50名以下の大学院が31大学院（国立8大学院，私立23大学院），51名～100名が30大学院（国立10大学院，公立2大学院，私立18大学院），101～150名が5大学院（私立5大学院），151名～200名が2大学院（国立1大学院，私立1大学院），251名～300名の大学院が4大学院（国立1大学院，私立3大学院）となっています。

各大学院の定員は以下のようになっています（表1）。

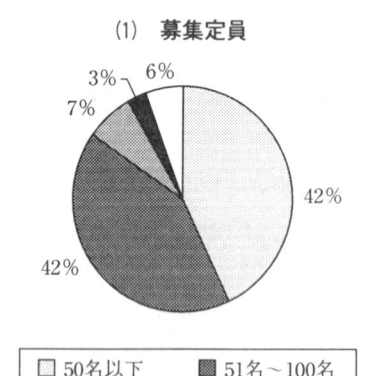

(1)　募集定員

- 50名以下　42%
- 51名～100名　42%
- 101名～150名　7%
- 151名～200名　3%
- 251名～300名　6%

表1　法科大学院の募集定員（申請中）

【国立大学20校】
〈北海道東北地方〉
　北海道大学（100），東北大学（100）
〈関東地方〉
　千葉大学（50），東京大学（300），一橋大学（100），横浜国立大学（50），
〈中部北陸地方〉
　新潟大学（60），金沢大学（40），名古屋大学（80），
〈近畿地方〉
　京都大学（200），大阪大学（100），神戸大学（100），
〈中国四国地方〉
　島根山陰法科大学（30），岡山大学（60），広島大学（60），香川・愛媛大学（30）
〈九州沖縄地方〉
　九州大学（100），熊本大学（30），鹿児島大学（30），琉球大学（30）。
【公立大学2校】
　東京都立大学（65），大阪市立大学（70）
【私立大学50校】
〈北海道東北地方〉
　青森大学（150），東北学院大学（50）
　※青森大学は法科大学院を東京に置く予定。司法試験予備校と連携。
〈関東甲信地方〉
　白鴎大学（30），大宮法科大学（100），駿河台大学（60），獨協大学（50），青山学院大学（60），学習院大学（65），慶應義塾大学（260），國學院大學（50），駒澤大学（50），上智大学（100），成蹊大学（50），専修大学（75），創価大学（50），大東文化大学（50），中央大学（300），東海大学（50），東洋大学（50），日本大学（100），法政大学（100），明治大学（200），明治学院大学（80），立教大学（70），早稲田大学（300），神奈川大学（50），関東学院大学（60），桐蔭横浜大学（70），山梨学院大学（40）
〈中部北陸地方〉
　北陸大学（70），愛知大学（40），愛知学院大学（35），中京大学（30），南山大学（50），名城大学（50），
〈近畿地方〉
　京都産業大学（60），同志社大学（150），立命館大学（150），龍谷大学（100），大阪学院大学（50），関西大学（130），近畿大学（60），関西学院大学（125），甲南大学（60），神戸学院大学（60），姫路獨協大学（40）
　※龍谷大学は司法試験予備校と連携して東京にも開校する予定。
〈中国地方〉
　広島修道大学（50）
〈九州地方〉
　久留米大学（40），西南学院大学（50），福岡大学（50）

全国法科大学院情勢　　71

2 授業料（グラフ(2)）

150万円以上200万円未満の大学院が多数（20校）となっています。しかし、現段階において授業料は検討中とする大学院がかなりあります（33校）。国立大学院はすべてが未定となっています。授業料については他校の出方を見極めて判断するとの思惑が見え隠れします。

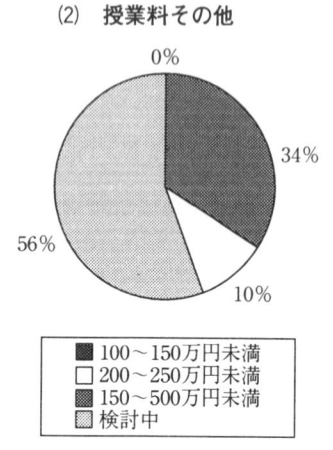

国公立大学院の授業料が私立大学院のそれよりも低くなることは確実な情勢で、どの程度の授業料を国公立法科大学院が提示するかが注目されます。また、国公立大学院が授業料を低額に設定したばあい、私立大学院の間で授業料の割引競争もあり得ます。授業料については今後の情勢をしっかり見張る必要があります。

(2) 授業料その他
- 0%
- 34%
- 10%
- 56%
- ■ 100～150万円未満
- □ 200～250万円未満
- ▨ 150～500万円未満
- ▨ 検討中

3 法科大学院独自の奨学金（グラフ(3)）

今回、法科大学院独自の奨学金（ローンや授業料免除も含む）の創設について尋ねてみました。

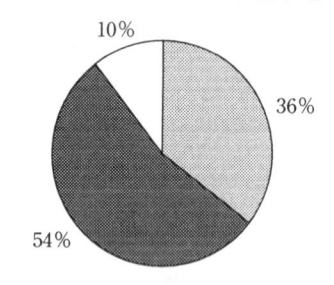

検討中とする法科大学院（32校）が圧倒的です。おそらく、各大学院ともに法科大学院奨学金の制度設計でかなり苦労しているようです。原因の一つに、法科大学院制度の先行き不透明さがあり、これに金融機関が難色を示していることが挙げられます。奨学金制度を充実させなければ、いわば高所得者のための法科大学院と化すことでしょう。

今後は、日本育英会奨学金の他に、公的に法科大学院生を経済的に支援する

(3) 独自の奨学金制度設置予定
- 10%
- 36%
- 54%
- ■ 予定している ■ 検討中 □ なし

枠組み作りが求められることになりましょう。また，金融機関側も，「法曹になれば高額所得者になれるのだから簡単かつ十分に資金が回収できる」という伝統的な価値観から脱却して，法科大学院生を経済的にバックアップする新しいローンのスタイルを構築する必要に迫られるのではないでしょうか。

4 社会人の受け入れを検討している大学院 （グラフ(4)・(5)）

社会人を受け入れるために特別枠を設ける予定の大学院は，10校あります。特別枠という観点からのみ眺めると，法科大学院は社会人受け入れに消極的のように見えます。

しかし，視点を変えてみると異なった結果が見えてきます。

社会人経験書類（社会人としての経歴や活動を問ういっさいの書類）の提出を求める大学院は，30校を超えることがわかりました。社会人経験書類の提出が，試験において有利に考慮されるとは直ちに断言できません。しかし，社会人経験書類の提出を求めていること自体，法科大学院としては社会人の経歴にきわめて強い関心があるといって良いでしょう。

報道で言われているほどに，法科大学院は社会人受け入れに消極的とは，どうも言えないようです。

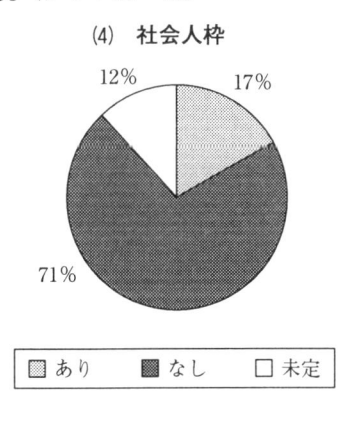

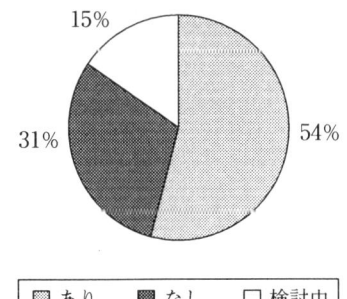

(4) 社会人枠
- あり 17%
- なし 71%
- 未定 12%

(5) 社会人経験に関する書類の提出
- あり 54%
- なし 31%
- 検討中 15%

2. 受験をめぐる情勢

1　入学課程の決定方法（グラフ(6)）

ご覧の通り，すべての受験者に未修者試験を課し，その合格者の中から既修者課程進学者を選抜する方法（内部振り分け方式）が主流となっています。

また，両課程でそれぞれ独立して試験を実施しつつも，既修者課程志願者には未修者課程への併願を認め，既修者試験が不合格であっても未修者試験に合格していれば入学を認めるとする大学院も少なくありません。

(6) 入学課程の決定方法

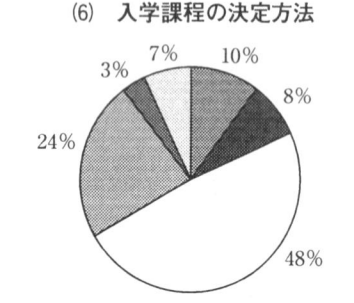

個別出願 10%／全て未修者 8%／内部振分 48%／併願 24%／その他 3%／未定 7%

内部振り分け方式と併願方式をあわせると，全体の7割を超える情勢です。
受験生が選択した課程だけで合否を大学する割合は12%にとどまっています。

2　既修者・未修者課程の定員（グラフ(7)）

法科大学院の定員は，申請段階で，5,950人となっています。その内訳を探ってみました。

比率にすると，既修者が3割，未修者が7割です。なお，未修者の数字には，内部振り分け方式や併願方式を採用し，なおかつ既修者課程へ進学する者の定員や割合を示していない大学の数字が含まれています。そのため，実際には，既修者課程の枠はこのデータよりもさらに増えると考えてよいでしょう。しかしそれでも，既修者定員は35%程度にとどまり，未修者課程中心の定員構成になりそうです。

(7) 既修者と未修者の全体的な割合

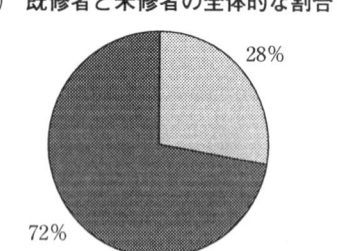

既修者 28%／未修者 72%

3 適性試験の得点で事前選抜を実施する可能性（グラフ(8)）

既修者試験や未修者試験を実施する前に、大学受験のように、事前選抜を行うとする大学はほぼ半数に上ります。受験生が集中する事態を避けるために、同様の措置を行う大学が増えてくるものと思われます。

しかし、出願資格として一定得点を要求するのか、そのようにはせず、受験生が過度に集中した場合のみ、事前選抜を実施するのかは、依然として明確ではありません。

(8) 適性で事前選抜するか

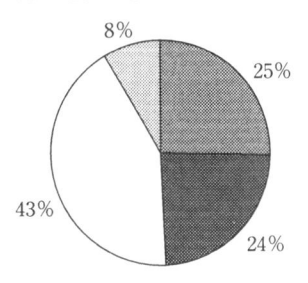

- 25% 適性でする
- 24% 適性と書類等でする
- 43% しない
- 8% 未定

また、適性試験の得点のみで、いわばドライに、事前選抜を行うとしている大学は全体の4分の1にとどまり、大勢には至っていません。むしろ、事前選抜を実施する場合、適性試験と提出書類とをあわせて考慮する方式が多数を占めることになりそうです。適性試験によって法科大学院受験が大学受験と同じように偏差値化するのではないかとの危惧がありましたが、「適性試験・書類併用」によってこの危険を各大学が回避したと言えましょう。

今回注目すべきは、適性試験による事前選抜を実施しないとする大学が約40％あることです。こうした大学院では、最終的な合否は、既修者・未修者試験で決定するか、あるいは、既修者・未修者試験に大幅な比重を置いて合否を決すると思われます。慶應義塾大学法科大学院はこの線を明確にしています。

したがって、『適性試験至上主義』的な受験イメージにとらわれすぎると、足下をすくわれることになるので、受験生の皆さんは是非とも注意する必要があります。

4 外国語能力を示す資料の提出（グラフ(9)）

必須あるいは任意で外国語能力を示す書類の提出を求めている大学は27％に上ります。しかし、必須としている大学院は現時点では10％にとどまっています。

また、外国語能力は、選抜においてはせいぜい参考資料として扱われるにすぎない傾向があり、外国語能力が低いからといって不合格となる可能性はほぼないと言えるでしょう。適性試験と既修者・未修者試験に重点を置くべきでしょう。

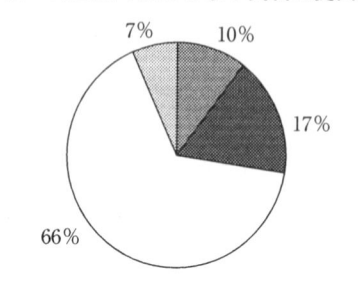

(9) 外国語の能力を示す資料の提出

7％　10％
17％
66％

■必須　■任意　□なし　■未定

5 志望理由書（グラフ(10)）

提出を義務づける大学が70％となっています。提出を義務づける大学では、適性試験成績と志望理由書をはじめとする書類が併用される場合もあるので、「たかが志望理由書」と侮ってはいけません。

(10) 志望理由書の提出

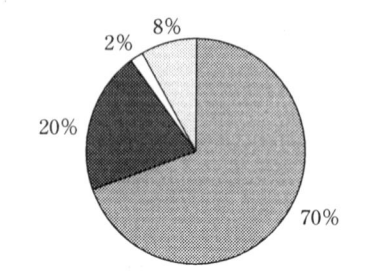

2％　8％
20％
70％

■あり　■なし　□その他　□未定

Ⅱ 法科大学院受験校選定の心構え

1. 全国区か地方区か

　全国レベルで人材を集める「全国区法科大学院」と，あくまでも地域の担い手の養成に力を入れる「地方区法科大学院」とに分かれる情勢です。100名以上の定員を設定している，いわゆる旧帝大，有名私立大学は「全国区法科大学院」を志向する傾向を示しています。

　一方，法曹過疎に悩む地域では「地方区法科大学院」を目指す傾向があります。カリキュラムに地域性を反映させたり，地域の法律家として活躍する人材を養成することを目標に掲げたりする大学院もあります。

　この違いを意識して，自らのビジョンに適った大学院はどこかということを考えて，受験校を選択すべきでしょう。

2. 学　費

　先ほどみたとおり，法科大学院の授業料が未だに決まっていない大学院が多数に上ります。しかし，学費は，「私高国低」になることだけはほぼ確実です。もっとも私立大学の中で学費を他校と比較して大幅にディスカウントする大学院も出てくるかもしれません。とはいえ，国立大学の学費の方が，安くなることは否定できないでしょう。

　そうなると，おのずと国立大学の受験倍率が跳ね上がる可能性はかなり高いと言えましょう。とくに，法学未修者課程の倍率は既修者課程よりも遙かに高くなることでしょう。国立の未修者課程の定員は既修者課程よりも少なく，それでいて受験生の間では未修者課程を受験する動きが見られるからです。

　そのため，私立大学を受験するのであれば奨学金制度が設けられているのか

を予め調べておく必要がありましょう。

3. 法学既修者と法学未修者のいずれを選択すべきか

　基本的には、法学部出身者や法律学を学んだ経験のある方、法律に関係する資格をお持ちの方は法学既修者課程にチャレンジすべきです。法学部出身以外の方、社会生活上法曹資格を取得する必要に迫られている方、法学以外の修士あるいは博士を取得されている方は未修者課程への進学を考えるべきでしょう。なお、高額な学費を勘案すると、法律学のバックボーンがない方でも、予備校などを活用して既修者試験にチャレンジするのも手です。既修者試験は、司法試験ほど複雑な試験にはならないと思われるからです。

　ともかく、自分はどの課程を目指すのかを明確にしておくべきです。

　確かに入学選抜方法の主流は、「一括未修者試験、その合格者から既修者選抜（内部振り分け）」になりそうですので、いずれに軸足をおくべきかについて、それほどこだわりすぎる必要はないようにも思えます。しかし、学費は大きく異なります。試験内容も違います。両課程の1年次の授業は、それぞれ大幅に開きがあります。したがって、こうした事情を十分考慮した上で、いずれの課程に進学するのかをはっきりさせておくべきです。

　なお、法学未修者課程に法学部出身者が志願した場合、選抜過程で高いハードルを課される可能性も否定できません。例えば、成績評価の際に、法律学以外の科目を真剣に勉強してきたかどうかが見られるかもしれません。政治学科出身の方は有利になることでしょう。しかし、法律学科出身の場合、法律学以外の科目は、得てして手を抜きがちです。そうなると、法学部出身者は未修者試験ではかえって不利になることも考えられます。

4. 目標の実現にあわせて大学院を選ぶ

　やはり自分が設定した目標を実現することができそうな法科大学院はどこかという観点から受験校を選定すべきでしょう。その際，重要なのはカリキュラムの内容です。ただ具体的なカリキュラムを各校が提示するのはしばらく先になるかもしれません。それでも，情報をごらんになると実感できるかとは思いますが，現時点においても法科大学院ごとにずいぶん個性が現れているように思います。大まかにまとめると

　　◎国際関係の中で活躍する法曹の教育
　　◎地域に貢献する法曹の養成
　　◎企業法務の養成
　　◎環境保護に貢献する法曹の養成

などがあります。
　将来，具体的な分野で法曹として活躍したいと考える方は，各大学院が提示している特色・特徴に目をとめるべきでしょう。
　なにがなんでも，ともかく新司法試験に合格して法律家として活躍したい方にとっては，法科大学院が，新司法試験に合格するためのカリキュラムをしっかり整えているのかが気になるところです。そこで是非注目していただきたいのは，法律基本科目群の単位数やカリキュラムの中身および講座担当者です。法律基本科目に重点を置くことを打ち出している大学院や法律基本科目が充実している大学院は，新司法試験合格に重点を置いている大学院であるといって差し支えないでしょう。

5. 研究者志望の人はどうしたらよいか

　実務法律家ではなく，研究者を目指したいとの志を抱いている方もおられると思います。従来の法学研究科の枠組みは維持されそうですが，主として実体

法や手続法以外の講座が設置される可能性が高まっています。
　研究者養成に対する大学院の対応は，各大学院により異なりそうです。実体法や手続法を研究したい方には，まずは法科大学院への進学を勧める大学もあります。もっとも法科大学院は専門職大学院なので，修士論文を執筆することはいっさいありません。法科大学院修了後，博士課程に入学あるいは編入することになりそうです。
　しかし，各大学院ともに法科大学院の制度設計に追われ，研究者養成の方法については十分に手が回っていないのが現実です。研究者志望の方は，直接，各大学の法科大学院設立準備担当へ問い合わせた方がよいでしょう。

全国法科大学院設置予定校情報

（データは2003年7月10日現在）

〔国立／公立〕

北海道大学法科大学院……………………82
東北大学法科大学院………………………84
千葉大学法科大学院………………………86
東京大学法科大学院………………………88
東京都立大学法科大学院…………………90
一橋大学法科大学院………………………92
横浜国立大学法科大学院…………………94
新潟大学法科大学院………………………96
金沢大学法科大学院………………………98
名古屋大学法科大学院……………………100
京都大学法科大学院………………………102
大阪大学法科大学院………………………104
大阪市立大学法科大学院…………………106
神戸大学法科大学院………………………108
島根大学山陰法科大学院…………………110
岡山大学法科大学院………………………112
広島大学法科大学院………………………114
香川・愛媛大学法科大学院………………116
九州大学法科大学院………………………118
熊本大学法科大学院………………………120
鹿児島大学法科大学院……………………122
琉球大学法科大学院………………………124

〔私立〕

東北学院大学法科大学院…………………126
白鷗大学法科大学院………………………128
大宮法科大学院大学………………………130
駿河台大学法科大学院……………………132
獨協大学法科大学院………………………134
青山学院大学法科大学院…………………136
学習院大学法科大学院……………………138
慶應義塾大学法科大学院…………………140
國學院大学法科大学院……………………142
駒澤大学法科大学院………………………144
上智大学（法科大学院）…………………146
成蹊大学法科大学院………………………148
専修大学法科大学院………………………150

創価大学法科大学院………………………152
大東文化大学法科大学院…………………154
中央大学法科大学院………………………156
東海大学法科大学院………………………158
東京法科大学院……………………………160
東洋大学法科大学院………………………162
日本大学法科大学院………………………164
法政大学法科大学院………………………166
明治大学法科大学院………………………168
明治学院大学法科大学院…………………170
立教大学法科大学院………………………172
早稲田大学法科大学院……………………174
神奈川大学法科大学院……………………176
関東学院大学法科大学院…………………178
桐蔭横浜大学法科大学院…………………180
北陸大学法科大学院………………………182
山梨学院大学法科大学院…………………184
愛知大学法科大学院………………………186
愛知学院大学法科大学院…………………188
中京大学法科大学院………………………190
南山大学法科大学院………………………192
名城大学法科大学院………………………194
京都産業大学法科大学院…………………196
同志社大学法科大学院……………………198
立命館大学法科大学院……………………200
龍谷大学法科大学院………………………202
大阪学院大学法科大学院…………………204
関西大学法科大学院………………………206
近畿大学法科大学院………………………208
関西学院大学法科大学院…………………210
甲南大学法科大学院………………………212
神戸学院大学法科大学院…………………214
姫路獨協大学法科大学院…………………216
広島修道大学法科大学院…………………218
久留米大学法科大学院……………………220
西南学院大学法科大学院…………………222
福岡大学法科大学院………………………224

[国立／公立]

北海道大学 法科大学院
（ほっかいどう）

正式名称：北海道大学大学院法学研究科

法科大学院の特色

- 豊富で質の高い教員による，徹底した少人数教育（特に法律基本科目について）
- 知的財産法など先端法分野における充実した科目展開
- 隣接領域に関する豊富で多彩なプログラム（特に基礎法学，政治学）
- 海外のロースクールとの交流（留学制度，単位互換制度など）
- 専用図書館，個席を完備した自習室，最新のIT施設など，理想的な学習環境

開設時期
2004年4月

募集定員
100名　■既修者（2年課程）　50名程度
　　　　■未修者（3年課程）　50名程度

通信制・夜間コースの予定
無

教員構成
教員総数　55名

- ■専任教員　26名
- ■兼担教員　20名
- ■非常勤教員　9名
- ■客員教授　0名
- ●研究者　43名（専任20名）
- ●裁判官　2名（専任1名）
- ●検察官（OB）1名（専任1名）
- ●弁護士　9名（専任4名）
- ●その他　　名

カリキュラム

■カリキュラム（終了要件単位数は，3年課程96単位，2年課程66単位）

① 基礎プログラム（32単位中28単位以上選択必修，2年課程は免除）：憲法Ⅰ～Ⅱ，行政法Ⅰ～Ⅱ，民法Ⅰ～Ⅴ，商法Ⅰ～Ⅲ，民事訴訟法Ⅰ～Ⅱ，刑法Ⅰ～Ⅱ，刑事訴訟法Ⅰ～Ⅱ

② 法実務基礎プログラム：法曹倫理Ⅰ～Ⅱ（2単位選択必修），民事実務演習（2単位必修），刑事実務演習AB（2単位選択必修），ローヤリング＝クリニックAB，外国法律実務，法情報学

③ 深化プログラム（28単位中24単位以上選択必修）：公法事例問題研究Ⅰ～Ⅲ，民事法事例問題研究Ⅰ～Ⅴ，商事法事例問題研究Ⅰ～Ⅲ，刑事法事例問題研究Ⅰ～Ⅲ

④ 先端・発展プログラム（各部門から10単位以上，計15単位以上選択必修）：先端ビジネス部門（知的財産法など17科目），生活関連部門（現代生活民法など13科目），共通科目（立法過程論など13科目），エクスターンシップ，フィールドワーク

⑤ 学際プログラム（8単位以上選択必修）：ベーシック群（法哲学など11科目），アドバンス群（法政策論など9科目）

所在地　〒060-0809　札幌市北区北9条西7丁目
開設予定地　同上
問合せ先　法科大学院設置準備室　☎・FAX 011-706-3130
交通機関　JR札幌駅から徒歩8分
ホームページアドレス　http://www.juris.hokudai.ac.jp/lawschool/

入試データ

(1) **既修者受験資格**
　・大学卒
　・大学卒業者と同等の学力があると認められる者
(2) **未修者受験資格**
　・大学卒
　・大学卒業者と同等の学力があると認められる者
(3) **適性試験得点による事前選抜の有無**　　有
　第1次選抜
　・大学入試センター法科大学院適性試験の成績により，定員の3倍程度を選抜
　第2次選抜
　・第1次選抜合格者に対して特別選考および一般選考を実施し，最終合格者を決定
　・特別選考と一般選考は併願可能
(4) **提出書類**
　①適性試験の成績，②出身校の成績証明書，③志望理由書（特別選抜出願者のみ）など
(5) **特別選考**
　・社会人（顕著な社会実績を有する者）および非法学部出身者（法学以外の学問分野で顕著な実績をあげている者）が対象
　・小論文試験（法学の知識を問わない内容）の成績，志望理由書，面接結果を勘案して選考
(6) **一般選考**
　・適性試験および小論文試験（法学の知識を問わない内容）の成績，ならびに学修評価（学部における成績等の他，法律科目試験受験者についてはその成績も考慮）を勘案して選考
(7) **2年課程入学者の決定**
　・同課程入学希望者に法律科目試験を課し，最終合格者のうちから50名程度をめどとして決定
　・試験科目は，憲法・民法・刑法が必修，民事訴訟法・刑事訴訟法・商法・行政法の4科目中2科目選択
(8) **既修者・未修者試験の実施時期**　　1月末から2月中旬
(9) **既修者試験科目**　①小論文，②法律科目（憲法・行政法・民法・商法・刑法・民事訴訟法・刑事訴訟法　憲・民・刑は必修，その他は4科目中2科目の選択）
(10) **未修者試験科目**　小論文（特別選考では，志望理由書を提出し面接を行う）
(11) **どの団体の適性試験が必要か**　大学入試センターは提出必須，日弁連は参考資料

学費等

(12) **受験料**　　未定
(13) **入学金**　　未定
(14) **授業料**　　未定
(15) **奨学金制度の内容**　　未定
(16) **授業料の減免制度**　　未定

[国立／公立]

東北大学 法科大学院
とうほく

法科大学院の特色

- 基本的な法律の素養を身につけ，将来の実務の基礎を固め，国際的に活躍できるような弁護士を養成
- 公共政策大学院（仮称）で教鞭をとる中央官庁からの派遣教官の協力で，先端的，応用的な法分野にも対応できるような，実力のある裁判官，検察官の育成

開設時期　2004年

募集定員　100名　■既修者　　名
　　　　　　　　　　■未修者　　名

通信制・夜間コースの予定　無（但し，18：00～19：30にも開講する）

教員構成　教員総数　決定しているが，内訳は検討中

■専任教員　　名　●研究者　　名
■兼担教員　　名　●裁判官　　名
■非常勤教員　名　●検察官　　名
■客員教授　　名　●弁護士　　名
　　　　　　　　　●その他　　名

カリキュラム

■＊ホームページ参照。

所在地　〒980-8576　仙台市青葉区川内
開設予定地　東北大学片平キャンパス　仙台市青葉区片平2-1-1
問合せ先　法科大学院設置事務室　☎022-217-6173
交通機関　JR仙台駅より，市営バス，青葉通り一番町バス停下車
ホームページアドレス　http://www.law.tohoku.ac.jp/lawschool/

入試データ

(1)　既修者受験資格
　・大学卒
　・大学卒業者と同等の学力があると認められる者
(2)　未修者受験資格
　・大学卒
　・大学卒業者と同等の学力があると認められる者
(3)　適性試験得点による事前選抜の有無　　有
(4)　提出書類
　①適性試験の成績，②出身校の成績証明書，③健康診断書，④志望理由書
(5)　社会人への特別措置　　とらない
(6)　特別枠　　無
(7)　入学課程の決定方法
　・すべての受験者に未修者課程の試験を受けさせ，その合格者の中から希望者に対し既修者試験を課す
(8)　既修者・未修者試験の実施時期　　決定していない
(9)　既修者試験科目　　①小論文，②法律科目（憲法・行政法・民法・商法・刑法・民事訴訟法・刑事訴訟法）
(10)　未修者試験科目　　小論文
(11)　どの団体の適性試験が必要か　　大学入試センターは提出必須，日弁連は任意

学費等

(12)　受験料　　未定
(13)　入学金　　未定
(14)　授業料　　未定
(15)　奨学金制度の内容　　未定
(16)　授業料の減免制度　　未定

[国立／公立]

千葉大学 法科大学院
（ちば）

法科大学院の特色

- 公的立場から正義の実現に携わる裁判官，検察官の立場にあっても，つねに生活者の視点を忘れない，「心」ある法律家を輩出
- 個性を配慮する少人数教育
- 経験豊富な教授陣
- 実務経験者歓迎
- 誰でも学べる低コストを目指す

開設時期
2004年

募集定員
50名　■既修者　35名
　　　■未修者　15名

通信制・夜間コースの予定
無

教員構成
教員総数　26人以上

- ■専任教員　　19名
- ■兼担教員　　　名
- ■非常勤教員　7名以上
- ■客員教授　　　名
- ●研究者　　15名
- ●裁判官　　交渉中
- ●検察官　　2名
- ●弁護士　　3名＋α名
- ●その他　　3名以上（現又は元行政官）

カリキュラム
- ■修了単位94単位
- ■必修科目66単位
- ■選択必修科目6単位
- ■自由選択科目22単位

```
所在地　〒263-8522　千葉市稲毛区弥生町1-33
開設予定地　千葉県千葉市稲毛区弥生町1-33　千葉大学西千葉キャンパス
問合せ先　法経学部庶務課　☎043-290-2343
交通機関　JR総武線西千葉駅　京成千葉線みどり台
ホームページアドレス　http://www.chiba-u.ac.jp/
```

入試データ

(1) **既修者受験資格**
　・大学を卒業したか，平成16年3月までに卒業見込みの者
　・学校教育法第68条の3の規定により学士の学位を授与された者
　※詳細は，募集要項を参照

(2) **未修者受験資格**
　・大学を卒業したか，平成16年3月までに卒業見込みの者
　・学校教育法第68条の3の規定により学士の学位を授与された者
　※詳細は，募集要項を参照

(3) **適性試験得点による事前選抜の有無**　無，法学既修者200名，未修者80名を下らない限度で，適性試験の得点により第一段階選抜を行うことがある。

(4) **提出書類**
　①適性試験の成績，②出身校の成績証明書，③健康診断書，④志望理由書，⑤その他（これまでの活動実態を評価の対象としてほしいときは，その実績を証明する文書等）

(5) **社会人への特別措置**　とらない

(6) **特別枠**　なし

(7) **入学課程の決定方法**
　・併願可（両方の方式で合格したときは，2年在学予定者として入学）

(8) **既修者・未修者試験の実施時期**　2月中旬（予定）

(9) **既修者試験科目**　憲法，民法（親族・相続を除く），刑法

(10) **未修者試験科目**　①小論文（志望理由，社会問題），②口述試験

(11) **どの団体の適性試験が必要か**　どちらか提出すればよい

学費等

(12) **受験料**　未定
(13) **入学金**　未定
(14) **授業料**　未定
(15) **奨学金制度の内容**　未定
(16) **授業料の減免制度**　未定

[国立／公立]

東京大学 法科大学院
（とうきょう）

法科大学院の特色

- 奇をてらわず王道を行く
- 筋道をしっかり考えることができる法律家
- 基幹能力の錬磨
- 法廷実務家，ビジネスローヤー
- 市民生活のローヤーの養成

開設時期　　2004年

募集定員　　300名　■既修者　200名
　　　　　　　　　　　■未修者　100名

通信制・夜間コースの予定　　無

教員構成　　研究者・実務科をバランス良く配置

■専任教員	名	●研究者	名
■兼担教員	名	●裁判官	名
■非常勤教員	名	●検察官	名
■客員教授	名	●弁護士	名
		●その他	名

カリキュラム

■詳細は7月中旬発表のホームページ参照
　未修者　必修76単位，既修者74単位
　修了93（実質上94）単位以上

```
所在地　　〒113-0033　文京区本郷7-3-1
開設予定地　未定
問合せ先
交通機関
ホームページアドレス
```

入試データ

(1) **既修者受験資格**
　・従来と同じ
　・飛び級入学は認めない。
(2) **未修者受験資格**
　・従来と同じ
　・飛び級入学は認めない。
(3) **適性試験得点による事前選抜の有無**　　有（定員の3倍以上。適性中心に総合判断）
(4) **提出書類**
　①適性試験の成績，②出身校の成績証明書，③語学検定の証明書（2年以内），④特記事項・書類（推薦状など）など。出願は，12月10日〜20日になる公算。
(5) **社会人への特別措置**　　あり
(6) **特別枠**　　社会人枠5名以上，理系枠10名以上（すべて未修者）
(7) **入学課程の決定方法**
　・出願の段階で既修者課程あるいは未修者課程のいずれかを選択させ，合否を判定する。併願不可。
(8) **既修者・未修者試験の実施時期**　　2004年1月25日（日）
(9) **既修者試験科目**　　公法，民事法，刑事法，法学一般から3科目。
(10) **未修者試験科目**　　総合問題2問
(11) **どの団体の適性試験が必要か**　　大学入試センターのみ

学費等

(12) **受験料**　　未定
(13) **入学金**　　未定
(14) **授業料**　　未定
(15) **奨学金制度の内容**
(16) **授業料の減免制度**

[国立／公立]

東京都立大学 法科大学院
（とうきょうとりつ）

法科大学院の特色

- 東京都が設置する法科大学院として，首都東京を中心に優れた法曹として活躍する人材を養成する
- 都立大法学部の教育の実績を活かして，高度できめ細やかな教育を行うとともに，公立大学院として，院生の負担が軽くて済むような最大限の配慮を行う
- 中央区晴海という都心に立地するメリットを最大限に活かし実務教育を効果的に行う

開設時期　2004年

募集定員　65名　■既修者　45名
　　　　　　　　　■未修者　20名

通信制・夜間コースの予定　無

教員構成　教員総数　　名

　■専任教員　20名　　●研究者　15名
　■兼担教員　　名　　●裁判官　　名
　■非常勤教員　名　　●検察官　　名
　■客員教授　　名　　●弁護士　　名
　　　　　　　　　　●その他　　名

カリキュラム

```
開設予定地   〒192-0397  中央区晴海1-2-2
問合せ先   設立準備委員会   ☎0426-77-1111
交通機関   都営大江戸線・営団地下鉄有楽町線月島駅・徒歩5分
ホームページアドレス   http://www.bcomp.metro-u.ac.jp/
```

入試データ

(1) **既修者受験資格**
　・大学卒
(2) **未修者受験資格**
　・大学卒
(3) **適性試験得点による事前選抜の有無**　　有
(4) **提出書類**
　①適性試験の成績，②出身校の成績証明書
(5) **社会人への特別措置**　　とらない
(6) **特別枠**
(7) **入学課程の決定方法**
　・両課程の併願は認めない
(8) **既修者・未修者試験の実施時期**　　決定していない
(9) **既修者試験科目**　　①大学入試センターが実施する適性試験，②法律科目試験は，「公法（当面は憲法），民法，刑法，商法，民事訴訟法，刑事訴訟法の6科目についての筆記試験」，③面接を行うか否かについては検討中，④このほか，書類による審査を検討中
(10) **未修者試験科目**　　①大学入試センターが実施する適性試験，小論文，②面接を行うか否かについては検討中，③このほか，書類による審査を検討中
(11) **どの団体の適性試験が必要か**　　大学入試センターのみ

学費等

(12) **受験料**
(13) **入学金**　　未定
(14) **授業料**　　公立大学が開設する法科大学院に相応しく，比較的廉価とすべく検討中
(15) **奨学金制度の内容**　　日本育英会奨学金
(16) **授業料の減免制度**　　未定

[国立／公立]

一橋大学 法科大学院
(ひとつばし)

法科大学院の特色

- ビジネス法務に精通した法曹，国際的視野を備えた法曹，豊かな人権感覚をもつ法曹の養成
- 少人数教育の重視

開設時期
2004年

募集定員
100名　■既修者　70名程度
　　　　■未修者　30名程度

通信制・夜間コースの予定
無

教員構成
教員総数　70名

■専任教員　　　28名　　●研究者　　49名
■兼担教員　　　16名　　●裁判官　　1名予定
■非常勤教員　26名程度　●検察官　　1名予定
■客員教授　　　 4名　　●弁護士　　16名
（専任教員中のみなし専任教員）　（弁護士経験による実務家教員を含む）
　　　　　　　　　　　　●その他　　3名

カリキュラム

■未修者94単位，既修者64単位。
■主な科目として，導入ゼミ，裁判法，憲法Ⅰ・Ⅱ，民法Ⅰ～Ⅳ，刑法Ⅰ・Ⅱ，民事訴訟法，刑事訴訟法，比較法制度論，行政法概論，会社法，公法演習Ⅰ・Ⅱ，民事法演習Ⅰ～Ⅲ，刑事法演習，企業法演習Ⅰ・Ⅱ，夏期特別研修，法律英語，民事法務基礎，民事裁判基礎，民事判例研究，刑事実務概論，模擬裁判，法曹倫理，問題解決実践，発展ゼミなど。

所在地　〒186-8601　東京都国立市中2-1
開設予定地　東京都国立市中2-1（国立キャンパス）　3年次にビジネス・ロー・コースを選択した学生は，週1回千代田区一橋の神田キャンパスに通う
問合せ先　法学研究科　☎042-580-8202
交通機関　JR中央線国立駅下車
ホームページアドレス　http://www.law.hit-u.ac.jp/

入試データ

(1) **既修者受験資格**
・大学卒

(2) **未修者受験資格**
・大学卒
・いわゆる「飛び級入試」としての受験資格を認める。詳細はホームページ参照。

(3) **適性試験得点による事前選抜の有無**　有（応募者多数の場合，適性試験：英語成績，既修者の場合は既修者試験も併せて，第1段階選抜）

(4) **提出書類**
①適性試験の成績，②出身校の成績証明書，③その他（自己推薦書，TOEFL・TOEICの成績証，法学既修者の場合は法科大学院既修者試験の成績証）

(5) **社会人への特別措置**　とらない

(6) **特別枠**　なし

(7) **入学課程の決定方法**
・出願の段階で既修者課程あるいは未修者課程のいずれかを選択させ，合否を判断する

(8) **既修者・未修者試験の実施時期**　1月下旬～2月上旬

(9) **既修者試験科目**　①外国語（独自の試験ではなく，TOEFLまたはTOEICの成績提出）必須，②法律科目（憲法・民法・刑法・民事訴訟法・刑事訴訟法　5科目について日弁連法務研究財団・商事法務研究会の行う既修者試験の成績提出　憲・民・刑の3科目については独自の論文試験を行う），③面接

(10) **未修者試験科目**　①外国語（独自の試験ではなく，TOEFLまたはTOEICの成績提出）必須，②小論文，③面接

(11) **どの団体の適性試験が必要か**　大学入試センターのみ

学費等

(12) **受験料**　未定
(13) **入学金**　未定
(14) **授業料**　未定
(15) **奨学金制度の内容**　未定
(16) **授業料の減免制度**　未定

[国立／公立]

横浜国立大学 法科大学院
（よこはまこくりつ）

法科大学院の特色

- 法学部を擁さないアメリカ型の独立したロー・スクール
- 徹底した少人数指導体制
- 実務家教員の充実〜実務家との高度な連携
- 特色ある法曹の養成（税務【租税法務】，国際企業法務，市民密着型法務，などの履修モデルを用意）

開設時期 2004年

募集定員 50名　■既修者　15名程度
　　　　　　　　　　■未修者　35名程度

通信制・夜間コースの予定 無

教員構成 教員総数　37名

■専任教員	21名	●研究者	4名
■兼担教員	名	●裁判官	1名
■非常勤教員	12名	●検察官	名
■客員教授	4名	●弁護士	6名
		●その他	1名

カリキュラム

- ■必須（72単位）
  - ・法律基本科目　　　54（単位）
  - ・実務基礎科目　　　6
  - ・総合演習科目　　　10
  - ・基礎法学・隣接科目　2
- ■選択必修（14単位）
  - ・実務基礎科目　　　2
  - ・基礎法学・隣接科目　4
  - ・展開・先端科目Ⅰ　　8
- ■自由選択（8単位）
  - ・展開・先端科目Ⅱなど　8
- ■修了要件　94単位

```
所在地      〒240-8501   横浜市保土ヶ谷区常盤台79-4
開設予定地    同上
問合せ先     ロースクール準備委員会    ☎045-339-3600
交通機関     横浜駅よりバス約15分
ホームページアドレス    http://www.iblaw.ynu.ac.jp/~ls/ls_pa.html
```

入試データ

(1) **既修者受験資格**
 ・大学卒
 ・その他（検討中）
(2) **未修者受験資格**
 ・検討中
(3) **適性試験得点による事前選抜の有無**　　有
(4) **提出書類**
 ①適性試験の成績，②出身校の成績証明書，③健康診断書，④志望理由書
(5) **社会人への特別措置**　　とらない
(6) **特別枠**　　設けない
(7) **入学課程の決定方法**
 ・すべての受験者に未修者課程の試験を受けさせ，その合格者の中から希望者に対し既修者試験を課す
(8) **既修者・未修者試験の実施時期**　　決定していない
(9) **既修者試験科目**　　法律科目（憲法・行政法・民法・刑法）
(10) **未修者試験科目**　　①小論文，②面接
(11) **どの団体の適性試験が必要か**　　大学入試センターは提出必須，日弁連は参考資料

学費等

(12) **受験料**　　未定
(13) **入学金**　　未定
(14) **授業料**　　未定
(15) **奨学金制度の内容**　　検討中
(16) **授業料の減免制度**　　検討中

[国立／公立]

新潟大学 法科大学院
にいがた

正式名称：新潟大学大学院実務法学研究科

法科大学院の 特 色

● 「法的専門知識活用型」教育，多彩な演習を駆使して行なう徹底した少人数教育，きめ細かな指導体制

開設時期
2004年

募集定員
60名　■既修者　3割程度
　　　■未修者　7割程度

通信制・夜間コースの予定
無

教員構成
教員総数　43名

■専任教員　　35名　　●研究者　　26名
■兼担教員　　 2名　　●裁判官　　 2名
■非常勤教員　 6名　　●検察官　　 1名
■客員教授　　 0名　　●弁護士　　 6名
　　　　　　　　　　●その他　　 8名

カリキュラム

〔修了要件〕

■法学未修者

3年以上在学し，かつ96単位（必修科目72単位，選択科目24単位）以上を修得すること。

○必修科目の内訳

①公法系科目　　10単位　　⑤基礎法学・隣接科目　　6単位
②民事系科目　　30単位　　⑥展開・先端科目　　　　7単位
③刑事系科目　　14単位
④実務基礎科目　 5単位

■法学既修者

2年以上在学し，かつ66単位（必修科目42単位，選択科目24単位）以上を修得すること。

○必修科目の内訳

①公法系科目　　 6単位　　⑤基礎法学・隣接科目　　2単位
②民事系科目　　14単位　　⑥展開・先端科目　　　　7単位
③刑事系科目　　 8単位
④実務基礎科目　 5単位

```
所在地    〒950-2181  新潟市五十嵐二の町8050
開設予定地  新潟市五十嵐二の町8050  新潟大学  五十嵐キャンパス
問合せ先   法科大学院設置準備委員会  ☎025-262-7452
交通機関   JR越後線  新潟大学前駅下車  徒歩10分，新潟交通新潟大学前行  新大正門
       前下車  徒歩1分
ホームページアドレス  http://www.jura.niigata-u.ac.jp/~law-web/lawschool/
```

入試データ

(1) **既修者受験資格**
 ・ホームページ参照
(2) **未修者受験資格**
 ・ホームページ参照
(3) **適性試験得点による事前選抜の有無**　有
(4) **提出書類**
 ①大学入試センター発行の「成績カード」，②自己申告書，③大学等の成績証明書，④その他
(5) **社会人への特別措置**　特になし（ただし，書類審査，面接試験において経歴等を考慮する）
(6) **特別枠**　無
(7) **入学課程の決定方法**
 ・すべての受験者に未修者課程の試験を受けさせ，その合格者の中から希望者に対し既修者試験を課す
(8) **既修者・未修者試験の実施時期**　2月中旬（予定）
(9) **既修者試験科目**　公法，民事法，刑事法
(10) **未修者試験科目**　書類審査，面接試験，小論文試験
(11) **どの団体の適性試験が必要か**　大学入試センターのみ

学費等

(12) **受験料**　未定
(13) **入学金**　未定
(14) **授業料**　未定
(15) **奨学金制度の内容**　未定
(16) **授業料の減免制度**　未定

[国立／公立]

金沢大学 法科大学院
かなざわ

正式名称：金沢大学大学院法務研究科

法科大学院の 特色

- 北陸最大規模の司法試験合格実績（157人）により，北陸3県弁護士会との連携を強化
- 実務に目配りしたカリキュラムを配置

開設時期
2004年

募集定員
40名　■既修者　15名程度
　　　■未修者　25名程度

通信制・夜間コースの予定
無

教員構成
教員総数　19名

■専任教員　　19名　　●研究者　　　名
（実務経験者　7人）
■兼担教員　　　名　　●裁判官　　　名
■非常勤教員　　名　　●検察官　　　名
■客員教授　　　名　　●弁護士　　　名
　　　　　　　　　　●その他　　　名

カリキュラム
■3年以上の在学と94単位以上取得

所在地　〒920-1192　金沢市角間町金沢大学法学部
開設予定地　金沢市角間町　金沢大学法科大学院
問合せ先　学務第二係（法科大学院担当）　☎076-264-5456
交通機関　JR金沢駅より北鉄バスで25分
ホームページアドレス　http://www.kanazawa-u.ac.jp/

入試データ

(1) **既修者受験資格**
　・大学卒
　・短大卒
　・高等専門学校卒
　・大学卒業者と同等の学力があると認められる者
　・一定の社会経験を有する者（資格につき事前審査を行うので，とくに定めない）
(2) **未修者受験資格**
　・大学卒
　・短大卒
　・高等専門学校卒
　・大学卒業者と同等の学力があると認められる者
　・一定の社会経験を有する者（資格につき事前審査を行うので，とくに定めない）
(3) **適性試験得点による事前選抜の有無**　本学が実施する論文試験と総合して検討する予定
(4) **提出書類**
　①適性試験の成績，②健康診断書，③志望理由書，④その他（住民票）
(5) **社会人への特別措置**　とる（内容は検討中）
(6) **特別枠**　他学部，社会人に別枠を設けるが選考方法は検討中
(7) **入学課程の決定方法**
　・すべての受験者に未修者課程の試験を受けさせ，その合格者の中から希望者に対し既修者試験を課す
(8) **既修者・未修者試験の実施時期**　2月中
(9) **既修者試験科目**　①小論文，②面接，③法律科目　3科目
(10) **未修者試験科目**　小論文
(11) **どの団体の適性試験が必要か**　大学入試センターのみ

学費等

(12) **受験料**　未定
(13) **入学金**　未定
(14) **授業料**　未定
(15) **奨学金制度の内容**　未定
(16) **授業料の減免制度**　未定

[国立／公立]

名古屋大学 法科大学院

法科大学院の特色

- IT技術を用いた教育
- エクスターンシップなどの利用による実務教育の充実
- 法律基本科目修得の重視
- 実務家が多数参加して行われる講義

開設時期
2004年

募集定員
80名　■既修者　30名程度
　　　■未修者　50名程度
※定員のうち他学部出身者や社会人を20〜25名程度受け入れる予定

通信制・夜間コースの予定

教員構成
教員総数　　80名

- ■専任教員　　　22名
- ■兼担教員　　　26名
- ■非常勤教員　35名程度
- ■客員教授　　　　名
- ●研究者　　50〜55名
- ●裁判官　　　1名
- ●検察官　　　1名
- ●弁護士　　20名程度
- ●その他　　会社法務部長　1名
- 　　　　　　官僚経験者　　1名

カリキュラム

- ■基本法律科目群　　　　58単位
- ■実務基礎科目群　　　　 9単位
- ■基礎法学・隣接科目群　 4単位
- ■展開・先端科目群　　　30単位
- ■未修者　101単位　既修者　73単位

所在地　名古屋市千種区不老町
開設予定地　同上（名古屋大学東山キャンパス）
問合せ先　法科大学院設置準備室　☎052－789－4901（庶務掛）
交通機関　地下鉄東山線　本山駅下車　徒歩15分　市バス「島田住宅」「平針住宅」行き，地下鉄舞鶴線　八事駅下車　市バス「猪高車庫」「光ヶ丘」「名古屋大学前」行きに乗車，地下鉄名城線　栄駅下車　市バス「名古屋大学前」行きに乗車
ホームページアドレス　http://www.nagoya-u.ac.jp/

入試データ

(1)　既修者受験資格
　①飛び入学（大学3年以上在籍，優秀な成績）
　②大学卒業，大学卒業見込み
　③社会人（学部問わず，大学卒業後5年以上，就業などの社会経験を有し，現在も社会人である者）
(2)　未修者受験資格
　・既修者と同じ
(3)　適性試験得点による事前選抜の有無　有
　・1次選抜：適性200点，書類100点で160名まで絞り込む。
(4)　提出書類
　①志願理由書，②自己推薦書，③学部成績
(5)　社会人への特別措置　1次選抜時に書類が考慮されることがある。それ以外はなし。
(6)　特別枠　無
(7)　入学課程の決定方法
　・内部振り分け方式。1次選抜（本年12月から来年1月）合格者に未修者試験（小論文）を課し，未修者合格者80名を決定する。80名の中から既修者課程進学者を選抜する。
(8)　既修者・未修者試験の実施時期　未修者2004年1月あるいは2月，既修者2004年2月
(9)　既修者試験科目　憲法，行政法，民法，商法，刑法
(10)　未修者試験科目　小論文
(11)　どの団体の適性試験が必要か　大学入試センターのみ

学費等

(12)　受験料　未定
(13)　入学金　未定
(14)　授業料　未定
(15)　奨学金制度の内容　現行の奨学金（日本育英会）。今後，法科大学院奨学金を創設する可能性あり。
(16)　授業料の減免制度　経済的事情を考慮した減免制度あり。

[国立／公立]

京都大学 法科大学院
（きょうと）

法科大学院の特色

- 選抜に当たっては，公平性，開放性，多様性の確保に重点を置く。学部段階での専門分野を問わず，また，社会人にも広く門戸を開き，多様な知識・経験を持つ者を幅広く法科大学院に受け入れる。志願者の全体的状況に照らした公平性や開放性をも考慮しながら，大学で法律学以外の学問分野を専攻した者および社会人を3割以上合格させる方針である。
- 合否判定においては，入学試験の成績のみではなく，大学における学業成績や社会人としての活動実績など，各種の資料を総合的に考慮する。

開設時期
2004年

募集定員
200名　■既修者　140名程度
　　　　■未修者　60名程度

通信制・夜間コースの予定
無

教員構成
教員総数　約50名（実務家教員　約13名）

カリキュラム

■現代社会における複雑かつ多様な法的諸問題の適性・迅速な解決を支える高度の能力を持った法曹を養成するため，「基礎科目」（法律学の基礎的事項を取り扱う）と「基幹科目」（応用能力の獲得および法実務の基礎的事項を習得させる）とを全科目必修制とするとともに，選択科目として，法実務を経験する「実務選択科目」，幅広い識見の獲得や人・社会に対する洞察力を涵養する「選択科目Ⅰ」および現代的法律問題を取り扱う「選択科目Ⅱ」を多様開講し，これらを体系的に配置する。

学費等
(12) 受験料，(13) 入学金，(14) 授業料，(15) 奨学金制度の内容，(16) 授業料の減免制度
未定

所在地　〒606-8501　京都市左京区吉田本町
開設予定地　同上
問合せ先　京都大学法学部第二教務係　☎075-753-3110・3125
交通機関　京都市バス「京大正門前」又は「百万遍」，京阪電鉄
ホームページアドレス　http://kyodai.jp

入試データ

(1) **既修者受験資格**
①大学を卒業した者及び平成16年3月31日までに卒業見込みの者，②昭和28年文部省告示第5号により文部科学大臣の指定した者，③外国において学校教育における16年の課程を修了した者，及び外国の学校が行う通信教育における授業科目をわが国において履修することにより当該外国の学校教育における16年の課程を修了した者，並びに平成16年3月31日までに修了見込みの者，④学校教育法第68条の2第3項の規定により学士の学位を授与された者，及び平成16年3月31日までに授与される見込みの者
・法学既修者とは，法科大学院において必要とされる法律学の基礎的な学識を有すると認められる者である。
・入学者選抜に当たっては，学部における法律科目（基礎法学科目を含む）の履修状況および成績を重視するとともに，学部における法律科目以外の分野に関する学識の修得にも積極的な評価をする。法学既修者は，法科大学院に1年在学して，法学未修者の1年次に配当される基礎科目の履修を終えたものとみなす。それらの科目は，憲法，行政法，民法，刑法，商法，民事訴訟法および刑事訴訟法のそれぞれの基礎的事項を取り扱うものである。したがって，法学既修者枠で出願する者は，学部において，これらの法律に関する科目の主要部分を履修していることが望ましい。

(2) **未修者受験資格**
①大学を卒業した者及び平成16年3月31日までに卒業見込みの者，②昭和28年文部省告示第5号により文部科学大臣の指定した者，③外国において学校教育における16年の課程を修了した者，及び外国の学校が行う通信教育における授業科目をわが国において履修することにより当該外国の学校教育における16年の課程を修了した者，並びに平成16年3月31日までに修了見込みの者，④学校教育法第68条の2第3項の規定により学士の学位を授与された者，及び平成16年3月31日までに授与される見込みの者

(3) **適性試験得点による事前選抜の有無**　有（出願者が多数である場合には，適性試験の成績ならびに学部における科目履修状況および学業成績に基づき，第一段階選抜を行う。）

(4) **提出書類**
①適性試験の成績，②学業成績証明書（履修した科目全体にわたるもので，大学の学長又は学部長が作成したものに限る。学部以外に，大学院等の学業成績証明書があれば，併せて提出することができる），③履歴書（高等学校卒業以後の学歴及び職歴を正確に記載したもの），④自己評価書（パーソナル・ステイトメント，大学における学業及び学業以外の活動実績，社会人としての活動実績，法科大学院に出願した理由等につき自ら記載したもの），⑤以上のほか，学業上または職業上の能力・経験を証する書面，専門的資格・外国語能力を証する書面，公表された著作等で学業・研究上の実績・能力を示すもの等があれば，これを提出してもよい，⑥大学において法律学を学修していない者が法学既修者として出願するときは，社会人として相当程度の法律事務従事の経験があるなど，法律学の基礎的な学識を有する事由を③の自己評価書において具体的に示すとともに，①〜④の書類に加えて，その根拠となる資料（職業上の能力・経験を示す書面，法律に関する公表された著作等）を提出しなければならない。

(5) **社会人への特別措置**　特になし
(6) **特別枠**　無
(7) **入学課程の決定方法**　出願の段階で既修者課程あるいは未修者課程のいずれかを選択させ，合否を判断。併願不可。
(8) **既修者・未修者試験の実施時期**　未定
(9) **既修者試験科目**　法律科目試験　第一段階合格の者を対象として，法律科目の筆記試験を実施する。試験科目は，憲法，民法，刑法ならびに商法（手形法および小切手法を含み，商法第三編第二章以下および第四編を除く。）の4科目である。
(10) **未修者試験科目**　小論文　第一段階合格者を対象として実施し，人間や社会の在り方に関する思索を問う。
(11) **どの団体の適性試験が必要か**　大学入試センターのみ

[国立／公立]

大阪大学 法科大学院

正式名称：大阪大学大学院高等司法研究科（法科大学院）

法科大学院の特色

- １クラス30人前後で編成する少人数教育
- 法曹としての基礎的素養をきちんと身に付けたうえで，専門的能力の育成を図る。
- ビジネス法を重視したモデルカリキュラムを提供（知的財産法プログラム，企業関係法プログラム，起業支援法プログラム）

開設時期
2004年

募集定員
100名　■既修者　　名
　　　　■未修者　　名

通信制・夜間コースの予定
無

教員構成
教員総数　80名

■専任教員　　30名　　●研究者　41名
■兼担教員　　18名　　●裁判官　 3名
■非常勤教員　32名　　●検察官　 2名
■客員教授　　　名　　●弁護士　23名
　　　　　　　　　　　●その他　11名

カリキュラム

- 法学未修者：法律基本科目50単位，法律実務基礎科目10単位，基礎法学・隣接科目２単位（以上必修），その他，展開・先端科目等から34単位以上，合計96単位以上
- 法学既修者：法学未修者の必修科目のうち，法律基本科目28単位，基礎法学・隣接科目２単位を履修したものとみなす。

```
所在地    〒560-0043  豊中市待兼山町1－6
開設予定地  大阪府豊中市待兼山町1－6  大阪大学豊中キャンパス
問合せ先   法科大学院設置委員会   ☎06－6850－5182
交通機関   阪急電車宝塚線石橋駅  大阪モノレール柴原駅
ホームページアドレス  http://www.law.osaka-u.ac.jp/main.html
```

入試データ

(1) **既修者受験資格**
 ・大学卒及び卒業見込者
 ・その他大学卒業者と同等の学力があると認められるもの
(2) **未修者受験資格**
 ・既修者と同じ
(3) **適性試験得点による事前選抜の有無**　　有
(4) **提出書類**
 ①適性試験の成績，②出身校の成績証明書，③推薦書，④志望理由書
(5) **社会人への特別措置**　　有
(6) **特別枠**　　社会人・他学部卒業者の特別選抜
(7) **入学課程の決定方法**
 〔一般選抜〕 すべての受験者に未修者課程の試験を受けさせ，その合格者の中から希望者に対し既修者試験を課す
 〔特別選抜〕 面接試験
(8) **既修者・未修者試験の実施時期**　　決定していない
(9) **既修者試験科目**　　法律科目（公法・民法・刑法・民事訴訟法）
(10) **未修者試験科目**　　一般選抜：小論文，特別選抜：面接
(11) **どの団体の適性試験が必要か**　　どちらか一方を提出

学費等

(12) **受験料**　　未定
(13) **入学金**　　未定
(14) **授業料**　　未定
(15) **奨学金制度の内容**　　未定
(16) **授業料の減免制度**　　未定

[国立／公立]

大阪市立大学 法科大学院
（おおさかいちりつ）

正式名称：大阪市大学大学院法学研究科法曹養成専攻

法科大学院の特色

- 企業法務，市民的ニーズ，グローバル化に対応する法曹を養成
- 理念・理想をふまえて問題解決を図る人材を育てる
- 教育・研究実績の豊かな教員による少人数教育

開設時期
2004年

募集定員
75名　■既修者　25名程度
　　　■未修者　50名程度

通信制・夜間コースの予定
無

教員構成
教員総数　38名

■専任教員　　28名　　●研究者　　22名
■兼担教員　　　9名　　●裁判官　　　1名
■非常勤教員　　1名　　●検察官　　　名
■客員教授　　　名　　●弁護士　　　5名
　　　　　　　　　　　●その他　　　名

カリキュラム

■既修者

64単位　必修：30単位，選択34単位

　法律基本科目　必修：24，選択：4
　法律実務基礎科目　必修：6，選択：4
　基礎法学・隣接科目，展開・先端科目　選択：26

■未修者

94単位　必修：60単位，選択34単位

　法律基本科目　必修：60，選択：6
　法律実務基礎科目　必修：　，選択：4
　基礎法学・隣接科目，展開・先端科目　選択：24

所在地　大阪市住吉区杉本3－3－138
開設予定地　同上　大阪市立大学杉本キャンパス
問合せ先　法学部学務係　☎06－6605－2303
交通機関　JR「杉本町（大阪市立大学前）駅」下車，東へ徒歩約7分　地下鉄御堂筋線「あびこ駅」下車，4号出口より南西へ徒歩約20分
ホームページアドレス　http://www.osaka-cu.ac.jp/

入試データ

(1) **既修者受験資格**
　・大学卒
　・大学卒業者と同等の学力があると認められる者
　・一定の社会経験を有する者（卒業後4年以上。会社員，自営業，専門職，主婦）
(2) **未修者受験資格**
　・大学卒
　・大学卒業者と同等の学力があると認められる者
　・一定の社会経験を有する者（卒業後4年以上。会社員，自営業，専門職，主婦）
(3) **適性試験得点による事前選抜の有無**　　有
(4) **提出書類**
　①適性試験の成績，②出身校の成績証明書，③健康診断書，④志望理由書
(5) **社会人への特別措置**　　未定
(6) **特別枠**　　無
(7) **入学課程の決定方法**
　・既修者課程と未修者課程，両課程への出願を認め，いずれの課程に入学するかは，試験結果に基づき受験者が決定する
(8) **既修者・未修者試験の実施時期**　　決定していない
(9) **既修者試験科目**　　法律科目（憲法・民法・商法・刑法・民事訴訟法・刑事訴訟法）
(10) **未修者試験科目**　　小論文
(11) **どの団体の適性試験が必要か**　　大学入試センターのみ

学費等

(12) **受験料**
(13) **入学金**　　未定
(14) **授業料**　　未定
(15) **奨学金制度の内容**　　①日本育英会奨学金，②学内奨学金
(16) **授業料の減免制度**　　全免・半免

[国立／公立]

神戸大学 法科大学院

正式名称：神戸大学大学院法学研究科実務法律専攻

法科大学院の特色

- 充実した大規模な教員体制
- 基本科目の徹底した少人数教育
- ビジネスローをフルラインで揃えたカリキュラム

開設時期
2004年

募集定員
100名　■既修者　70名
　　　　■未修者　30名

通信制・夜間コースの予定
無

教員構成
教員総数　58名

■専任教員	39名	●研究者	51名
■兼担教員	16名	●裁判官	1名
■非常勤教員	3名	●検察官	1名
■客員教授	0名	●弁護士	4名
		●その他	1名

カリキュラム

(i) 法律基礎科目群　9科目　うち30単位必修（未修者のみ）
(ii) 基本法律科目群　11科目　うち28単位必修
(iii) 応用法律科目群　17科目　うち4単位必修
(iv) 先端法律科目群　29科目（ビジネスローのフルライン開講）2単位必修
(v) 実務法律科目群　10科目　うち6単位必修

■未修者の修了要件　102単位
　既修者の　〃　　　72単位
■科目の詳細は
http://www.law.kobe-u.ac.jp/lawschool/curriculum.htm を参照

```
所在地    〒657-8501　神戸市灘区六甲台町2-1
開設予定地  兵庫県神戸市灘区六甲台2-1
問合せ先   法科大学院準備室　☎078-803-7232
交通機関   阪急神戸線「阪急六甲」駅から神戸市バス／JR神戸線「六甲道」駅から神
         戸市バス
ホームページアドレス　http://www.law.kobe-u.ac.jp/lawschool/lawschool.htm
```

入試データ

(1) **既修者受験資格**
  ・日本の四年制大学卒
  ・上記と同等の学力があると認められる者
(2) **未修者受験資格**
  ・日本の四年制大学卒
  ・上記大学卒業者と同等の学力があると認められる者
(3) **適性試験得点による事前選抜の有無**　受験者多数の場合は下記の書類選考による第一次選抜を行う
(4) **提出書類**
  ①適性試験の成績，②出身校の成績証明書，③志望理由書，④その他（任意であるが，語学能力を示すもの。社会経験の説明書など）
(5) **社会人への特別措置**　社会経験を加点要素とし，いわゆる他学部出身者とあわせて合格者の3割となるようにする
(6) **特別枠**　無
(7) **入学課程の決定方法**
  ・出願の段階で既修者課程あるいは未修者課程のいずれかを選択させ，合否を判定する。併願不可。
(8) **既修者・未修者試験の実施時期**　2月中
(9) **既修者試験科目**　法律科目（憲法・行政法・民法・商法・刑法・民事訴訟法・刑事訴訟法）
(10) **未修者試験科目**　小論文
(11) **どの団体の適性試験が必要か**　大学入試センターのみ

学費等

(12) **受験料**　未定
(13) **入学金**　未定
(14) **授業料**　未定
(15) **奨学金制度の内容**　未定
(16) **授業料の減免制度**　未定

[国立／公立]

島根大学 山陰法科大学院
しまね

正式名称：島根大学大学院法務研究科（法科大学院）法曹養成専攻

法科大学院の 特 色

- 「国民の社会生活上の医師」として地域課題を熟知し，地域社会に深く根ざした法曹の養成
- 東アジアを中心とした各国法事情・国際取引等に精通し，国際社会の発展に貢献できる法曹の養成

開設時期 2004年

募集定員 30名 ■既修者 30名
　　　　　　　　■未修者　名

通信制・夜間コースの予定 無

教員構成 教員総数 18名（うち実務家教員7名）
　■専任教員　　18名　　●研究者　　　名
　■兼担教員　　　名　　●裁判官　　　名
　■非常勤教員　　名　　●検察官　　　名
　■客員教授　　　名　　●弁護士　　　名
　　　　　　　　　　　　●その他　　　名

カリキュラム

■修了要件　94単位
　必須　62単位（公法10，民事法32，刑事法12，実務8）
　選択必修＋選択自由　32単位以上
　　　　　　　（選択必修6単位以上，うち実務4単位）

所在地　〒690-8504　松江市西川津町1060番地
開設予定地　島根県松江市西川津町1060　島根大学文系総合研究棟
問合せ先　法文学部法学科事務室　☎0852-32-6074
交通機関　JR松江駅から「大学・川津」行きバスで大学前下車
ホームページアドレス　http://www.shimane-u.ac.jp/

入試データ

(1) **未修者受験資格**
　・大学卒
　・大学卒業者と同等の学力があると認められる者
　・有資格者（税理士，司法書士など）
　・TOEFLやTOEICの一定のスコア
　・英検

(2) **適性試験得点による事前選抜の有無**　有（定員の4倍以上の志願者）

(3) **提出書類**
適性試験結果，大学成績証明書，活動報告書，志望理由書，優先枠（社会人・他学部）該当申告書

(4) **社会人への特別措置**　他学部出身者も含め3割枠を設定する方向で検討中

(5) **特別枠**
　・社会人・他学部優先枠（10名）

(6) **入学課程の決定方法**
　・全員未修者枠。入学段階での既修者枠は設けないが，入学後履修免除しうる科目の試験を実施し，その結果に基づき，在学期間短縮可能なシステムを検討中

(7) **未修者試験の実施時期**　決定していない

(8) **未修者試験科目**　適性試験結果，大学成績証明書，活動報告書，志望理由書，優先枠（社会人・他学部）該当申告書の提出を求め，小論文及び面接試験と合わせて総合評価

(9) **どの団体の適性試験が必要か**　どちらか提出すればよい

学費等

(10) **受験料**　未定
(11) **入学金**　未定
(12) **授業料**　未定
(13) **奨学金制度の内容**　①法科大学院独自の奨学金，②民間奨学金
(14) **授業料の減免制度**　未定

[国立／公立]

岡山大学 法科大学院

正式名称：岡山大学大学院法務研究科

法科大学院の特色

- 「地域に奉仕し，地域に根差した法曹の養成（①医療・福祉をはじめ，身近な生活に関する法教育を充実　②税法等を含む広い意味でのビジネス法教育を充実）
- 法科大学院と連携する法律事務所（附属法律事務所）設置等による実務教育の充実
- 少人数教育のよるきめ細かな指導（法律基本科目では，クラス20人の演習が中心，学習アドバイザー制度）
- 実務家と研究者の共同授業などの連携による理論と実務を架橋する教育

開設時期　2004年

募集定員　60名

通信制・夜間コースの予定　無

教員構成　教員総数　74名

- ■専任教員　20名
- ■兼担教員　19名
- ■非常勤教員　35名
- ■客員教授　　名
- ●研究者　44名
- ●裁判官　2名
- ●検察官　2名
- ●弁護士　21名
- ●その他　7名

カリキュラム

■未修者（3年型）

「法律基本科目群」のうち必修科目：60単位，「実務基礎科目群」のうち必修科目：4単位，「実務基礎科目群」のうち選択必修科目：4単位，その他の科目：27単位以上*，合計：95単位以上

■既修者（2年型）

「法律基本科目群」のうち必修科目：30単位，「実務基礎科目群」のうち必修科目：4単位，「実務基礎科目群」のうち選択必修科目：4単位，その他の科目：27単位以上*，合計：65単位以上

＊ただし「基礎科目・隣接科目群」のうちから4単位以上必修。
　また，「展開・先端科目群」のうち「医療・福祉系科目」または「法とビジネス系科目」のいずれかで4単位選択必修

所在地　〒700-8530　岡山市津島中3-1-1
開設予定地　岡山市津島中3-1-1　岡山大学　津島キャンパス
問合せ先　法学部法科大学院設置準備室　☎086-251-7503
交通機関　1．岡山駅から岡電バス「岡山大学・妙善寺」行に乗車,「岡大西門」で下車
　2．岡山駅から岡電バス「津高営業所」行に乗車,「岡山大学筋」で下車, 徒歩約7分
　3．岡山駅西口から岡電バス「岡山理科大学」行に乗車,「岡大西門」で下車　4．JR津山線「法界院」駅で下車, 徒歩約10分　5．岡山駅西口からタクシー, 約7分
ホームページアドレス　http://www.law.okayama-u.ac.jp/

入試データ

(1) **既修者受験資格**
　・大学卒業者と同等の学力があると認められる者（大学卒, 短大卒, 高等専門学校卒, 専門学校卒, 高校卒）
(2) **未修者受験資格**
　・大学卒業者と同等の学力があると認められる者（大学卒, 短大卒, 高等専門学校卒, 専門学校卒, 高校卒）
(3) **適性試験得点による事前選抜の有無**　検討中
(4) **提出書類**
　①適性試験の成績, ②出身校の成績証明書, ③志望理由書, ④その他（「社会人」の場合は実績を示すもの）
(5) **社会人への特別措置**　社会人としての実績を評価する
(6) **特別枠**　社会人優先枠（出願時に2年以上社会人としての経験を有する者）
(7) **入学課程の決定方法**
　・すべての受験者に共通の試験を受けさせ、その合格者の中から希望者に対し既修者試験を課す
(8) **既修者・未修者試験の実施時期**　1月〜2月
(9) **既修者試験科目**　①小論文, ②面接（社会人のみ）, ③法律科目（憲法・民法・商法・刑法・民事訴訟法・刑事訴訟法）
(10) **未修者試験科目**　①小論文, ②面接（社会人のみ）
(11) **どの団体の適性試験が必要か**　大学入試センターのみ

学費等

(12) **受験料**　未定
(13) **入学金**　未定
(14) **授業料**　未定
(15) **奨学金制度の内容**　①日本育英会奨学金, ②法科大学院独自の奨学金
(16) **授業料の減免制度**　経済的理由により授業料の納付が困難で、かつ学業優秀な者について授業料を免除する

[国立／公立]

広島大学 法科大学院

正式名称：広島大学大学院法務研究科

法科大学院の特色

● 多様な実務家による実践的な教育を通してビジネス法務に強い法曹を育てる。

開設時期 2004年

募集定員 60名　■既修者　　名
　　　　　　　　　■未修者　　名

通信制・夜間コースの予定 無

教員構成 教員総数　29名

■専任教員　　18名　　●研究者　　15名
■兼担教員　　　名　　●裁判官　　　名
■非常勤教員　11名　　●検察官　　 1名
■客員教授　　　名　　●弁護士　　 7名
　　　　　　　　　　　●その他　　 6名

カリキュラム

	3年標準型（法学未修者）			2年短縮型（法学既修者）		
	必修	選択必修	選択	必修	選択必修	選択
a群科目 （法律基本科目群）	54			24		
b群科目 （実務基礎科目群）	12	1	18	12	1	18
c群科目 （基礎法学・隣接科目群）	2	4		2	4	
d群科目 （展開・先端科目群）	4			4		
要修得単位数　　小計	72	5	18	42	5	18
修了要件	95単位以上の修得 3年以上の在学 最終試験（口述）の合格			65単位以上の修得 2年以上の在学 最終試験（口述）の合格		

```
所在地    〒739-8525  東広島市鏡山1丁目2-1
開設予定地  広島市東千田町1丁目1-89  広島大学東千田町校舎
問合せ先   法科大学院設置準備室    ☎0824-24-7205
交通機関   市内電車「日赤病院前」下車，バス「国泰寺2丁目」下車，徒歩約10分
ホームページアドレス   http://www.law.hiroshima-u.ac.jp/lawschool/ls-top.htm
```

入試データ

(1) **既修者受験資格**
  ・大学卒
  ・大学卒業者と同等の学力があると認められる者
  ・一定の社会経験を有する者
  ・その他（税理士，公認会計士，医師などの国家資格を有する者）(5)のAO入試で考察

(2) **未修者受験資格**
  ・大学卒業者と同等の学力があると認められる者
  ・一定の社会経験を有する者
  ・その他（税理士，公認会計士，医師などの国家資格を有する者）(5)のAO入試で考察

(3) **適性試験得点による事前選抜の有無** 　有

(4) **提出書類**
  ①適性試験の結果，②出身校の成績証明書

(5) **社会人への特別措置** 　AO入試的な入学試験（2005年度入試から）

(6) **特別枠** 　無

(7) **入学課程の決定方法**
  ・すべての受験者に未修者課程の試験を受けさせ，さらに希望者に対し既修者試験を課す

(8) **既修者・未修者試験の実施時期** 　2004年2月7～9日（予定）

(9) **既修者試験科目** 　①小論文，②面接，③法律科目

(10) **未修者試験科目** 　①小論文，②面接

(11) **どの団体の適性試験が必要か** 　大学入試センターは提出必須，日弁連は参考資料

学費等

(12) **受験料** 　未定

(13) **入学金** 　未定

(14) **授業料** 　未定

(15) **奨学金制度の内容** 　①日本育英会奨学金，②法科大学院独自の奨学金（検討中）

(16) **授業料の減免制度** 　設ける

[国立／公立]

香川（かがわ）・愛媛（えひめ）大学 法科大学院

正式名称：香川大学大学院香川大学・愛媛大学連合法務研究科

法科大学院の 特 色

● 親身になって地域住民の生活を支える法曹を養成する。また，地域経済を支え，又は国際的視野で環境保全を推進する法曹を養成する。そのため少人数の学生を手間ひまかけて教育する。研究者教員と実務家教員が協力して担当する授業が多い。ビジネスローと環境法に関する科目が多い。愛媛でのサマースクールを受講できる。

開設時期　2004年

募集定員　30名（うち既修者若干名）

通信制・夜間コースの予定　　無

教員構成　教員総数　63名
- ■専任教員　20名
- ■兼担教員　24名
- ■非常勤教員　19名
- ■客員教授　　0名
- ●研究者　43名
- ●裁判官　1名
- ●検察官　1名
- ●弁護士　16名
- ●その他　2名

カリキュラム

- ■基礎科目群　1年次…必修科目（各2単位，民法Ⅰのみ4単位）
- ■基幹科目群　2年次（2年コース1年次），必修科目（各2単位）
- ■実務基礎科目群
  ・必修科目　法律情報処理1年次，実務講座1年後期～2年前期（2年コースも同じ）以外は3年次（2年コース2年次），法律情報処理・法曹倫理各1単位以外は，各2単位
  ・選択科目　リーガル・クリニック
- ■基礎法学・隣接科目群　1・2・3年次（2年コース1・2年次）選択必修科目，各2単位
- ■展開・先端科目群　2・3年次（2年コース1・2年次）選択必修科目，各2単位
- ■卒業要件単位
  （a）3年コース　96単位以上
  　基礎科目群　28単位（必修），基幹科目群　26単位（必修），実務基礎科目群　8単位（必修），基礎法学・隣接科目群　4単位以上，展開・先端科目群　20単位以上，計　34単位以上（選択必修）
  （b）2年コース　68単位以上
  　基幹科目群　26単位（必修），実務基礎科目群　8単位（必修），基礎法学・隣接科目群　4単位以上，展開・先端科目群　20単位以上，計　34単位以上（選択必修）

```
所在地  〒760-8523  高松市幸町2-1（香川大学）
        〒790-8577  松山市文京町3番（愛媛大学）
開設予定地  同上
問合せ先  香川大学法学部・経済学部学務第1係  ☎087-832-1806
        愛媛大学法文学部総務課  ☎089-927-9202
ホームページアドレス    http://www.jl.kagawa-u.ac.jp/ls/index.html
                       http://www.ehime-u.ac.jp/LawSchool/index.htm
```

入試データ

(1) 既修者受験資格
　・
(2) 未修者受験資格
　・
(3) 適性試験得点による事前選抜の有無
(4) 提出書類
　・
(5) 社会人への特別措置
(6) 特別枠
(7) 入学課程の決定方法
　・
(8) 既修者・未修者試験の実施時期
(9) 既修者試験科目　　財団「法科大学院法学既修者試験」で判定
(10) 未修者試験科目
(11) どの団体の適性試験が必要か　　大学入試センターのみ

学費等

(12) 受験料　　未定
(13) 入学金　　未定
(14) 授業料　　未定
(15) 奨学金制度の内容　　未定
(16) 授業料の減免制度　　未定

[国立／公立]

九州大学 法科大学院
きゅうしゅう

法科大学院の 特色

- 様々なバックグラウンドと高いモチベーションをもつ多様な学生の受け入れを目指す。
- 「人間に対する暖かい眼差し」を堅持しつつ，裁判官の視点だけではなく当事者等の視点からも複眼的に法的思考を行うことができ，「社会生活上の医師」として，働ける法曹を養成。
- 少人数教育（35名クラスを標準）で，肌目細かな教育を行う。
- 法理論と法実務に関する多様な科目と政治学・経済学・医学・心理学・社会学・教育学等，また，英語での授業科目も開講。
- 福岡県弁護士会，西南学院大学，福岡大学，久留米大学，鹿児島大学および熊本大学等と相互連携を行い，地域における法曹を養成。
- 独自奨学金による財政支援プログラムの確立を目指す。

開設時期 2004年

募集定員 100名　■既修者　名
　　　　　　　　　　■未修者　名

通信制・夜間コースの予定 無

教員構成　教員総数　30名

■専任教員	30名	●研究者	22名
■兼担教員	名	●裁判官	1名
■非常勤教員	多数名	●弁護士	3名
■客員教授	名	●その他	4名（元企業法務担当者，元特許庁，アメリカ調停者）

カリキュラム

①法律基本科目群…基本六法を中心に，法理論の基本構造の修得とその創造的応用力の養成に比重をおいた科目群。広い視野に立った総合的分析能力を涵養するための基盤を形成する法科大学院のコア科目群であり，標準1年次で修得する必修科目，②法律実務基礎科目群…実務法律家として現実に生起する法律問題に創造的に対応するための基礎的能力を涵養する科目群。1・2・3年次で修得する必修科目，③基礎法学・隣接科目群…人間に対する深い理解や倫理性，問題分析視角を養うための基礎法学や隣接分野から成る科目群。標準2・3年次で修得する選択必修科目，④展開・先端科目群…現代の先端的社会問題に対応し，創造的思考による問題発見・解決能力を養うための領域横断的科目群。標準2・3年次で修得する選択必修科目，⑤法律実務展開科目群…実務に対応する広い視野からの実践的応用力を養うためのエクスターンシップ等の実習を含む，より幅広い法律実務家技能の修得を目標とした科目群。高年次での履修が望ましい選択必修科目。

```
所在地    〒812-8581  福岡市東区箱崎6-19-1
開設予定地  同上
問合せ先   九州大学法科大学院設置委員会 ☎092-642-3168 FAX 092-642-4162
交通機関   福岡市営地下鉄貝塚駅・箱崎九大前駅下車
ホームページアドレス  http://www.kyushu-u.ac.jp/
```

入試データ

(1) **既修者受験資格**
 ・文部科学省が定める大学院受験資格
(2) **未修者受験資格**
 ・文部科学省が定める大学院受験資格
(3) **適性試験得点による事前選抜の有無**　志願者が定員の3倍（300名）を超えた場合は第1段階選抜を実施。適性試験の得点と書類，小論文試験をあわせて評価
(4) **提出書類**
 適性試験成績，応募理由書，学部など成績報告書，社会活動報告書，社会人経験報告書，各種取得資格
(5) **社会人への特別措置**　とらない
(6) **特別枠**　無
(7) **入学課程の決定方法**
 ・全員に第2段階選抜（未修者試験）を実施し，入学確定後に既修者認定試験を実施する（内部振り分け方式）
(8) **既修者・未修者試験の実施時期**　2004年1月下旬
(9) **既修者試験科目**　学部成績，筆記試験（複数の事例について解決策例を示す），口頭試問（筆記試験について）を総合判断して科目ごとに既修者認定を行う。24～30単位が既修と判断されれば，既修者課程への進学を認める
(10) **未修者試験科目**　書類審査，論文（国語・英語），集団面接
(11) **どの団体の適性試験が必要か**　どちらか一方を提出

学費等

(12) **受験料**
(13) **入学金**　低額を目指して検討中
(14) **授業料**　低額を目指して検討中
(15) **奨学金制度の内容**　支援制度準備中
(16) **授業料の減免制度**

[国立／公立]

熊本大学 法科大学院

法科大学院の特色

●

開設時期 2004年

募集定員 30名　■既修者　10名程度
　　　　　　　　■未修者　20名程度

通信制・夜間コースの予定 無

教員構成　教員総数　57名

■専任教員　　20名　　●研究者　　40名
■兼担教員　　15名　　●裁判官　　 1名
■非常勤教員　22名　　●検察官　　 1名
■客員教授　　 0名　　●弁護士　　15名
　　　　　　　　　　　●その他　　 0名

カリキュラム

■公共政策法務・高齢者福祉と財産管理及び企業コンプライアンス・企業再生という新しい法的ニーズに対応する法曹を養成するために，それぞれの専門法曹分野に応じた科目を系統的に履修できる科目を設け，また履修指導を行う。

■具体的には，公共政策法務については「公共政策法務」「地方自治と法」「行政救済法」など，高齢者福祉と財産管理については「高齢者財産管理と法」「社会保障法」「福祉と法」など，企業コンプライアンスについては，「労働法Ⅰ」「消費者法Ⅰ」「独占禁止法」など，企業再生については「倒産法」「倒産処理実務」「中小会社法」など（いずれも選択科目2単位）。

所在地　〒860-8555　熊本市黒髪2丁目40番1号
開設予定地　同上
問合せ先　法科大学院設置準備室　☎096-342-2387
交通機関　JR熊本駅からバスで熊大前下車。
ホームページアドレス　http://www.law.kumamoto-u.ac.jp/

入試データ

(1) **既修者受験資格**
・大学を卒業した者又は平成16年3月31日までに卒業する見込みの者
・その他法令に定められた大学院入学資格を有する者又は平成16年3月31日までに有する見込みの者

(2) **未修者受験資格**
・既修者受験資格と同様

(3) **適性試験得点による事前選抜の有無**　無

(4) **提出書類**
①適性試験の成績，②出身校の成績証明書，③自己推薦書（志望動機，学業以外の社会活動実績および職業活動実績，法学検定試験・法学既修者試験の結果・成績，外国語検定試験の結果・成績など：3千字程度），④専門的な各種資格（例えば，司法書士，税理士，薬剤師，建築士など）や学術上の著作等がある場合には，それを証する資料，⑤履歴書（社会人のみ），⑥健康診断書

(5) **社会人への特別措置**　とらない

(6) **特別枠**　非法学部等卒業者及び社会人について，3年標準コース及び2年短縮コースを合わせて，定員の3割以上（9人以上）となるよう努める

(7) **入学課程の決定方法**
・3年標準コース（法学未修者），2年短縮コース（法学既修者）ともに共通の第1次試験（適性試験の結果等の書類審査，小論文）及び第2次試験（面接試験）を受験させ，それに合格した者のうち，2年短縮コースを志望する者に法律科目試験を実施し，その結果に基づいて2年短縮コース10人程度を選抜する

(8) **既修者・未修者試験の実施時期**　決定していない

(9) **既修者試験科目**　①小論文，②面接，③法律科目試験（公法，民事法，刑事法）

(10) **未修者試験科目**　①小論文，②面接

(11) **どの団体の適性試験が必要か**　大学入試センターのみ

学費等

(12) **受験料**　未定
(13) **入学金**　未定
(14) **授業料**　未定
(15) **奨学金制度の内容**　未定
(16) **授業料の減免制度**　未定

[国立／公立]

鹿児島大学 法科大学院

法科大学院の特色

- 地域社会の構築に積極的に取り組み，司法制度のあり方や法曹集団としての活動のあり方を検討・提案し実現する法曹，すなわち「司法政策」を実践する法曹を養成。
- 法科大学院として，実践教育の重視により地域の司法基盤の強化に貢献し，司法過疎地域における司法制度・法律家のあり方に取り組む。
- 徹底した少人数教育。定員30名をさらに5名程度にわけ，教務担当教員やチューターによる細やかな指導を実施。
- 基本的な知識の定着を目的とする科目，その応用力等を培うことを目的とする「問題演習」，さらにそれらを分野横断的に扱う「総合問題演習」と，三段階で螺旋状に高度化することを念頭にカリキュラムを構成。

開設時期
2004年

募集定員
30名（うち9名以上は法学未修者とする）
［本学の修業年限は3年であり，2年コースは設けない。］

通信制・夜間コースの予定

教員構成　教員総数　48名

- ■専任教員　　15名　　●研究者　33名
- 　（実務家5名）　●裁判官　1名
- ■兼担教員　　15名　　●検察官　2名
- ■非常勤教員　18名　　●弁護士　5名
- ■客員教授　　　名　　●その他　5名

カリキュラム

- ■必修科目：31科目　68単位　　選択科目：58科目　120単位
- ■修了要件：計96単位の修得と口頭試問を中心とする最終試験の合格。

```
所在地    〒890-0065  鹿児島市郡元1-21-30
開設予定地  鹿児島大学郡元キャンパス内（鹿児島市郡元1丁目21番30号）
問合せ先   法科大学院設置準備室    ☎000-000-0000
交通機関   鹿児島市営バス法文学部バス停より徒歩1分  鹿児島市電 工学部電停より
       徒歩3分
ホームページアドレス  http://law.leh.kagoshima-u.ac.jp/
```

入試データ

(1) **既修者受験資格**
 ・従来の大学院受験資格と同様
(2) **未修者受験資格**
 ・従来の大学院受験資格と同様
(3) **適性試験得点による事前選抜の有無**　未定
(4) **提出書類**
 ①適性試験の成績，②出身校の成績証明書，③志望理由書，④自らの能力・資格を証明する書類（志望理由と関係する社会人経験や資格・免許など）
(5) **社会人への特別措置**
(6) **特別枠**　法学未修者を9名以上採用
(7) **入学課程の決定方法**
 ・適性試験の結果，小論文・面接，出身校の成績証明書その他の能力・資格等を示す資料に基づき，本学の趣旨に沿った学生を選抜する
(8) **既修者・未修者試験の実施時期**　未定
(9) **既修者試験科目**
(10) **未修者試験科目**　①小論文，②面接
(11) **どの団体の適性試験が必要か**　大学入試センターは提出必須，日弁連は参考資料

学費等

(12) **受験料**　未定
(13) **入学金**　未定
(14) **授業料**　未定
(15) **奨学金制度の内容**　①一般的な奨学金制度，②離島などでのクリニックを行う場合の旅費，滞在費などの支援制度検討中
(16) **授業料の減免制度**　①既存の一般的な奨学金・授業料減免制度，②離島などでの実習についての旅費，滞在費などの支援制度を検討中

[国立／公立]

琉球大学 法科大学院
(りゅうきゅう)

法科大学院の特色

● 「地域にこだわりつつ，世界を見る法曹」の養成を目指す。専任教官に占める実務家教員の割合が高い。

開設時期 2004年

募集定員 30名（すべて3年コース〔未修者課程〕）

通信制・夜間コースの予定

教員構成 教員総数 36名

- ■専任教員　19名
- ■兼担教員　8名
- ■非常勤教員　7名
- ■客員教授　2名
- ●研究者　26名
- ●裁判官　3名
- ●検察官　1名
- ●弁護士　6名
- ●その他　　名

カリキュラム

- ■法律基本科目群　60単位
- ■実務基礎科目群　9単位（必修），2単位（選択）
- ■基礎法学・隣接科目群　4単位（選択）
- ■展開・先端科目群　18単位（選択）
- ■3年コース修了単位　93単位以上

所在地　沖縄県西原町字千原1番地
開設予定地　同上
問合せ先　琉球大学法科大学院設置準備室　☎098－895－8091
交通機関　那覇ターミナルから琉球大学行き（97番那覇交通98番琉球バス）終点下車
ホームページアドレス　未定

入試データ

(1)　3年コース（未修者課程）受験資格　　大学卒
(2)　適性試験得点による事前選抜の有無　　有
(3)　提出書類
　　　適性試験の成績，志願書（資格，特技，経歴等），志願理由書，推薦書，成績証明書
(4)　社会人への特別措置　　特になし
(5)　特別枠　　英語力の高い者への特別枠。（TOEFL，TOEICが一定のスコアを上回ること）
(6)　入学課程の決定方法
　　　一次試験（書面審査），二次試験（集合試験）
(7)　未修者課程のみ試験の実施時期　　未定
(8)　3年コース（未修者課程）試験科目　　書類審査，論文，面接
(9)　どの団体の適性試験が必要か　　どちらか一方を提出

学費等

(10)　受験料　　検討中
(11)　入学金　　検討中
(12)　授業料　　検討中
(13)　奨学金制度の内容　　検討中
(14)　授業料の減免制度　　検討中

[私立]

東北学院大学 法科大学院

正式名称：東北学院大学院法務研究科法実務専攻

法科大学院の特色

- 東北地方の弁護士不足解消をめざし地域に密着した「町弁護士」を養成
- わかりやすく，ていねいで，しかも機能的な教育の工夫
- 綿密なプログラムにもとづく予習・復習指導
- インターネットによる教育支援システムの活用
- 学生5～6名からなる学習グループの活用
- 自習のための設備を充実させた新校舎

開設時期 2004年

募集定員 50名 ■未修者 50名（既修者受け入れは2005年から）

通信制・夜間コースの予定 無

教員構成 教員総数 36名

■専任教員	13名	●研究者	27名
■兼担教員	12名	●裁判官(元)	1名
■非常勤教員	11名	●検察官	1名
■客員教授	名	●弁護士	7名
		●その他	名

カリキュラム

■95単位以上修得が修了要件
 ・法律基本科目：20科目・60単位必修（講義36単位，演習24単位）
 ・法律実務基礎科目：5科目・9単位必修
 ・基礎法学・隣接科目：9科目・13単位から4単位選択
 ・展開・先端科目：20科目・40単位から22単位選択
■展開・先端科目
 税法，現代行政と法，実務行政争訟法，法務と法規管理，自治体経営論，家族と法，消費者と法，金融法，市場経済と法，企業取引法，不動産法，知的財産権法，民事執行・保全法，倒産処理法，労働法，社会保障法，国際私法，刑事政策，医療と法，障害者と法

所在地　〒980-8511　仙台市青葉区土樋1-3-1
開設予定地　仙台市青葉区土樋キャンパス内
問合せ先　☎022-264-6365（大学院事務室内法科大学院設立準備室佐々木）
交通機関　仙台市営地下鉄五橋駅から徒歩5分
ホームページアドレス　http://www.law.tohoku-gakuin.ac.jp/~lawschool/

入試データ

(1) **既修者受験資格**（2004年は募集せず）
(2) **未修者受験資格**
　・大学卒
　・大学卒業者と同等の学力があると認められる者
(3) **適性試験得点による事前選抜の有無**　　なし
(4) **提出書類**
　①適性試験の成績，②出身校の成績証明書，③健康診断書，④志望理由書，⑤その他（面接のためのエントリーシート）
(5) **社会人への特別措置**　　なし
(6) **特別枠**
　社会人優先枠（法学部以外の学部の出身者と社会人とあわせて合格者の3割以上とする）
(7) **入学課程の決定方法**
　・すべての受験者に未修者課程の試験を受けさせ，その合格者の中から希望者に対し既修者試験を課す（2004年度は全員未修者扱い。2005年度入試から既修者試験実施）
(8) **試験の実施時期**
　・1月11，12日（定員40名）と3月2，3日（定員10名）の2回行う
(9) **既修者試験科目**
(10) **未修者試験科目**
　①教養試験（政治・経済・社会・時事問題の基礎知識と日本語・英語の基礎能力，配点50点）
　②小論文（150分，意見文を読ませ，次のような点をみるための文章〔1600字〕を書かせる。a論者の議論の骨子を読み取っているか　bその議論に対応した議論〔例えば反論〕ができるか　cそれを明快な日本語で表現できるか，配点150点），
　③面接（20分程度，書類を参考にしながら法科大学院で学ぶ意欲・適性をみる，配点100点）①～③に加えて適性試験の成績（配点200点）。
(11) **どの団体の適性試験が必要か**　　どちらでもよい

学費等

(12) **受験料**　　3万円3,000円
(13) **入学金**　　27万円
(14) **授業料**　　182万円
(15) **奨学金制度の内容**　　①日本育英会奨学金，②学内奨学金
(16) **授業料の減免制度**
　入学時と半期（各セメスター）ごとに特待生を選び，50万円の奨学金を給付する

[私立]

白鷗大学（はくおう） 法科大学院

正式名称：白鷗大学大学院法務研究科（法科大学院）

法科大学院の特色

- 教員の3割は法曹出身者。法律基本科目や実務基礎科目等を通じて法曹としての必要な資質を養成する。外国法務担当者や企業法務担当者の養成にも配慮。
- 1年生は，法学，六法科目および行政法につき，15名のクラス編成で基礎教育を行い，訴訟実務の基礎，エクスターンシップ等の実務基礎科目も取り入れる。2年生は，法曹倫理のほか，基本科目につき演習形式で反復学習を行うケースメソッドも取り入れ一人ひとりの個性の合わせた双方向授業を目指す。3年生は，各自の目標に向かい任意科目についての勉強を行い，六法科目および行政法について総仕上げを行う科目も用意する。
- 基礎法学・隣接科目では国際法をはじめ外国法の講座を多く用意し，国際法務を目指す学生にとって，広く外国法が学べるようにする。展開・先端科目の中に会社法務に不可欠な講座を用意し，企業法務を希望する学生に対応している。
- 新幹線の駅（東北新幹線小山駅）に接続する全国唯一の法科大学院である。

開設時期 2004年

募集定員 30名（既修者，未修者の割合は定めない）

通信制・夜間コースの予定 無

教員構成 教員総数 28名

- ■専任教員　14名
- ■兼担教員　10名
- ■非常勤教員　4名
- ■客員教授　　名
- ●研究者　19名
- ●裁判官　5名
- ●検察官　2名
- ●弁護士　2名
- ●その他　0名

カリキュラム

- ■修了所要単位：法学未修者　93単位
- 　　　　　　　法学既修者　63単位

所在地　〒323-8585　栃木県小山市大行寺1117番地
開設予定地　栃木県小山市駅東2丁目（JR小山駅東口に隣接）東キャンパス
問合せ先　法科大学院設立準備室　☎0285-22-1111
交通機関　JR新幹線およびJR宇都宮線小山駅東口に隣接
ホームページアドレス　http://www.hakuoh.ac.jp

入試データ

(1) 既修者受験資格
- 大学卒
- 大学卒業者と同等の学力をあると認められる者
- 一定の社会経験を有する者（社会人は受け入れるが統一適性試験受験資格が必要）

(2) 未修者受験資格
- 同上

(3) 適性試験得点による事前選抜の有無　行わない

(4) 提出書類
①適性試験の成績，②出身校の成績証明書，③その他（自己推薦書・履歴書）

(5) 社会人への特別措置　とらない

(6) 特別枠

(7) 入学課程の決定方法
- 法学既修者課程に出願した受験者が，試験の結果，既修者課程の合格点に届かず不合格となった場合でも，未修者課程の基準を充たしていれば，未修者課程への進学を認める

(8) 既修者・未修者試験の実施時期　A日程2月，B日程3月

(9) 既修者試験科目　①面接，②法律科目（憲法・民法・刑法）

(10) 未修者試験科目　①面接，②小論文

(11) どの団体の適性試験が必要か　大学入試センターのみ

学費等

(12) 受験料　3万円
(13) 入学金　50万円程度
(14) 授業料　120万円程度
(15) 施設費　30万円
(16) 奨学金制度の内容　未定
(17) 授業料の減免制度　あり

[私立]

大宮法科大学院大学
おお みや

(認可申請中)

法科大学院の 特色

- 学校法人佐藤栄学園と第二東京弁護士会の提携により設置
- 社会人の履修に最大限の考慮を払う（昼夜開講制を採用）
- 交通の要所に本校舎設置（大宮駅前）
- 設置基準の5割を超える専任教員を採用
- 専任教員の約6割が第一線の弁護士
- 実務基礎科目とクリニックが充実
- 財政支援の充実

開設時期　2004年4月

募集定員　100名

通信制・夜間コースの予定　昼夜開講制を予定

教員構成　教員総数　52名（予定）

■専任教員	31名	●研究者　専任10名	
		非常勤16名	
■兼担教員	0名	●弁護士　専任21名（米国弁護士を含む）	
■非常勤教員	21名	非常勤4名	
■客員教授	0名	●非常勤　1名（会社法務部）	

カリキュラム

- 実務家教員が，実務基礎科目とともに法律基本科目も分担しており，1年次の最初から理論と実務の架橋を図る教育を行う。
- 実務基礎科目（法情報調査・法文書作成，専門職責任，面接・交渉技法，民事裁判実務，刑事裁判実務など）を10単位以上要求するとともに，クリニックを5種類開設し，1学年全員を受け入れることができる。
- 2年次後期・3年次前期にアメリカのロースクールに留学してLL.M.を取得し，復学後在学期間を延長せずに本学を修了することができる。

所在地　〒330-0855　埼玉県さいたま市大宮区上小町476番地
開設予定地　1．本校舎（2005年2月完成予定）さいたま市大宮区桜木町4丁目333番13号　2．仮校舎（2005年3月まで）さいたま市大宮区上小町476番地
問合せ先　設置準備室　☎048-658-8101
交通機関　大宮駅西口より仮校舎まで徒歩15分，本校舎まで徒歩5分
ホームページアドレス　http://www.satoe-omiyalaw.jp/

入試データ

(1) **既修者受験資格**
　・
(2) **未修者受験資格**
　・
(3) **適性試験得点による事前選抜の有無**　検討中
(4) **提出書類**（予定）
　①適性試験の成績，②出身校の成績証明書，③推薦書，④語学検定の証明書（必修ではない），⑤志望理由書，⑥その他（各自が自己アピールの資料になると考えるもの）
(5) **社会人への特別措置**　社会的活動自体を考慮に入れる
(6) **特別枠**
(7) **入学課程の決定方法**
　・全員に未修者試験を課す
(8) **既修者・未修者試験の実施時期**　A日程（定員80名）1月中，B日程（定員20名）2月中（予定）
(9) **既修者試験科目**　なし
(10) **未修者試験科目**　書類審査（1次審査），面接（2次審査）
(11) **どの団体の適性試験が必要か**　どちらか一方を提出

学費等

(12) **受験料**　3万円
(13) **入学金**　20万円程度
(14) **授業料**　200万円程度（他に施設・設備費20万円　情報通信費5万円）
(15) **奨学金制度の内容**　①日本育英会奨学金，②法科大学院独自の奨学金
(16) **授業料の減免制度**　成績優秀者について検討中

[私立]

駿河台(するがだい)大学 法科大学院

正式名称：駿河台大学大学院法務研究科法曹実務専攻

法科大学院の特色

● 研究者と実務家の協力による少人数教育で，金融企業法曹と個人・社会福祉法曹の「リーガル・ドクター」を養成。

開設時期
2004年

募集定員
60名　■既修者　20名
　　　■未修者　40名

通信制・夜間コースの予定
なし

教員構成
教員総数　49名

■専任教員　　14名　　●研究者　28名
■兼担教員　　12名　　●裁判官　 5名
■非常勤教員　22名　　●検察官　 4名
■客員教授　　 1名　　●弁護士　10名
　　　　　　　　　　　●その他　 2名（企業，行政庁）

カリキュラム

	開設単位	必修単位
■法律基本科目		
公法系（憲法，行政法，公法総合演習など）	12	12
民事系（民法，商法，民事法総合演習など）	36	36
刑事系（刑法，刑事訴訟法，刑事法総合演習など）	14	14
■実務基礎科目		
（訴訟実務の基礎，法文書作成・模擬裁判クリニック・エクスターンシップなど）	12	10
■基礎法学科目・隣接科目		
（英米法，法思想史，公共政策など）	16	4
■展開科目・先端科目		
（知的財産法，租税法，高齢化社会と法，消費者法，金融法，企業の資金調達と法，企業犯罪と法など）	68	26
計	158	102

☆法学既修者は1年次配当の30単位を免除。

所在地　〒357-8555　飯能市阿須698
開設予定地　東京都千代田区神田駿河台2-9-8
問合せ先　駿河台大学法科大学院設置準備室（0429-72-1111）
交通機関　JR御茶の水駅下車徒歩5分
ホームページアドレス　http://www.surugadai.ac.jp/houka/

入試データ

(1) **既修者受験資格**
・原則として4年制大学を卒業の者
(2) **未修者受験資格**
・原則として4年制大学を卒業の者
(3) **適性試験得点による事前選抜の有無**　他の提出書類とあわせて事前選抜を行う。
(4) **提出書類**
①志望理由書，②学部成績（社会人は経歴書），③適性試験成績
(5) **社会人への特別措置**
社会人としての活動実績を評価の対象とする。
(6) **特別枠**
(7) **入学課程の決定方法**
・未修者・既修者別枠で募集する（併願可）。
(8) **既修者・未修者試験の実施時期**
(9) **既修者試験科目**　①論文試験，②面接試験，③法律筆記試験（憲法，行政法，民法，商法，刑法）
(10) **未修者試験科目**　①論文試験，②面接試験
(11) **どの団体の適性試験が必要か**　大学入試センター。日弁連の成績も参考として提出可。

学費等

(12) **受験料**
(13) **入学金**
(14) **授業料**　　　　　｝検討中
(15) **奨学金制度の内容**
(16) **授業料の減免制度**　長期在学者制度として，最長8年で履修することとし，1年分の授業料を減額することができる。

[私立]

獨協大学 法科大学院
(どっきょう)

法科大学院の特色

- 地域社会に密着した「ホーム・ドクター」としての弁護士を養成する本学としては，その理念に基づき埼玉弁護士会や東京弁護士会との協力により，自治体・地域との密接な連携のもとで，理論と実務の架橋を実践する「リーガル・クリニックⅠ，Ⅱ」を設ける。（Ⅰは，全員必修）
- 実務家教員として元判事の他，債権管理，情報公開，消費者問題，公害対策・環境保全問題，建築紛争等市民生活における問題において特に活躍している弁護士を配す
- 自習室として全学生分の指定座席を用意

開設時期 2004年

募集定員 50名

通信制・夜間コースの予定 無

教員構成 教員総数 47名

- ■専任教員　16名
- ■兼担教員　21名
- ■非常勤教員　10名
- ■客員教授　　名
- ●研究者　35名
- ●裁判官　1名，元裁判官
- ●検察官　1名
- ●弁護士　8名
- ●その他　1名

カリキュラム

- ■既修者68単位　未修者94単位
- ■法律基礎科目群　必修54単位　選択12単位　公法演習，民法演習，刑法演習，商法演習，民事訴訟法演習，刑事訴訟法演習
- ■実務基礎科目群　必修4単位　選択16単位　リーガル・クリニック，民事・刑事訴訟実務の基礎
- ■基本法・基礎・隣接科目群　必修2単位　選択30単位　法政策学，法システム論，面接交渉論，会計学
- ■展開・先端科目群　　　　　　　　　　選択50単位　情報メディアと法，消費者と法，医療と法，国際人権法，環境と法

所在地　〒340-0042　埼玉県草加市学園町1-1
開設予定地　獨協大学キャンパス（埼玉県草加市）
問合せ先　法科大学院設置準備室　☎048-946-1637
交通機関　地下鉄日比谷線・半蔵門線直通　東武伊勢崎線「松原団地」駅下車・徒歩8分
ホームページアドレス　http://www.dokkyo.ac.jp/lawschool/

入試データ

(1) **既修者受験資格**
・学校教育法に定める大学院入学資格

(2) **未修者受験資格**
・学校教育法に定める大学院入学資格

(3) **適性試験得点による事前選抜の有無**　実施しない予定。(但し、志願者数が6倍程度になった場合には、第一次選考として用いることも考えている)

(4) **提出書類**
①適性試験の成績、②出身校の成績証明書、③志望理由書、④語学能力、国家資格などの証明書（任意）、⑤その他社会人実績、学業外・職務外活動報告書など

(5) **社会人への特別措置**　とらない

(6) **特別枠**　特になし（但し、有資格者は、優遇する）

(7) **入学課程の決定方法**
全員に未修者試験を受けさせ、その合格者を対象に既修者試験を実施する。

(8) **既修者・未修者試験の実施時期**　1月下旬～2月上旬を予定

(9) **既修者試験科目**　憲法、民法、刑法、刑訴法、民訴法。財団既修者試験は参考資料程度。

(10) **未修者試験科目**　①小論文（時事・社会問題に関する文章を読んで論述。英文と邦文を用意し受験者が選択）、②面接

(11) **どの団体の適性試験が必要か**　大学入試センターは提出必須、日弁連は参考として加味する。

学費等

(12) **受験料**　既修者3.5万円程度　　未修者3.5万円程度

(13) **入学金**　20万程度

(14) **授業料**　160万円程度（予定）

(15) **奨学金制度の内容**　①日本育英会奨学金、②学内奨学金、③法科大学院独自の奨学金　給付と貸与両方を検討中

(16) **授業料の減免制度**　未定

[私立]

青山学院大学 法科大学院
（あおやまがくいん）

法科大学院の特色

- 優れた見識を備えた国際感覚に秀でた法曹の養成
- 少人数教育
- 外国人教授による外国法科目の開講
- ローライブラリアンが勤務する資料室を設置するなど勉学環境を充実

開設時期
2004年

募集定員
60名　■既修者　20名
　　　■未修者　40名

通信制・夜間コースの予定
無

教員構成
教員総数　約60名

- ■専任教員　15名
- ■兼担教員　19名
- ■非常勤教員　24名
- ■客員教授　2名
- ●研究者　28名
- ●裁判官　2名
- ●検察官　1名
- ●弁護士　21名
- ●その他　8名

カリキュラム

- ■法律基本科目群　60単位
- ■実務系選択必修科目　4単位
- ■基礎法・隣接科目群　4単位
- ■展開・先端科目群　26単位
- ■未修者修了単位数　94単位以上

所在地　〒150-8025　渋谷区渋谷4-4-25
開設予定地　渋谷区渋谷4-4-25　渋谷キャンパス3号館
問合せ先　専門職大学院事務室　☎03-3409-8025
交通機関　渋谷駅から徒歩15分　地下鉄表参道駅から徒歩10分
ホームページアドレス　http://www.als.aoyama.ac.jp

入試データ

(1) **既修者受験資格**
・大学卒
・大学卒業者と同等の学力があると認められる者
・その他（大学院入学資格を認めたれる者）

(2) **未修者受験資格**
・大学卒
・大学卒業者と同等の学力があると認められる者
・その他（大学院入学資格を認めたれる者）

(3) **適性試験得点による事前選抜の有無**　有

(4) **提出書類**
一般選抜…願書，適性試験成績（センターと財団の2通），推薦状（任意），卒業・修了（在学中の者は卒業または修了見込証明書），学部成績証明書，入学志願理由書（2000字程度），外国語能力・資格・国家試験の証明書（任意）
社会人経験者選抜…願書，適性試験成績（センターと財団），卒業・在学・修了証明書，学部成績証明書，推薦状（必須），自己推薦書（必須），入学志願理由書，外国語能力・資格・国家試験の証明書（任意），在職証明書（必須）
他学部出身者選抜…願書，適性試験成績（センターと財団の2通），推薦状（必須），卒業・修了・在学証明書，学部成績証明書，入学志願理由書（2000字），外国語能力・資格・国家試験の証明書（任意），自己推薦書（必須）

(5) **社会人への特別措置**　有

(6) **特別枠**
①社会人経験者選抜（未修者，既修者あわせて12名程度）
②他学部出身者選抜（未修者6名程度）

(7) **入学課程の決定方法**
・出願の段階で，各選抜，未修者・既修者課程進学希望を予め決めて，それぞれで試験を実施。適性と2次審査の総合判断で合否決定。

(8) **既修者・未修者試験の実施時期**　決定していない

(9) **既修者試験科目**　①法律科目（公法，民事法，刑事法）②面接，財団適性試験第4部

(10) **未修者試験科目**　①面接，財団適性試験第4部

(11) **どの団体の適性試験が必要か**　大学入試センター，日弁連の併用

学費等

(12) **受験料**　35,000円
(13) **入学金**　29万円
(14) **授業料**　150万円程度
(15) **奨学金制度の内容**　①日本育英会奨学金，②学内奨学金
(16) **授業料の減免制度**　未定

[私立]

学習院大学 法科大学院

法科大学院の特色

- 少人数制による丁寧で顔の見える指導
- 学界・実務の最前線で活躍する教授陣
- 法学の個別領域を超えた「法際的」発想の重視

開設時期 2004年

募集定員 65名　■既修者　50名
　　　　　　　　　■未修者　15名

通信制・夜間コースの予定　無

教員構成　教員総数　35名

■専任教員　　13名　　●研究者　　29名
■兼担教員　　20名　　●裁判官　　　名
■非常勤教員　 2名　　●検察官　　　名
■客員教授　　　名　　●弁護士　　 6名
　　　　　　　　　　　●その他　　　名

カリキュラム

必修科目
- 法律基本科目群　56単位（公法12単位，民事法32単位，刑事法12単位）
- 実務基礎科目群　12単位

選択必修科目
- 基礎法学・隣接科目群　4単位
- 展開・先端科目群　16単位
- 選択科目　12単位

■法学未修者　100単位以上，法学既修者　70単位以上

所在地　〒171-8588　豊島区目白1-5-1
開設予定地　目白キャンパス
問合せ先　法学部長室　☎03-3986-0221（内線4303）
交通機関
ホームページアドレス　http://www.gakushuin.ac.jp/univ/

入試データ

(1) **既修者受験資格**
・大卒（見込みも含む）
・大学卒業者と同等の学力があると認められる者

(2) **未修者受験資格**
・大卒（見込みも含む）
・大学卒業と同等の学力があると認められる者
・一定の社会的経験のある者（法律家を目指すきっかけとなる出来事や、法律問題に直面した経験のある者など）

(3) **適性試験得点による事前選抜の有無**　ある

(4) **提出書類**
①適性試験成績，②成績証明書，③自己評価書（含，志望理由）

(5) **社会人への特別措置**　なし

(6) **特別枠**　なし

(7) **入学課程の決定方法**
・既修者試験と未修者試験とでそれぞれ合否を判定。なお，両試験に応募することは可能だが，出願者が一定数を超える場合，1次審査（適性試験成績，大学の成績，公的資格など志願者の社会的活動，外国語の能力が材料）で大学側がいずれの試験受験が妥当かを判断。

(8) **既修者・未修者試験の実施時期**　2月上旬（予定）

(9) **既修者試験科目**　①公法，②民事法，③刑事法（それぞれ融合問題），④面接

(10) **未修者試験科目**　①小論文，②面接

(11) **どの団体の適性試験が必要か**　大学入試センターは必須提出，財団は参考材料

学費等

(12) **受験料**　既修者未修者それぞれ3.5万円

(13) **入学金**　15万円

(14) **授業料＋維持費**　170万円

(15) **奨学金制度の内容**　既存の制度に加え本学独自の制度を創設予定

(16) **授業料の減免制度**　ある

[私立]

慶應義塾大学 法科大学院
（けいおうぎじゅく）

正式名称：慶應義塾大学大学院法務研究科

法科大学院の 特色

- 法律基本科目による法的思考についての徹底教育
- 企業法務，金融法務，渉外法務，知的財産法務のワークショップ・プログラムを中心とした多様な選択科目
- 外国法科目を充実（英語によるアメリカ法の授業）

開設時期 2004年（設置認可申請中）

募集定員 260名　■既修者　7割
　　　　　　　　　　■未修者　3割

通信制・夜間コースの予定 無

教員構成 教員総数　110数名

　　■専任教員　　50数名
　　■兼担教員　　10数名
　　■非常勤教員　40数名
　　■客員教授　　　　名

カリキュラム

- 法律基本科目（1年）　憲法Ⅰ，憲法Ⅱ，民法Ⅰ，民法Ⅱ，民法Ⅲ，民法Ⅳ，民法Ⅴ，民法Ⅵ，刑法Ⅰ，刑法Ⅱ，商法Ⅰ，商法Ⅱ，民事手続法Ⅰ，民事手続法Ⅱ，刑事訴訟法
- 法律基本科目（2・3年）　憲法総合，行政法Ⅰ，行政法Ⅱ，公法総合，民法総合Ⅰ，民法総合Ⅱ，民事手続法総合，商法総合Ⅰ，商法総合Ⅱ，民事法総合Ⅰ，民事法総合Ⅱ，刑法総合，刑事法総合，刑事訴訟法総合
- 法律実務基礎科目　要件事実論，法曹倫理，民事実務基礎，刑事実務基礎，模擬裁判（民事），模擬裁判（刑事）
- 基礎法学・隣接科目　法哲学，法史学（近代日本法史），法史学（西洋法史），法社会学，司法制度論，法と経済学，立法政策学，法交渉学，政治学，行政学，経済学，金融論，会計学，簿記論，経営学
- 展開・先端科目　地方自治法，租税実体法Ⅰ～Ⅲ，要件事実（手続法），要件事実（展開・先端），知的財産法Ⅰ～Ⅲ，倒産法Ⅰ・Ⅱ，消費者法，現代契約実務，金融法，金融取引と租税，保険法，信託法，商事信託法，企業金融法，法医学，経済刑法，労働法Ⅰ～Ⅲ，経済法基礎，経済法総合，経済法実務，国際法，国際私法，国際商取引法，国際取引法総合，国際租税法，国際経済法，国際取引法実務，国際金融取引法実務，環境法Ⅰ・Ⅱ，情報法，ジェンダーと法，医事法Ⅰ・Ⅱ，サイバー法，アメリカ法，フランス法，ドイツ法，イギリス法，中国法，EU法，アジア法，開発法学（法整備支援論）など，合計120科目以上を開講予定。

- 未修者修了　98単位　　既修者修了　68単位

```
所在地    〒108-8345  東京都港区三田2-15-45
開設予定地    三田キャンパス
問合せ先    法科専門大学院（仮称）  ☎03-5427-1778
交通機関    JR山手線，京浜東北線，田町駅下車徒歩8分。都営地下鉄浅草線・三田線
          三田駅下車徒歩7分。都営地下鉄大江戸線　赤羽橋駅下車徒歩8分。
ホームページアドレス    http://www.lspre.keio.ac.jp/
```

入試データ

(1) **既修者受験資格**
 ・大卒（見込みも含む）
 ・3年次飛び級，3年次卒業（検討中）

(2) **未修者受験資格**
 ・大卒（見込みも含む）
 ・3年次飛び級，3年次卒業

(3) **適性試験得点による事前選抜の有無**　なし（提出書類と筆記試験を併せて総合評価して最終合否決定）

(4) **提出書類**
 ①適性試験成績，②出身大学の成績証明書，③志願者報告書，④第三者評価書2通，⑤外国語能力証明書

(5) **社会人への特別措置**　特になし

(6) **特別枠**　なし

(7) **入学課程の決定方法**
 ・出願の段階で既修者課程あるいは未修者課程のいずれかを選択する。併願は認めない。

(8) **既修者・未修者試験の実施時期**　1月～2月

(9) **既修者試験科目**　①憲法，②民法，③商法，④刑法，⑤民事訴訟法，⑥刑事訴訟法。これに加え提出書類で総合判断。

(10) **未修者試験科目**　小論文。これに加え提出書類で総合判断。

(11) **どの団体の適性試験が必要か**　大学入試センターは提出必須，日弁連は参考材料

学費等

(12) **受験料**　未定
(13) **入学金**　未定
(14) **授業料**　未定
(15) **奨学金制度の内容**　①日本育英会，②学内奨学金，③奨学融資制度
(16) **授業料の減免制度**　設けない

[私立]

國學院(こくがくいん)大学 法科大学院

法科大学院の 特色

●大学のキャンパス内に設置する公設法律事務所において，リーガル・クリニックを実施する。的確な事実分析能力，文書作成能力，法的構成能力の養成のための臨床法学教育が特色である。

開設時期　2004年

募集定員　50名

通信制・夜間コースの予定　無

教員構成　教員総数　35名

- ■専任教員　16名
- ■兼担教員　5名
- ■非常勤教員　14名
- ■客員教授　　名
- ●研究者　22名
- ●裁判官　　名
- ●検察官　1名
- ●弁護士　10名
- ●その他　2名

カリキュラム　（予定）

■「展開・先端科目」において，地域に開かれた法曹を養成するための科目を重点的に配置している。

- ・法律基礎科目群　58単位
  - 公法系科目　　10単位必修
  - 民事法系科目　28単位必修
  - 刑事法系科目　16単位必修
  - 総合科目　　　4単位必修
- ・実務基礎科目群　12または16単位
- ・基礎法学・隣接科目群　4単位
- ・展開・先端科目群　16単位
- ・修了単位数　94単位

所在地　〒150-8440　渋谷区東4-10-28
開設予定地　同上
問合せ先　法科大学院設置準備室　☎03-5466-0273
交通機関　ＪＲ山手線渋谷駅下車徒歩12分
ホームページアドレス　http://www.kokugakuin.ac.jp/

入試データ　（予定）

(1) **既修者受験資格**
 ・法学部出身か否かにかかわらず、既修者受験資格を有する。「法律科目試験」で、法学の基礎的学力を有すると認められた者が2年コースに入学できる。
(2) **未修者受験資格**
 ・大学卒業者と同等の学力があると認められる者
(3) **適性試験得点による事前選抜の有無**　有
(4) **提出書類**
 ①適性試験の成績、②出身校の成績証明書、③履歴書、④志望理由書
(5) **社会人への特別措置**　未定
(6) **特別枠**　検討中
(7) **入学課程の決定方法**
 ・法学既修者課程のみに出願した受験者が、試験の結果、既修者課程の合格点に届かず不合格となった場合でも、未修者課程の基準を充たしていれば、未修者課程への進学を認める
(8) **既修者・未修者試験の実施時期**　1月または2月
(9) **既修者試験科目**　法律科目試験（詳細未定）・小論文・面接
(10) **未修者試験科目**　小論文・面接
(11) **どの団体の適性試験が必要か**　大学入試センターは提出必須、日弁連は参考材料

学費等

(12) **受験料**　35,000円
(13) **入学金**　未定
(14) **授業料**　未定
(15) **奨学金制度の内容**　未定
(16) **授業料の減免制度**　病気等による休学者への減免措置

[私立]

駒澤(こまざわ)大学 法科大学院

正式名称：駒澤大学大学院法曹養成研究科（法科大学院）

法科大学院の特色

- 社会と時代の転換を切り開く人間的に豊かな素養を持った法曹を養成
- 第一東京弁護士会との提携（リーガルクリニックの公設事務所における実施，エクスターンシップのための協力事務所の確保）
- クラス担任制と電子カルテによる履修指導，クラス担任によるエクスターンシップの担当
- 教場10（パソコン教場1，大教室2を含む），模擬法定1，図書室1（7000冊所蔵），学習室4部屋，キャレルデスク154机，専用ロッカー，談話室，入館システムによる管理

開設時期　2004年

募集定員　50名　■既修者　20名
　　　　　　　　　■未修者　30名

通信制・夜間コースの予定　無

教員構成　教員総数　48名

■専任教員　　15名　　●研究者　10名 ┐
■兼担教員　　 3名　　●裁判官　 1名 │
■非常勤教員　31名　　●検察官　 1名 ├専任教員
■客員教授　　 2名　　●弁護士　 2名 │
　　　　　　　　　　　●その他　 1名 ┘

カリキュラム

- ■法律基本科目群　22科目54単位（必修）
- ■法律実務基礎科目群　4科目7単位（必修）
- ■　　〃　　　　　　　5科目2単位（選択必修）
- ■基礎法学・隣接科目群　それぞれ1科目2単位（選択必修）
- ■展開・先端科目群　9科目18単位（選択必修）
- ■　　〃　　　　　　3科目6単位（選択）
- ■発展演習科目群　2科目2単位（選択必修）
- ■修了必要単位数　法学未修者94単位　法学既修者60単位

所在地　〒154-8525　世田谷区駒沢1-23-1
開設予定地　東京都世田谷区駒沢2-12-5
問合せ先　法科大学院設置準備室　☎03-3418-9005
交通機関　東急田園都市線「駒澤大学」駅下車　西口より徒歩4分
ホームページアドレス　http://www.komazawa-u.ac.jp

入試データ

(1) **既修者受験資格**
　・大学卒
　・その他（日弁連法務研究財団「法科大学院既修者試験」の成績）
(2) **未修者受験資格**
　・大学卒
　・一定の社会経験を有する者（受験資格ではないが，社会活動等の実績がある場合は調書を提出）
(3) **適性試験得点による事前選抜の有無**　ならない
(4) **提出書類**
　①適性試験の成績，②自己アピール書（在学中の成績証明書，社会人の場合は履歴書，資格等があればその証明書を添付）
(5) **社会人への特別措置**　とらない
(6) **特別枠**
(7) **入学課程の決定方法**
　・すべての受験者に第一次試験として小論文試験を受けさせ，その合格者の中から希望者に対し既修者試験を課す
(8) **既修者・未修者試験の実施時期**　第一次試験は2004年1月25日（日），既修者試験は，2月15日（日），面接は，2月16日（月）～18日（水）の予定
(9) **既修者試験科目**　①面接，②法律科目（憲法・民法・商法・刑法），③その他（日弁連法務研究財団「法科大学院既修者試験」受験）
(10) **未修者試験科目**　面接
(11) **どの団体の適性試験が必要か**　大学入試センターのみ

学費等

(12) **受験料**　既修者3.5万円　　未修者2.5万円
(13) **入学金**　授業料とあわせて200万円を超えない範囲で検討中
(14) **授業料**　入学金とあわせて200万円を超えない範囲で検討中
(15) **奨学金制度の内容**　法科大学院独自の奨学金
(16) **授業料の減免制度**　優秀な成績で入学した学生を対象に定員の2割を上限として，学費の半額相当分を給付
(17) **提携ローン**，第一勧業信用組合との提携により，①上限600万円の学費ローンと②上限1300万円の学生支援ローンの提供。金利の一部を奨学金として，大学が負担することも検討中。

[私立]

上智大学（法科大学院）
じょうち

正式名称：上智大学法学研究科法曹養成専攻（法科大学院）

法科大学院の 特色

- 国際・環境法の専門家を養成
- 日本屈指の実務家教員
- 少人数制の学生指導
- ソクラテス・メソッドを活用
- リーガルクリニック，エクスターンシップの充実
- 国際弁護士の道
- 上智大学の現行司法試験の合格者はかなり多く30名ほどである（全国8位）が，少人数教育を旨としており，合格率では私立大学中トップである。最高の教授陣と最新の施設，きめ細かい教育により，量より質が問われる新司法試験においても引き続きトップの座を確保したい。

開設時期
2004年

募集定員
100名　■既修者　50名
　　　　■未修者　50名

通信制・夜間コースの予定　無

教員構成　教員総数　52名

■専任教員	27名	●研究者	30名
■兼担教員	10名	●裁判官	2名
■非常勤教員	15名	●検察官	1名
■客員教授	0名	●弁護士	19名
		●その他	0名

カリキュラム

- 必修科目（法律基本科目）65単位
- 選択必修科目（実務基礎科目）6単位
- 選択科目（基礎科目群，展開・先端科目群，国際関係法，環境法，自主研究・論文作成）22単位
- 未修者修了93単位　既修者修了64単位（1年次必修科目履修免除）

```
所在地      東京都千代田区紀尾井町7－1
開設予定地    東京都千代田区紀尾井町7－1
問合せ先　（カリキュラム・試験内容）法科大学院設置委員会　　☎03－3238－3231
　　　　（入学試験）学事部学務課大学院担当　　☎03－3238－3108
交通機関　　JR中央線・営団地下鉄南北線，丸ノ内線　四谷駅下車徒歩3分
ホームページアドレス　http://www.sophia.ac.jp/
```

入試データ

(1) **既修者受験資格**
　・大学卒（見込み者も含む）
(2) **未修者受験資格**
　・大学卒（見込み者も含む）
(3) **適性試験得点による事前選抜の有無**　　なし
(4) **提出書類**
【必須提出】
①大学入試センターの適性試験成績，②大学の成績証明書，③履歴書（海外就学経験，社会人経験等含む）
【任意提出】
①外国語の能力を示す証明書，②大学時代の指導教員やゼミ教員の推薦状，③勤務先の上司の推薦状，④日弁連法務研究財団の「法学既修者試験」，⑤日弁連法務研究財団の適性試験，⑥各種資格証明書，⑦修士以上の学位を有する者は学位論文のサマリー
(5) **社会人への特別措置**　　なし
(6) **特別枠**
　・特に優れた外国語能力を有する者。未修者の3割，既修者の1割を予定。英語については，TOEFL（ペーパー）600点以上，TOEFL（コンピュータ）250点以上，TOEIC900点以上，英検1級など。ドイツ語は独検1級，フランス語は仏検1級。もっとも，適性試験，一般論文試験，法律論文試験，面接試験で結果が一定水準に達していることが条件。
(7) **入学課程の決定方法**
　・既修者課程の出願者でも未修者課程への併願を認める。既修者課程試験で不合格であっても未修者課程に合格・進学することができる。
(8) **既修者・未修者試験の実施時期**　　1～2月
(9) **既修者試験科目**　　1次試験として一般論文試験（法律以外。未修者課程と共通），法律論文試験（公法，民事法，刑事法）を実施する。試験と書類審査で1次試験合格者を発表。2次試験で面接試験。
(10) **未修者試験科目**　　1次試験として一般論文試験。一般論文試験と書類審査で1次合格者決定。2次試験で面接試験。
(11) **どの団体の適性試験が必要か**　　大学入試センターのみ

学費等

(12) **受験料**　　未定
(13) **入学金**　　未定
(14) **授業料**　　未定
(15) **奨学金制度の内容**　　未定
(16) **授業料の減免制度**　　未定

[私立]

成蹊大学（せいけい） 法科大学院

正式名称：成蹊大学大学院法務研究科（法科大学院）

法科大学院の特色

- 成蹊学園の伝統である少人数教育
- 実務家出身，弁護士登録をした研究者教員がほぼ半数というバランスの良い教員スタッフ。実務家教員は現役弁護士をはじめ，元検事・判事，元司法研修所教官を，研究者教員は国際経済法，国際取引法や知的財産法の第一人者が参加する予定。
- 渉外・企業法務を重視したカリキュラムを用意。加えて，緑豊かなキャンパスに法科大学院棟を建設，個別指導を受けやすい環境を整える。法学部出身者だけでなく，他学部出身者，さらに広く社会人の方々を受け入れる。特に働きながら学びたい社会人のためのコース，時間割を用意。

開設時期
2004年

募集定員
50名　■既修者　20名
　　　■未修者　30名

通信制・夜間コースの予定
昼夜開講制

教員構成
教員総数　15名

カリキュラム

- 修得単位数　94単位（必修科目70単位，選択科目24単位）。
- 法律基本科目群：憲法，民事法，刑法，民事訴訟法，刑事訴訟法，行政法，財産法，財産法等
- 実務基礎科目群：リーガル・リサーチ，法律英語，法曹倫理，模擬裁判等
- 基礎法学・隣接科目群：国際法，アメリカ法，企業会計等
- 展開・先端科目群：労働法，倒産処理法，独占禁止法，租税法，国際私法，国際取引法，国際経済法，工業所有権法，著作権法，企業法務論，自治体公共政策等

```
所在地    〒180-8633  武蔵野市吉祥寺北町3-3-1
開設予定地  武蔵野市吉祥寺北町3-3-1  法科大学院棟（仮称）
問合せ先  広報課   ☎0422-37-3517
交通機関  JR中央線・総武線，営団東西線，京王井の頭線  吉祥寺駅から徒歩約15分
       関東バス約5分（成蹊学園前下車）  西武新宿線  西武柳沢駅から関東バス約20分
       （成蹊学園前下車）
ホームページアドレス  http://www.seikei.ac.jp/university/
```

入試データ

(1) **受験資格**
　　・大学卒，もしくは2004年3月までに取得見込の者
　　　※社会人選抜に応募する場合は職務経験3年以上
(2) **適性試験得点による事前選抜の有無**　　有
(3) **提出書類**（予定）
　　①適性試験の成績，②出身校の成績証明書，③志望理由書
(5) **社会人への特別措置**　　社会人選抜を実施
(6) **特別枠**　　社会人選抜
(7) **入学課程の決定方法**
　　・出願の段階で既修者課程あるいは未修者課程のいずれかを選択させ，合否を判定する。
　　　併願可能。
(8) **既修者・未修者試験の実施時期**　　2月上旬を予定
(9) **既修者試験科目**　　一般選抜　①小論文　②憲民刑の筆記試験
　　　　　　　　　　　　社会人選抜　①エッセイ　②憲民刑の口述試験
　　　　　　　　　　　　※財団・既修者試験の受験を勧める。
(10) **未修者試験科目**　　一般選抜　①小論文　②面接
　　　　　　　　　　　　社会人選抜　①エッセイ　②面接
(11) **どの団体の適性試験が必要か**　　どちらでも可

学費等

(12) **受験料**　　既修者3.5万円程度　　未修者3.5万円程度
(13) **入学金**　　未定
(14) **授業料**　　未定
(15) **奨学金制度の内容**　　①学内奨学金，②法科大学院独自の奨学金
(16) **授業料の減免制度**　　実施を予定

[私立]

専修大学 法科大学院

法科大学院の特色

- 少人数教育と双方向的授業などにより，徹底した法曹教育を行う（企業や行政で求められる法曹，国際的視野で活躍できる法曹，市民のための法治社会を推進できる法曹，市民感覚を有する法曹など「社会生活上の医師」ともいうべき法曹の養成を目指す）
- 真の実力をつけるため，実践的な教育を展開する（ローファーム，実践的法律相談，エクスターンシップ，ロイヤリング（法律実務に欠かせない文章作成能力向上など），模擬裁判など，実践的で効果的な実務基礎科目を展開する
- 総教員数は多彩な65名で，オフィスアワーも積極的に設け個別指導にもあたる

開設時期
2004年

募集定員
75名　■既修者　50名程度
　　　■未修者　25名程度

通信制・夜間コースの予定
無

教員構成
教員総数　65名

■専任教員	20名	●研究者	38名
■兼担教員	20名	●派遣裁判官	1名
■非常勤教員	7名	●派遣検察官	1名
■客員教授	18名	●弁護士	20名
		●その他	5名

カリキュラム

■未修者修了要件
①98単位以上。必修科目62単位（法律基本科目群56単位／実務基礎科目群6単位），選択必修科目8単位（法律基本科目群4単位／基礎法学・隣接科目群4単位）
②第3セメスターから第6セメスター（2年次と3年次）までのGP（成績評価）で計算したGPAが2.00以上であること。

■既修者修了要件
①68単位以上。必修科目26単位（法律基本科目群20単位／実務基礎科目群6単位），選択必修科目8単位（法律基本科目群4単位／基礎法学・隣接科目群4単位）
②第3セメスターから第6セメスター（2年次と3年次）までのGP（成績評価）で計算したGPAが2.00以上であること。

```
所在地    〒101-8425  千代田区神田神保町3-8
開設予定地  千代田区神田神保町（仮称）神田校舎8号館
問合せ先   法科大学院設置事務室   ☎03-3265-6891
交通機関   神保町駅（都営三田線，都営新宿線，営団地下鉄半蔵門線）出口Ａ2より徒
       歩1分　九段下駅（都営新宿線，営団地下鉄半蔵門線，営団地下鉄東西線）出口5
       より徒歩4分　JR水道橋駅　西口より徒歩6分
ホームページアドレス　http://www.senshu-u.ac.jp/
```

入試データ

(1) **既修者受験資格**
  ・大学卒
  ・大学卒業者と同等の学力があると認められる者
  ・一定の社会経験を有する者（社会人とは「大学の学部を卒業した後，3年以上経た者。ただし，主として昼間に教育が行われる大学の学部に学士入学した期間は除く」と定義している）
  ・その他（大学入試センターの適性試験出願資格と同様）

(2) **未修者受験資格**
  ・大学卒
  ・大学卒業者と同等の学力があると認められる者
  ・一定の社会経験を有する者（社会人とは「大学の学部を卒業した後，3年以上経た者。ただし，主として昼間に教育が行われる大学の学部に学士入学した期間は除く」と定義している）
  ・その他（大学入試センターの適性試験出願資格と同様）

(3) 適性試験得点による事前選抜の有無　　無

(4) 提出書類
  ①適性試験の成績，②出身校の成績証明書，③パーソナルデータ（志望理由書，自己PR，社会人としての活動実績等）

(5) 社会人への特別措置　　特になし

(6) 特別枠　　特になし

(7) 入学課程の決定方法
  ・出願の段階で既修者課程あるいは未修者課程のいずれかを選択させ，合否を判定する
  ・その他（重複受験は認めないが，例外として，法学既修者枠に希望した者が，既修者と認定されなかった場合に，法学未修者枠に変更して出願することを認める。その場合，事前に特別併願を希望する旨を明らかにしておく）

(8) 既修者・未修者試験の実施時期　　平成16年1月31日（土）予定

(9) 既修者試験科目　①法律科目（民法は必須）（憲法・商法・刑法から1科目を選択），②面接

(10) 未修者試験科目　①小論文，②面接

(11) どの団体の適性試験が必要か　どちらの試験を受験しても可

学費等

(12) 受験料　　検討中

(13) 入学金　　⎫
(14) 授業料　　⎬ 151万円～200万円

(15) 奨学金制度の内容　①日本育英会奨学金，②学内奨学金，③法科大学院独自の奨学金

(16) 授業料の減免制度　　未定

[私立]

創価（そうか）大学 法科大学院

法科大学院の特色

- 生活者の側に立つ人間性豊かな法曹養成
- 人権と平和を志向する国際感覚に溢れた法曹養成
- 国際競争力を備えたビジネス・ロイヤーの養成
- 少人数教育の徹底
- 展開・先端科目群として「生活者と法プログラム」「平和と人権プログラム」「ビジネス法プログラム」を設置
- 学生第一の学習環境
- 学生に対する経済的支援の充実（奨学金等）

開設時期
2004年

募集定員
50名

通信制・夜間コースの予定
無

教員構成
教員総数　38名

■専任教員	19名	●研究者	20名
■兼担教員	8名	●裁判官	3名
■非常勤教員	10名	●検察官	3名
■客員教授	1名	●弁護士	12名
		●その他	名

カリキュラム

- 法律基本科目群（58単位必修，公法系12単位必修）民事系（34単位必修）刑事系（12単位必修）
- 実務基礎科目群（必修4単位，選択必修2単位を含む8単位以上選択）
- 基礎法学・隣接科目群（4単位必修）
- 展開・先端科目群（10科目20単位を開設し，そこから全ての修得単位数96になるように選択）
- 修了単位数　96単位

所在地　〒192-8577　八王子市丹木町1-236
開設予定地　創価大学本部棟　8階・9階が中心となる
問合せ先　法科大学院準備室　☎0426-91-9476
交通機関　JR八王子駅・京王八王子駅からバスで約20分
ホームページアドレス　http://www.soka.ac.jp/law_school_soka/

入試データ

(1) **既修者受験資格**
　・大学卒
　・大学卒業者と同等の学力があると認められる者
(2) **未修者受験資格**
　・大学卒
　・大学卒業者と同等の学力があると認められる者
(3) **適性試験得点による事前選抜の有無**　無
(4) **提出書類**
　①適性試験の成績，②出身校の成績証明書，③志望理由書
(5) **社会人への特別措置**　とらない
(6) **特別枠**　無
(7) **入学課程の決定方法**
　・すべての受験者に未修者課程の試験を受けさせ，その合格者の中から希望者に対し既修者試験を課す
(8) **既修者・未修者試験の実施時期**　決定していない
(9) **既修者試験科目**　①小論文，②面接，②法律科目（憲法〔行政法の基礎も含む〕・民法・商法・刑法・民事訴訟法・刑事訴訟法）
(10) **未修者試験科目**　①小論文，②面接
(11) **どの団体の適性試験が必要か**　大学入試センターのみ

学費等

(12) **受験料**　未定
(13) **入学金**　24万円程度
(14) **授業料**　130～150万円程度
(15) **奨学金制度の内容**　①日本育英会奨学金，②本学法科大学院独自の奨学金
(16) **授業料の減免制度**　検討中（例えば，成績上位者の1～2割程度は給付奨学金を支給する，など）

[私立]

大東文化（だいとうぶんか）大学　法科大学院

法科大学院の特色

- 徹底した少人数教育と個性と志望を生かす
- アジア法のスペシャリストの養成
- リーガル・クリニックとエクスターンシップの連携
- 双方向の総合学習の徹底

開設時期　2004年

募集定員　50名

通信制・夜間コースの予定　無

教員構成　教員総数　　名

■専任教員	14名	●研究者	7名
■兼担教員	名	●裁判官	2名
■非常勤教員	名	●検察官	1名
■客員教授	名	●弁護士	3名
■実務家教員	7名	●その他	1名

カリキュラム

- ■必修61単位，選択必修26単位，自由選択6単位以上
- ■法律基礎科目（必修54単位）
- ■実務基礎科目（必修7単位，選択必修2単位）
- ■基礎法学・隣接科目（選択必修4単位）
- ■展開・先端科目（選択必修20単位）

　※実務基礎科目，基礎法学・隣接科目，展開・先端科目から自由選択単位数6単位以上

所在地　〒175-8571　板橋区高島平1-9-1
開設予定地　信濃町校舎（仮称）　信濃町ビル内に開設予定
問合せ先　大学院事務室　☎03-5399-7344
交通機関　JR中央線信濃町駅（徒歩0分）
ホームページアドレス　http://www.daito.ac.jp/

入試データ

(1) **既修者受験資格**
　・大学卒
　・大学卒業者と同等の学力があると認められる者
(2) **未修者受験資格**
　・大学卒
　・大学卒業者と同等の学力があると認められる者
(3) **適性試験得点による2段階選抜の有無**　ならない
(4) **提出書類**
　①適性試験の結果，②出身校の成績証明書，③志望理由書
(5) **社会人への特別措置**　未定
(6) **特別枠**
(7) **入学課程の決定方法**
　・法学既修者と法学未修者の区別をせずに，全員に共通の入試（一次試験・二次試験）を行い合格者を発表し，その合格者のうちの希望者に，別日程で「法学既修者認定試験」を行い，これに合格した者を法学既修者と認定する
(8) **既修者・未修者試験の実施時期**　決定していない
(9) **既修者試験科目**
　・一次試験
　適性試験の成績，志望理由書，学部の成績，社会での活動，保有資格や専門能力などを総合的に判定。一次試験の合格者が，二次試験（筆記試験・面接）を受験することが出来る。
　・二次試験
　論文試験（直接，法律能力を問う試験ではない），面接
(10) **未修者試験科目**
　・二次試験の合格発表後，希望者に法学既修者認定試験を行う（憲法，民法，商法，民事訴訟法，刑法，刑事訴訟法）
　・一次試験
　適性試験の成績，志望理由書，学部の成績，社会での活動，保有資格や専門能力などを総合的に判定。一次試験の合格者が，二次試験（筆記試験・面接）を受験することが出来る。
　・二次試験
　論文試験（直接，法律能力を問う試験ではない），面接
(11) **どの団体の適性試験が必要か**　どちらか一方を提出

学費等

(12) **受験料**　既修者3.5万円程度　　未修者3.5万円程度
(13) **入学金**　30万円
(14) **授業料**　70万円（単位従量制）1単位3万円
(15) **奨学金制度の内容**　①日本育英会奨学金，②学内奨学金
(16) **授業料の減免制度**　未定

[私立]

中央大学 法科大学院
（ちゅうおう）

法科大学院の 特色

- 定員300名のビッグロースクールに相応しい50以上の展開・先端科目の充実
- 「中央大学駿河台法律事務所（仮称）」におけるリーガル・クリニック，300以上のOB・OGの法律事務所におけるエクスターンシップ
- ポストロースクールの進路をにらんだ法曹養成に沿ったカリキュラム（①市民生活密着型のホーム・ローヤー②ビジネス・ローヤー③渉外・国際関係ローヤー④先端科学技術ローヤー⑤公共政策ローヤー⑥刑事法ローヤーなどに向けての法曹養成）

開設時期 2004年

募集定員 300名　■既修者 200名
　　　　　　　　　　　■未修者 100名

通信制・夜間コースの予定 　無

教員構成 　教員総数　　名
- ■専任教員　約70名　●研究者　　名
- ■兼担教員　　名　　●裁判官　　名
- ■非常勤教員　名　　●検察官　　名
- ■客員教授　　名　　●弁護士　　名
- 　　　　　　　　　　●その他　　名

カリキュラム

■法律基本科目群
　統治の基本構造，基本的人権の基礎，民法Ⅰ～Ⅳ，商法，民事訴訟法，刑法，刑事訴訟法，公法総合Ⅰ～Ⅲ，民事法総合Ⅰ～Ⅳ，刑事法総合Ⅰ～Ⅲ

■実務基礎科目群
　法情報調査，法曹倫理，法文書作成，模擬裁判（民事・刑事），ローヤリング，民事訴訟実務の基礎，刑事訴訟実務の基礎，エクスターンシップ，リーガル・クリニック

■基礎法学・外国法科目群
　法理学，比較法文化論，英米法総論，英米公法，英米私法，ヨーロッパ法，アジア・ビジネス法，Foreign Law Seminar

■展開・先端科目群
　生活紛争と法，家事紛争と法，医療と法，ビジネス法務戦略，事業再生法，国際経済法，国際租税法，ＩＴ社会と法，知的財産法，政策形成と法，ジェンダーと法，国際刑事法，組織・企業の不正活動と法，被害者と法など

■演習
　テーマ演習，研究特論

開設予定地　新宿区市谷本村町42（中央大学市ヶ谷キャンパス）
問合せ先　法科大学院開設準備室　☎0426－74－2311
交通機関　地下鉄新宿線／曙橋駅下車徒歩３分　JR中央・総武線，地下鉄丸ノ内線・南北線／四谷駅下車徒歩12分　JR総武線，地下鉄有楽町線・南北線／市ヶ谷駅下車徒歩13分
ホームページアドレス　http://www2.tamacc.chuo-u.ac.jp/law-school

入試データ

(1) **既修者受験資格**
　・大学卒
　・大学卒業者と同等の学力があると認められる者
(2) **未修者受験資格**
　・大学卒
　・大学卒業者と同等の学力があると認められる者
(3) **適性試験得点による事前選抜の有無**　有
(4) **提出書類**
　①適性試験の成績，②出身校の成績証明書，③志望理由書，④語学能力，職歴，資格等に関する証明書類（任意提出）
(5) **社会人への特別措置**　未定
(6) **特別枠**　無
(7) **入学課程の決定方法**
　・法学既修者課程のみに出願した受験者が，試験の結果，既修者としての認定が得られなかった場合でも，「小論文」を受験し合格すれば，未修者課程への進学を認める
(8) **既修者・未修者試験の実施時期**　2004年１月中旬～２月上旬
(9) **既修者試験科目**　①面接（但し，2004年度は実施しない），②法律科目（公法系・刑事系・民事系の３科目論文試験）
(10) **未修者試験科目**　①小論文，②面接（但し，2004年度は実施しない）
(11) **どの団体の適性試験が必要か**　大学入試センターあるいは日弁連法務研究財団のどちらか一方を提出

学費等

(12) **受験料**　3.5万円程度
(13) **入学金**　検討中
(14) **授業料**　検討中
(15) **奨学金制度の内容**　①日本育英会奨学金，②学内奨学金，③法科大学院独自の奨学金（検討中）
(16) **授業料の減免制度**　検討中

[私立]

東海大学 法科大学院
(とうかい)

法科大学院の 特 色

- 小規模ロースクールの利を活かして，徹底した指導に努める
- E-learning system の導入，自習室の完備などにより，努力する学生は，いくらでも自己開発しうる
- 医事法や知的財産法など特殊領域の講義課目を充実させている

開設時期 2004年

募集定員 50名

通信制・夜間コースの予定 無

教員構成 教員総数 34名

- ■専任教員　15名
- ■兼担教員　8名
- ■非常勤教員　11名
- ■客員教授　　名
- ●研究者　13名
- ●裁判官　4名
- ●検察官　4名
- ●弁護士　8名
- ●その他　5名

カリキュラム

所在地　〒259-1292　神奈川県平塚市北金目1117
開設予定地　渋谷区富ヶ谷2-28-4　東海大学代々木校舎
問合せ先　法科大学院設立準備委員会事務局　☎0463-58-1211
交通機関　小田急線代々木上原駅，代々木八幡駅から徒歩10分　営団地下鉄千代田線代々木公園駅（代々木八幡方面出口）から徒歩10分　井の頭線駒場東大前駅から徒歩10分
ホームページアドレス　http://www.u-tokai.ac.jp/japan/houka/

入試データ

(1) **既修者受験資格**
　・大学卒業者と同等の学力があると認められる者
　・一定の社会経験を有する者（自己申告）
(2) **未修者受験資格**
　・大学卒業者と同等の学力があると認められる者
　・一定の社会経験を有する者（自己申告）
　・有資格者（自己申告）
　・その他（TOEFLなども，自己申告してくれれば考慮する）
(3) **適性試験得点による事前選抜の有無**　　有
(4) **提出書類**
　①適性試験の成績，②出身校の成績証明書，③志望理由書
(5) **社会人への特別措置**
　・社会経験を考慮する
　・受験科目に選択肢を与える
　・受験の機会の便宜供与
(6) **特別枠**
(7) **入学課程の決定方法**
　・すべての受験者に未修者課程の試験を受けさせ，その合格者の中から希望者に対し既修者試験を課す
(8) **既修者・未修者試験の実施時期**　　2月下旬から3月上旬予定
(9) **既修者試験科目**　　未修者試験合格者に法律科目を課する。
(10) **未修者試験科目**　　①小論文（社会人は実務英語を選ぶこともできる），②面接
(11) **どの団体の適性試験が必要か**　　どちらか一方の成績を提出

学費等

(12) **受験料**　　未定
(13) **入学金**　　未定
(14) **授業料**　　180万円前後
(15) **奨学金制度の内容**　　①日本育英会奨学金，②学内奨学金，③法科大学院独自の奨学金
(16) **授業料の減免制度**　　設ける（内容は未定）

[私立]

東京法科大学院
とうきょうほうか

正式名称：青森大学大学院法務研究科

法科大学院の 特色

- ●人権に対する深い理解と共鳴を持ちうる人材を育成
- ●国際感覚と経営感覚を兼ね備えた，欧米のビジネス・ロイヤーに比肩しうる法曹を育成
- ●昼間働きながら法曹を目指す人のための夜間専門の法科大学院

開設時期 2004年

募集定員 150名　■既修者　50名
　　　　　　　　　　■未修者　100名

通信制・夜間コースの予定　夜間専門の法科大学院

教員構成　教員総数　32名

■専任教員	32名	●研究者	名
■兼担教員	名	●裁判官	名
■非常勤教員	名	●検察官	名
■客員教授	名	●弁護士	17名
		●その他	名

カリキュラム

＊ホームページ参照

```
所在地
開設予定地   渋谷区渋谷2-17-3
問合せ先    東京法科大学院設立準備室    ☎03-5275-5678
交通機関    JR渋谷駅下車徒歩2分
ホームページアドレス    http://www.tokyo-lawschool.jp/
```

入試データ

(1) **既修者受験資格**
   ・
(2) **未修者受験資格**
   ・
(3) **適性試験得点による2段階選抜の有無**
(4) **提出書類**
   ①
(5) **社会人への特別措置**
(6) **特別枠**
(7) **入学課程の決定方法**
   ・
(8) **既修者・未修者試験の実施時期**　　2月中旬
(9) **既修者試験科目**
   1　公法系科目（憲法・行政法）
   2　民事系科目（民法・商法・民事訴訟法）
   3　刑事系科目（刑法・刑事訴訟法）
       ※上記各分野から，各一科目選択し，論文式問題を解答する。
   4　面接
(10) **未修者試験科目**
   1　小論文1（一般）
   2　小論文2（法学　又は　時事英語［一科目選択]）
   3　面接
(11) **どの団体の適性試験が必要か**　　大学入試センターのみ

学費等

(12) **受験料**
(13) **入学金**
(14) **授業料**
(15) **奨学金制度の内容**　　準備中
(16) **授業料の減免制度**

全国法科大学院設置予定校情報　[東京法科大学]　　161

[私立]

東洋大学 法科大学院

法科大学院の特色

- 徹底した少人数教育
- 「学際的」な発想重視
- 集中＋効率
- 多彩な教授陣
- 少人数教育を生かし双方向的なディスカッションメソッドなどにより，企業法務・家事紛争，建築をめぐる紛争に強い血の通った法曹の養成

開設時期 2004年

募集定員 50名

通信制・夜間コースの予定

教員構成 教員総数 28名

■専任教員	12名	●研究者	名
■兼担教員	9名	●裁判官	名
■非常勤教員	7名	●検察官	名
		●弁護士	4名
		●その他	名

カリキュラム

- ■法律基本科目群　公法Ⅰ～Ⅱ，憲法総合，行政法総合，民法Ⅰ～Ⅵ，刑法Ⅰ～Ⅱ，民事訴訟法，商法，民事法総合Ⅰ～Ⅶ，特殊不法行為法Ⅰ～Ⅲ，刑事訴訟法，刑事法総合Ⅰ～Ⅱ，家族紛争処理法
- ■法律実務基礎科目　法情報調査，ロイヤリング，裁判法・法曹倫理，民事訴訟実務の基礎，刑事訴訟実務の基礎，臨床科目，民事実務演習，刑事実務演習
- ■基礎法学・隣接科目　外国法（英米法），外国法（独法），外国法（仏法），法哲学・法思想史，法と政治，法と経済，法と公共政策
- ■展開・先端科目群　情報法，現代商法，経済法，経済刑法，環境法，消費者法，少年法，比較憲法，知的財産権法Ⅰ～Ⅱ，労働法Ⅰ～Ⅱ，倒産法Ⅰ～Ⅱ，国際私法，企業法務・国際取引法，刑事政策，租税法

```
所在地      〒112-8606  東京都文京区白山5-28-20
開設予定地   同　上
問合せ先    東洋大学大学院教務課    ☎03-3945-7251
交通機関    都営三田線白山下車徒歩5分  営団南北線本駒込下車徒歩5分
ホームページアドレス　www.toyo.ac.jp
```

入試データ

(1)　既修者受験資格
　・
(2)　未修者受験資格
　・
(3)　適性試験得点による2段階選抜の有無　　あり
(4)　提出書類
　　①　　　　　　　　　　　　　　　　　　　検討中
(5)　社会人への特別措置
(6)　特別枠
(7)　入学課程の決定方法
　・
(8)　既修者・未修者試験の実施時期
(9)　既修者試験科目
(10)　未修者試験科目
(11)　どの団体の適性試験が必要か　　どちらか一方を提出

学費等

(12)　受験料
(13)　入学金
(14)　授業料　　　　　　　　　　　　　　　検討中
(15)　奨学金制度の内容
(16)　授業料の減免制度

[私立]

日本大学 法科大学院

法科大学院の特色

●

開設時期 2004年

募集定員 100名 ■既修者 50名（予定）
■未修者 50名（〃）

通信制・夜間コースの予定 なし

教員構成 教員総数 105名
- ■専任教員 25名
- ■兼担教員 44名
- ■非常勤教員 36名
- ■客員教授 0名
- ●研究者 67名
- ●裁判官 名
- ●検察官 名
- ●弁護士 名
- ●その他 6名

実務家教員32名

カリキュラム

- ■法律基本科目群《公法系》統治の基本構造，人権の基礎理論，国家作用法，憲法総合，行政法総合，《民禄系》民法Ⅰ～Ⅴ，商法Ⅰ・Ⅱ，民事訴訟法，民事法総合Ⅰ～Ⅵ，《刑事系》刑法Ⅰ・Ⅱ，刑事訴訟法，刑事法総合
- ■実務基礎科目群　法曹倫理，要件事実と事実認定の基礎，法情報調査，刑事事実認定
- ■基礎法学・隣接科目群《基礎法学科目》法哲学，法社会学，日本法制定，西洋法制史，東洋法制史，英米法，独法，ドイツ公法Ⅰ・Ⅱ，仏法，《隣接科目》公共政策論，立法技術論，地方自治論，政治学，公共経済学，経済学，会計学，心理学，環境学概論
- ■展開・先端科目群　財政法Ⅰ・Ⅱ，労働法Ⅰ・Ⅱ，経済法Ⅰ・Ⅱ，国際公法Ⅰ・Ⅱ，国際私法，国際取引法Ⅰ・Ⅱ，知的財産法Ⅰ・Ⅱ，税法Ⅰ・Ⅱ，国際税法，倒産処理法Ⅰ・Ⅱ，事業再生法，消費者法Ⅰ・Ⅱ，保険法Ⅰ・Ⅱ，国際経済法Ⅰ・Ⅱ，証券取引法，環境と社会活動，環境と法Ⅰ・Ⅱ，医療と社会，医療と法Ⅰ・Ⅱ，生と死の医療，先端医療と生命科学，医療紛争論Ⅰ・Ⅱ，地方自治法Ⅰ・Ⅱ，情報と法Ⅰ・Ⅱ，経済と法Ⅰ・Ⅱ，都市環境法Ⅰ・Ⅱ
- ■演習科目群　公法系演習Ⅰ・Ⅱ，民事法系演習Ⅰ～Ⅳ，刑事法系演習Ⅰ・Ⅱ
- ■実務実習群　法文書作成，ローヤリング，リーガル・クリニック，エクスターンシップ，模擬裁判

```
所在地    〒101-0062  東京都千代田区神田駿河台1-6
開設予定地  同 上（日本大学お茶の水キャンパス（旧主婦の友社ビルA館））
問合せ先   日本大学総務部総務課  ☎03-5275-8110
交通機関   JR・地下鉄「お茶ノ水」駅下車，徒歩5分
ホームページアドレス   URL http://www.nihon-u.ac.jp
```

入試データ

(1) 既修者受験資格
　・
(2) 未修者受験資格
　・
(3) 適性試験得点による2段階選抜の有無
(4) 提出書類
　①
(5) 社会人への特別措置
(6) 特別枠
(7) 入学課程の決定方法
　・面接を重視する予定
(8) 既修者・未修者試験の実施時期
(9) 既修者試験科目　　憲法，民法，刑法，商法，民事訴訟法，刑事訴訟法の6科目，および小論文，面接
(10) 未修者試験科目　　法学部以外の出身者については，学歴，職歴，資格，その他の要素を十分に評価・勘案して合否を判定する。
(11) どの団体の適性試験が必要か　　大学入試センターは提出必須，日弁連は参考材料

学費等

(12) 受験料　　25,000円
(13) 入学金　　⎫
(14) 授業料　　⎭ 検討中
(15) 奨学金制度の内容　⎫ 日本大学独自の奨学金制度を検討中
(16) 授業料の減免制度　⎭ さらに日本大学法科大学院特別奨学金制度や授業料免除制度を準備中

[私立]

法政大学 法科大学院

正式名称：法政大学大学院法務研究科法務専攻

法科大学院の 特色

● 法政大学は，わが国有数の歴史を持つ法学部において，自由と進歩の学風のもと，研究業績に優れた教員により特色ある法学研究・教育を行ってきた。法政大学法科大学院は，この基礎の上にアカデミズムと実務の融合をめざし，市民に密着した法律相談業務を担う市民法曹の養成を大きな柱としている。同時に，複雑化する企業活動，企業間関係，国際取引などに対応できる法曹を養成する。

開設時期
2004年

募集定員
100名　■既修者　70名
　　　　■未修者　30名

通信制・夜間コースの予定
無

教員構成　教員総数　38名

■専任教員　　21名　　●研究者　　25名
■兼担教員　　 8名　　●裁判官　　 4名（内2名は元裁判官）
■非常勤教員　 9名　　●検察官　　 1名（元検察官）
■客員教授　　　名　　●弁護士　　 6名
　　　　　　　　　　　●その他　　 2名

カリキュラム

● 民法・刑法などの実体法と民事訴訟法・刑事訴訟法などの手続法を有機的に総合した演習科目を設置
● 法律の基礎知識と実務家法曹としての技術的知識と応用を考慮したカリキュラムの編成
● 企業法務・行政法務関連科目の充実に加え，自治体行政論・政治倫理などの隣接科目や国際経済法などの先端科目を展開

所在地　〒102-8160　千代田区富士見2-17-1
開設予定地　法科大学院棟（現法政大学69年館校舎）千代田区九段北3-3-12
問合せ先　大学院事務部　専門職大学院課　☎03-3264-9880
交通機関　JR総武線飯田橋駅より徒歩10分，JR総武線市ヶ谷駅より徒歩10分，地下鉄有楽町線飯田橋駅より徒歩10分，都営地下鉄新宿線市ヶ谷駅より徒歩10分
ホームページアドレス　http://www.hosei.ac.jp/

入試データ

(1) **既修者受験資格**
　・大学卒
　・監督庁の定めるところにより，大学卒業者と同等以上の学力があると認められる者

(2) **未修者受験資格**
　・大学卒
　・監督庁の定めるところにより，大学卒業者と同等以上の学力があると認められる者

(3) **適性試験得点による事前選抜の有無**　　無

(4) **提出書類**
　未定（検討中）

(5) **社会人への特別措置**　　未定

(6) **特別枠**　　なし

(7) **既修者・未修者の決定方法**
　・既修者・未修者は別々に募集する。併願は可能。

(8) **既修者・未修者試験の実施時期**　　1月下旬（予定）

(9) **既修者試験科目**　　書類審査と法律科目（憲法・行政法・民法・商法・刑法・民事訴訟法・刑事訴訟法）の択一試験

(10) **未修者試験科目**　　書類審査と面接
　※試験科目・日程は予定であり，変更する場合がある。

(11) **どの団体の適性試験が必要か**　　大学入試センターは提出必須，日弁連は参考材料

学費等　（予定）

(12) 受験料　　35,000
(13) 入学金　　270,000
(14) 授業料　　1,740,000
　　 教育充実費　170,000
(15) 奨学金制度の内容　　法科大学院独自の奨学金
(16) 授業料の減免制度　　設けない

[私立]

明治大学 法科大学院
(めいじ)

法科大学院の特色

- 自主学習教育システム（e-learning）利用による教育
- 教育補助講師制度（仮称）の導入
- 展開・先端科目群にみられる5分野（企業実務，知的財産，環境，ジェンダー，医事・生命倫理）の専門法曹の育成
- 独自教材の開発
- 院生共同研究室内に，学生1人に対して，一席を確保（情報コンセント電源付き）
- 図書館・ローライブラリー及院生共同研究室は，日曜日・祭日開室

開設時期
2004年

募集定員
200名　■既修者　100名
　　　　■未修者　100名

通信制・夜間コースの予定
無

教員構成
教員総数　73名

- ■専任教員　47名
- ■兼担教員　11名
- ■非常勤教員　15名
- ■客員教授　10名（専任教授中）

- ●研究者教員　33名
- ●実務家教員　名
- ●司法試験考査委員・経験者　6名
- ●司法研修所教官ないし所付経験者　5名
- ●裁判官・経験者　4名
- ●検察官　1名
- ●弁護士　9名（重複あり）

カリキュラム

- ■修了要件93単位（必修科目64単位・選択科目29単位）。
- ■既修者は，1年次の9科目・26単位が免除。
- ■実務基礎科目群：法情報調査，法曹倫理，事実と証明（民事，刑事），法文書作成，模擬裁判，法曹実務演習（クリニック・エクスターンシップ・ローヤリング）。
- ■基礎法学・隣接科目群：法哲学，法社会学，法史学，日本近代法史，法と公共政策，法と経済，立法と政治，比較法制度論。
- ■展開・発展科目群：5分野（特色欄参照）に加え，労働法，独占禁止法，金融取引法，倒産処理法，税法，保険法，消費者法，犯罪学，サイバー法，国際取引法，国際経済法，国際法と国内法。

```
所在地    〒101-8301   千代田区神田駿河台1-1
開設予定地  東京都千代田区神田駿河台1-1  駿河台校舎アカデミーコモン
問合せ先   法科大学院設置準備室   ☎03-3296-4318, 4319
交通機関   JR中央・総武線・お茶の水駅下車徒歩5分，営団地下鉄丸ノ内線・お茶の水
        駅下車徒歩6分，営団地下鉄千代田線・新お茶の水駅下車徒歩5分，都営新宿線・営
        団地下鉄半蔵門線・南北線神保町駅下車徒歩8分
ホームページアドレス    http://www.meiji.ac.jp/
```

入試データ

(1) **既修者受験資格**
　　・大学卒
　　・大学卒業者と同等の学力があると認められる者
　　・一定の社会経験を有する者（企業法務，行政官等）
(2) **未修者受験資格**
　　・大学卒
　　・大学卒業者と同等の学力があると認められる者
(3) **適性試験得点による事前選抜の有無**　　無
(4) **提出書類**
　　①適性試験の成績，②出身校の成績証明書，③志望理由書
(5) **社会人への特別措置**　　とらない
(6) **特別枠**　　無
(7) **入学課程の決定方法**
　　・法学既修者コースに併願した受験者が，試験の結果，既修者コースの合格点に届かず
　　　不合格となった場合でも，未修者コースの基準を充たしていれば，未修者としての入
　　　学を認める
(8) **既修者・未修者試験の実施時期**　　1月を予定
(9) **既修者試験科目**　　①法律科目（憲法・民法・商法・刑法），②面接
(10) **未修者試験科目**　　①小論文，②面接
(11) **どの団体の適性試験が必要か**　　大学入試センター，日弁連の併用（どちらでも可）

学費等

(12) **受験料**　　未定
(13) **入学金**　　未定
(14) **授業料**　　未定
(15) **奨学金制度の内容**　　法科大学院独自の奨学金
(16) **授業料の減免制度**　　設ける（内容は検討中）

[私立]

明治学院大学 法科大学院
(めいじがくいん)

法科大学院の特色

- 国際社会の中で地球規模で活躍できる「グローバル性」、科学技術の急速な進歩に対応できる「先端科学技術性」、社会の急激な変化に伴う矛盾の正しい解決に立ち向かう「社会貢献性」に配慮した教育
- 良好な学習環境（法情報資料室は、平日は終電まで、また、日曜日の利用も可能）

開設時期
2004年

募集定員
80名　■既修者　20～40名
　　　■未修者　60～40名

通信制・夜間コースの予定
無

教員構成
教員総数　約20名

■専任教員	18名+α名	●研究者	10名
■兼担教員	名	●裁判官	未定
■非常勤教員	名	●検察官	2名
■客員教授	名	●弁護士	5名
		●その他	1名

カリキュラム

- ■法律基本科目　　　　53単位
- ■法律実務基礎科目　　12単位
- ■基礎法学・隣接科目　10単位
- ■展開・先端科目　　　71単位
- ■既修者・未修者課程修了必要単位数　94単位

```
所在地    〒108-8636  港区白金台1-2-37
開設予定地  東京都港区白金台1-2-37（白金キャンパス）
問合せ先   法科大学院開設室  ☎03-5421-5651
交通機関   JR品川，五反田，目黒／都営浅草線　高輪台／都営三田線，白金台，白金高輪
       ／営団南北線，白金台，白金高輪
ホームページアドレス  http://www.meijigakuin.ac.jp/
```

入試データ

(1) **既修者受験資格**
 ・大学卒
(2) **未修者受験資格**
 ・大学卒
(3) **適性試験得点による事前選抜の有無**　　有
(4) **提出書類**
 ①適性試験の成績，②出身校の成績証明書，③健康診断書，④語学検定の証明書，⑤志望理由書
(5) **社会人への特別措置**　　なし
(6) **特別枠**　　在学生特別推薦枠（3年で卒業必修単位を全て取得し，学業平均値が全体で2.8以上かつ専門科目が2.9以上の学生に対して飛び級入学を認める［本学学生に限る］）
(7) **入学課程の決定方法**
 ・法学既修者課程のみに出願した受験者が，試験の結果，既修者課程の合格点に届かず不合格となった場合でも，未修者課程の基準を充たしていれば，未修者課程への進学を認める
(8) **既修者・未修者試験の実施時期**　　1月と3月
(9) **既修者試験科目**　　①小論文，②面接，③法律科目（憲法・民法・刑法）
(10) **未修者試験科目**　　①小論文，②面接
(11) **どの団体の適性試験が必要か**　　どちらか一方を提出

学費等

(12) **受験料**　　既修者－3.5万円　　未修者－3.5万円
(13) **入学金**　　30万円程度
(14) **授業料**　　200万円程度
(15) **奨学金制度の内容**　　①日本育英会奨学金，②学内奨学金
(16) **授業料の減免制度**　　未定

[私立]

立教大学 法科大学院
りっきょう

正式名称：立教大学法務研究科

法科大学院の 特 色

- 等身大の「人間」への暖かいまなざしを持った，教養豊かな法律専門家を養成
- 1クラス35人程度の双方向授業

開設時期
2004年

募集定員
70名　■既修者　約30名
　　　■未修者　約40名

通信制・夜間コースの予定
無

教員構成
教員総数　38名

■専任教員　　19名　　●研究者　25名
■兼担教員　　10名　　●裁判官　2名
■非常勤教員　 8名　　●検察官　1名
■客員教授　　　名　　●弁護士　9名
　　　　　　　　　　●その他　1名

カリキュラム

- 3年制　94単位，2年制　64単位
- 1年次必修科目：公法1，公法2，民法1，民法2，民法3，刑法1，刑法2，刑事手続法1，刑事手続法2，民事手続法基礎演習1，民法基礎演習2，商法
- 2年次必修科目：民事手続法2，公法演習1，公法演習2，民事法演習1，民事法演習2，民事法演習3，刑事法演習1，刑事法演習2，法曹倫理，刑事実務の基礎
- 3年次必修科目：公法演習3，刑事法演習3，民事法演習5，法文書作成，民事実務の基礎
- 選択必修科目：実務基礎科目，基礎法学・隣接科目，展開・先端科目

所在地　〒171-8501　豊島区西池袋3-34-1
開設予定地　豊島区西池袋3-34-1　立教大学池袋キャンパス
問合せ先　法務研究科開設準備室　☎03-3985-3310
交通機関　JR池袋駅より徒歩7分　有楽町線・池袋駅，丸ノ内線池袋駅，西武池袋線・池袋駅，東武東上線・池袋駅下車
ホームページアドレス　http://www.rikkyo.ne.jp/~koho/home.htm

入試データ

(1) 2年短縮型（既修者）受験資格
　・大学卒
　・大学卒業者と同等の学力があると認められる者
　・一定の社会経験を有する者
(2) 3年標準型（未修者）受験資格
　・大学卒
　・大学卒業者と同等の学力があると認められる者
　・一定の社会経験を有する者
(3) 適性試験得点による事前選抜の有無　　なし
(4) 提出書類
　　①適性試験の成績，②出身校の成績証明書（一般入試の場合のみ），③自己推薦書
(5) 社会人への特別措置　　とる
(6) 特別枠　　無
(7) 入学課程の決定方法
　・2年短縮型と3年標準型，双方への出願を認め，いずれに入学するかは，試験結果に基づき受験者が決定する
(8) 試験の実施時期　　2004年1月末～2月
(9) 既修者試験科目　　①小論文，②面接，③法律科目（憲法・行政法・民法・商法・刑法・民事訴訟法・刑事訴訟法）
(10) 未修者試験科目　　①小論文，②面接
(11) どの団体の適性試験が必要か　　大学入試センターは提出必須，日弁連は参考材料

学費等

(12) 受験料　　未定
(13) 入学金　　未定
(14) 授業料　　未定
(15) 奨学金制度の内容　　①日本育英会奨学金，②学内奨学金，③法科大学院独自の奨学金，④奨学ローン
(16) 授業料の減免制度　　未定

[私立]

早稲田大学 法科大学院

法科大学院の特色

●早稲田大学の法科大学院は，高度専門職業人としての法曹（裁判官・検察官・弁護士）だけではなく，これからの日本の社会が要求する法曹資格を持った法律専門職（国際公務員，国家公務員，企業法務担当者など）を志望する人材の育成も目指します。世界の流れは，国境を越える物の自由化ばかりではなく，サービスの自由化も求めてきています。法曹の世界にも，欧米の法曹や法律事務所を相手に競争し，ますます関係を強めているアジア諸国の企業や市民を相手に法律サービスを提供しなければならない時代が目の前に迫ってきています。早稲田大学の法科大学院は，こうした時代の要求に進取の精神をもって挑戦する，真の実力を身につけた志の高い法律家を育成したいと考えています。

開設時期	2004年4月開設（予定）
募集定員	300名　■既修者・未修・社会人等の入学枠は設けない。
通信制・夜間コースの予定	無

教員構成　教員総数　約140名

■専任教員	約70名	●研究者	約50名
・研究者	50名	●裁判官	5名
・実務家	約20名	●検察官	1名
■兼担教員	約70名	●弁護士	11名
		●その他	名

カリキュラム

■早稲田大学が法科大学院で実現しようとしているカリキュラムは，学生諸君が将来の進路との関係で求める専門的知識を得られるように，多くの専門分野を備え，そこから自由に科目を選択できるように考えています。一言でいえば「一流専門店が並ぶショッピングモール」のような法科大学院というイメージです。

■1年次と2年次では，法律基本科目を中心とした，法科大学院の学生であれば修得しておかなければならない基本的な法分野の学習に重点を置く，カリキュラムが用意されます。この段階で，法曹にとって必要な基礎的な法律知識を学習する機会が高密度に，かつ集中的に与えられます。

■3年次では，たとえば国際的な渉外法務で活躍したいとか，弱者のための公益的な活動をする法律家になりたいとか，企業法務や知的財産権の専門家になりたいとか，国家公務員法律職に就きたいとか，国家間の紛争解決のために働きたいなど，学生の多様な目的意識に対応するために，専門分野別に科目をセットにしたワークショップを設け，それぞれの志望に即して科目が選択できるシステムの導入を考えています。法曹は常に何を法とすべきかという問いを突きつけられている職業だといわれています。そのために，本学の法科大学院では，たんに現在の法律を解釈・適用するだけの能力を育成するにとどまらず，歴史的・国際的な法の発展動向を見極めることができるように，基礎法学や隣接科目の充実も考えています。

所在地　〒169-8050　東京都新宿区西早稲田1-6-1
開設予定地　法科大学院棟が西早稲田キャンパスに建設される予定（2005年度に利用可能の予定）それまで，西早稲田キャンパス内19号館を使用
問合せ先　☎03-5286-1678　E-mail：law-school@list.waseda.jp
交通機関　JR山手線・高田馬場駅下車徒歩20分，西武新宿線・高田馬場駅下車徒歩20分，地下鉄東西線・早稲田駅下車徒歩5分，都バス（学バス）・高田馬場駅発　早大正門
ホームページアドレス　http://www.waseda.jp/law-school/index.html

入試データ

(1) **出願資格**［予定］：次の各号のいずれかに該当する者
　①大学を卒業した者又は2004年3月卒業見込みの者。
　②大学評価・学位授与機構により学士の学位を授与された者又は2004年3月までに授与される見込みの者。
　③外国において通常の課程による16年の学校教育を修了した者又は2004年3月までに修了見込みの者。
　④外国の学校が行う通信教育における授業科目を我が国において履修することにより当該外国の学校教育における16年の課程を修了した者又は2004年3月までに修了見込みの者。
　⑤文部科学大臣の指定した者（昭和28年文部省告示第5号，平成11年文部省告示第160号一部改正）。
　⑥入学時に大学に3年以上在学し，所定の単位を優秀な成績で修得したものと本研究科において認めた者。
　　（注）　本号の出願者は，次の条件を満たす場合に限り，出願を認める。
　　　イ　2004年3月末において，大学在学期間が3年間に達すること。
　　　ロ　2002年度までに少なくとも64単位を履修し，かつ，履修したすべての単位の5分の4以上の学業成績が100点満点中80点以上であること。
　　　ハ　2003年度において，36単位以上修得見込みであること。
　　　ニ　2004年3月末において，大学に入学以来100単位以上修得見込みであること。かつ，履修したすべての単位の5分の4以上の学業成績が100点満点中80点以上であること。
　　　なお，停学および休学の期間は，在学期間に含めないものとする。また，入学試験に合格した後に，上記ハおよびニに定める単位及び学業成績を修めることができないことが確定した場合，入学を取り消す。
　⑦外国において学校教育における16年の課程を修了し，又は外国の学校が行う通信教育における授業科目を我が国において履修することにより当該外国の学校教育における16年の課程を修了し，所定の単位を優秀な成績で修得したものと本研究科において認めた者。
　⑧個別の出願資格審査により，大学を卒業した者と同等以上の学力があると本研究科において認めた者で，2004年3月31日までに22歳に達したもの。
(2) **未修者受験資格**　同上
(3) **適性試験得点による事前選抜の有無**
　　(2)　第一次選考出願書類（予定）
　　①法科大学院が用意する進学調書，②適性試験の成績，③ステートメント，④推薦状，⑤学部等の成績，⑥語学能力などアピールしたい資料　以上の資料で総合判断
(4) **提出書類**　上記書類
(5) **社会人への特別措置**　なし　(6) **特別枠**　なし
(7) **入学課程の決定方法**　・1次選考合格者に対して面接試験（2次試験）を課し，合格者300名（定員）を決定。その合格者の希望者に対して既修者試験を実施
(8) **既修者・未修者試験の実施時期**　2次試験は1月中旬～2月上旬（土日又は休日）
(9) **既修者試験科目**　未定（決定次第公表）　⑽ **未修者試験科目**　書類（1次），面接（2次）
⑾　どの団体の適性試験が必要か　大学入試センターは提出必須，財団は参考材料

学費等

・学内給付奨学金や本研究科独自の奨学金制度の充実
・アメリカのロースクールが行っている Low Income Protection Plan に倣って，高収入が見込めない公益的活動に従事した卒業生のために奨学ローン返済のための奨学金制度の導入を検討

[私立]

神奈川大学 法科大学院

正式名称：神奈川大学大学院法務研究科

法科大学院の特色

●分権化，国際化，IT化に対応した市民感覚あふれる法曹を育成

開設時期 2004年

募集定員 50名

通信制・夜間コースの予定 無

教員構成 教員総数 37名

- ■専任教員　13名
- ■兼担教員　14名
- ■非常勤教員　10名
- ■客員教授　　名
- ●研究者　9名
- ●裁判官　　名
- ●検察官　　名
- ●弁護士　4名
- ●その他　　名

カリキュラム

- ■法律基本科目群　60単位
- ■実務基礎科目群　8単位以上
- ■基礎法学・隣接科目群 ┐
- ■展開・先端科目群　　┘ 28単位以上

■法学未修者　96単位以上，法学既修者　70単位以上

所在地　〒221-8686　横浜市神奈川区六角橋3-27-1
開設予定地　神奈川大学横浜キャンパス内（横浜市神奈川区六角橋3-27-1　14号館）　※　2005年3月に新棟完成予定
問合せ先　学長室　☎045-481-5661
交通機関　東急東横線　白楽駅下車　徒歩13分
ホームページアドレス　http://www.kanagawa-u.ac.jp

入試データ

(1) **既修者受験資格**
・大学卒
・大学卒業者と同等の学力があると認められる者
(2) **未修者受験資格**
・大学卒
・大学卒業者と同等の学力があると認められる者
(3) **適性試験得点による事前選抜の有無**　無
(4) **提出書類**
①適性試験の成績，②出身校の成績証明書，③健康診断書，④その他
(5) **社会人への特別措置**　他学部出身者や社会人については，多様な履修歴を考慮した選抜を行う予定
(6) **特別枠**　なし
(7) **入学課程の決定方法**
・最終合格者のうち法学既修者の認定を希望する者全員に憲法・民法・刑法の短答式試験を実施
(8) **既修者・未修者試験の実施時期**　3月下旬
(9) **既修者試験科目**
(10) **未修者試験科目**
(11) **どの団体の適性試験が必要か**　どちらか一方を提出

学費等

(12) **受験料**
(13) **入学金**　｝　125万円～160万円程度を上限とする予定
(14) **授業料**
(15) **奨学金制度の内容**
(16) **授業料の減免制度**　給費制度も検討中

[私立]

関東学院大学 法科大学院
（かんとうがくいん）

法科大学院の 特 色

- 主要施設は横浜市金沢八景に置くが，関内にある横浜地方裁判所近くに実習の拠点となる教室を設ける
- 横浜弁護士会の協力を得て，実務家教員の派遣，エクスターンシップの実施も予定
- 企業法務に強い法曹養成を目指し，隣接科目（「企業会計制度」，「M＆A実務論」など）や発展科目（「企業法務」，「特許法の実務」，「税法」など）を配置し，第一線で活躍する実務家教員が担当する
- 市民参加・市民活動を支える法曹の育成を目指し，「環境法」，「情報公開法」「行政裁判実務」「行政過程論」などを用意
- 学習空間を確保するためだけではなく，収納スペースの確保，インターネットへの接続などを配慮した自習机を，1人1人に貸与
- 少人数で討論できる部屋を用意

開設時期　2004年

募集定員　60名　■既修者　30名程度
　　　　　　　　　　■未修者　30名程度

通信制・夜間コースの予定　　無

教員構成　教員総数　約48名

　■専任教員　　13名　　●研究者　　29名
　■兼担教員　　22名　　●裁判官　　 1名
　■非常勤教員　13名　　●検察官　　 1名
　■客員教授　　 0名　　●弁護士　　17名

カリキュラム

■最低必要単位数は，法律基本科目（未修者54単位，既修者26単位），実務基礎科目12単位，基礎法学・隣接科目2単位，展開・先端科目10単位，選択科目18単位
■既修者修了必要単位数　96単位
■未修者修了必要単位数　66単位

所在地　〒250-0042　神奈川県小田原市荻窪1162-2
開設予定地　主要施設：横浜市金沢区六浦東1-50-1
　　　　　　サテライト教室：横浜市中区太田町
問合せ先　法学部庶務課　☎0465-34-2211
交通機関　京浜急行線　金沢八景駅　徒歩10分
ホームページアドレス　http://univ.kanto-gakuin.ac.jp/

入試データ

(1) 既修者受験資格
  ・大学卒
  ・大学卒業者と同等の学力があると認められる者
(2) 未修者受験資格
  ・大学卒
  ・大学卒業者と同等の学力があると認められる者
(3) 適性試験得点による2段階選抜の有無　　無
(4) 提出書類
  ①適性試験の結果，②出身校の成績証明書，③志望理由書
(5) 社会人への特別措置　合否に際して経歴等について考慮する
(6) 特別枠　未定
(7) 入学課程の決定方法
  ・前期日程試験においては，出願の段階で既修者課程あるいは未修者課程のいずれかを選択させ，合否を判断する
  ・後期日程試験においては，すべての受験者に未修者課程の試験を受けさせ，その合格者の内から希望者に対し既修者試験を課す
(8) 既修者・未修者試験の実施時期　決定していない
(9) 既修者試験科目　①小論文，②面接，③法律科目（憲法・民法・刑法）
(10) 未修者試験科目　①小論文，②面接
(11) どの団体の適性試験が必要か　どちらか一方を提出

学費等

(12) 受験料　既修者3.5万円　　未修者3.5万円
(13) 入学金　28万円程度（予定）
(14) 授業料　157万円程度（予定）
(15) 奨学金制度の内容　成績上位者20％授業料等の半額相当分を貸与（検討中）
(16) 授業料の減免制度　成績上位者10％授業料等を半額免除（全体で15名の枠内）

[私立]

桐蔭横浜大学 法科大学院
（とういんよこはま）

法科大学院の特色

- ハイブリッド法曹の養成
- サイバーキャンパス
- 時代に先んじた法曹実務教育の実績
- 社会人学生への配慮
- 充実した学生サポート体制

開設時期　2004年

募集定員　70名

通信制・夜間コースの予定　昼夜開講制を予定

教員構成　教員総数　80名

■専任教員	11名	●研究者	名
■兼担教員	5名	●裁判官	名
■兼任教員	50名	●検察官	名
■客員教授	名	●弁護士	7名
■実務家教授	12名	●その他	名

カリキュラム

- ■提供単位数合計133単位，要件単位数合計93単位
- ■法律基本科目群　提供単位数56単位，要件単位数56単位
- ■実務基礎科目群　提供単位数18単位，要件単位数 0 単位
- ■基礎法学・隣接科目群　提供単位数10単位，要件単位数 4 単位
- ■展開・先端科目群　提供単位数49単位，要件単位数24単位

所在地　〒225-8502
開設予定地　横浜市青葉区鉄町　1614番　桐蔭横浜大学内（サテライト　東京都港区六本木）
問合せ先　設置準備室　☎045-974-5099
交通機関　東急田園都市線市が尾駅・青葉台または小田急線柿生駅から桐蔭学園前行きバス　市営地下鉄あざみ野駅と小田急新百合が丘を結ぶバスでもみの木台バス停で下車にて徒歩
ホームページアドレス　http://www.cc.toin.ac.jp/UNIV/japanese/

入試データ

(1) 既修者受験資格
　・大学卒
　・大学卒業者と同等の学力があると認められる者
　・一定の社会経験を有する者
(2) 未修者受験資格
　・大学卒
　・大学卒業者と同等の学力があると認められる者
　・一定の社会経験を有する者
　・有資格者
(3) 適性試験得点による2段階選抜の有無　　ならない
(4) 提出書類
　①適性試験の成績，②出身校の成績証明書，③健康診断書
(5) 社会人への特別措置　　とる（内容は検討中）
(6) 特別枠　　社会人と法学部以外の出身者で定員の40％以上，社会人のみで30％以上を受け入れる予定
(7) 入学課程の決定方法
　・全て未修者
(8) 既修者・未修者試験の実施時期　　1月中旬～2月中旬
(9) 既修者試験科目　　小論文
(10) 未修者試験科目
　・書類審査および総合学力試験（小論文形式）により選抜
　・TOEFL・TOEICなどのスコア，社会人としての実務経験や資格・技能，ボランティア経験などは，加算して評価する予定
(11) どの団体の適性試験が必要か　　大学入試センターのみ

学費等

(12) 受験料
(13) 入学金　　30万円
(14) 授業料　　180万円
(15) 奨学金制度の内容　　入学金免除などの給付奨学金を設ける予定
(16) 授業料の減免制度　　設けない

[私立]

北陸大学 法科大学院
（ほくりく）

正式名称：北陸大学大学院法務研究科法務専攻（法科大学院）

法科大学院の 特色

- 「薬」，「国際」をキーワードとした分野で活躍する法曹養成
- 多くの実務家教員を専任教員として配置
- 医事・薬事関連分野に卓越した法曹，日中両国の法律諸問題に卓越した法曹養成を目指す

開設時期
2004年

募集定員
60名　■既修者　20名
　　　■未修者　40名

通信制・夜間コースの予定
無

教員構成
教員総数　26名

■専任教員　14名	●研究者　9名
■兼担教員　1名	●裁判官　5名
■非常勤教員　11名	●検察官　1名
■客員教授　　名	●弁護士　8名
	●その他　3名

カリキュラム
＊ホームページ参照。

```
所在地　〒920-1180　金沢市太陽が丘1－1
開設予定地　金沢市太陽が丘1丁目1番町
問合せ先　法科大学院設置準備室　☎076－229－1161
交通機関　金沢駅よりバスで25分
ホームページアドレス　http://www.hokuriku-u.ac.jp/lawschool/
```

入試データ

(1) **既修者受験資格**
　・大学卒
　・大学卒業者と同等の学力があると認められる者

(2) **未修者受験資格**
　・大学卒
　・大学卒業者と同等の学力があると認められる者

(3) **適性試験得点による事前選抜の有無**　　無

(4) **提出書類**
　①適性試験の成績，②出身校の成績証明書，③健康診断書，④志望理由書

(5) **社会人への特別措置**　　無

(6) **特別枠**　　地元出身者優遇枠を検討中

(7) **入学課程の決定方法**
　・既修者課程と未修者課程，両課程への出願を認め，いずれかの課程に入学するかは，試験結果に基づき受験者が決定する。

(8) **既修者・未修者試験の実施時期**　　1月中

(9) **既修者試験科目**　　①小論文，②面接，③法律科目（憲法・行政法・民法・商法・刑法・民事訴訟法・刑事訴訟法）

(10) **未修者試験科目**　　①小論文，②面接

(11) **どの団体の適性試験が必要か**　　どちらか一方を提出

学費等 （予定）

(12) **受験料**　　既修者－3万円　　未修者－3万円

(13) **入学金**　　20万円

(14) **授業料**　　180万円

(15) **奨学金制度の内容**　　①日本育英会奨学金，②法科大学院独自の奨学金

(16) **授業料の減免制度**　　成績優秀者に対し奨学金を給付する

[私立]

山梨学院大学 法科大学院

法科大学院の特色

● 市民にとって身近に感じ，地域にねざして行動できる法律家の養成と育成を核としながら，公務員はもとより国内外の企業における法務担当者の育成も視野に入れて，真の意味で将来のわが国の法曹界を担い，かつ活躍できる人材の輩出を目指す。

開設時期
2004年

募集定員
40名　■既修者　20名（予定）
　　　■未修者　20名（予定）

通信制・夜間コースの予定
無

教員構成
教員総数　30名程度

■専任教員	16名	●研究者	名
■兼担教員	名	●裁判官	名
■非常勤教員	名	●検察官	名
■客員教授	名	●弁護士	名
		●その他	名

カリキュラム

■ 新司法試験が実施されることを踏まえて，司法制度改革に基づいた新しい法曹理念にしたがった法律家を養成するための授業を計画。具体的には，教員が用意する十分な資料をもとに，実践的な教育が行われる。教員と学生，あるいは学生相互間で対話もしくは討論をしながら学ぶ方式も積極的に導入する。

```
所在地    〒400-8575  山梨県甲府市酒折2-4-5
開設予定地  同 上
問合せ先   設置準備室   ☎055-224-1270
交通機関   JR中央本線酒折駅下車徒歩3分
ホームページアドレス  http://www.ygu.ac.jp/
```

入試データ

(1) **既修者受験資格**
  ・
(2) **未修者受験資格**
  ・
(3) **適性試験得点による事前選抜の有無**   書類と併用して調査
(4) **提出書類**
(5) **社会人への特別措置**   なし
(6) **特別枠**   なし
(7) **入学課程の決定方法**
  ・
(8) **既修者・未修者試験の実施時期**   検討中
(9) **既修者試験科目**
  ・書類審査（適性試験を結果含む）
  ・日弁連法務研究財団が実施する法学既修者試験
  ・面接試験
  ・法律科目論文試験（公法，民事法，刑事法の3科目）
(10) **未修者試験科目**
  ・書類審査（適性試験結果を含む）
  ・小論文試験
  ・面接試験
(11) **どの団体の適性試験が必要か**   大学入試センター，日弁連の併用

学費等

(12) **受験料**
(13) **入学金**
(14) **授業料**   検討中
(15) **奨学金制度の内容**   独自の奨学金制度が予定
(16) **授業料の減免制度**

[私立]

愛知大学 法科大学院
（あいち）

法科大学院の特色

- 国際的素養を持つ法曹，市民生活に貢献できる法曹，地域社会に貢献できる法曹，人権と正義を擁護できる法曹，企業などで活躍できる法曹など，21世紀社会で活躍できる未来志向法曹の育成を目指す。
- 徹底した少人数教育（専任教員19名で定員40名，専任教員1人あたり学生6.3人）。理論に強い研究者教員と実務に精通した実務家教員とをバランスよく配置。実務家教員は全専任教員の42.1％を占めており，理論と実務の架橋を試みる法科大学院にふさわしい教員組織。カウンセリングも兼ねる若手弁護士による教育補助講師（チュータ）制度を導入し，学習の深化と司法試験への実践的準備のために，万全な体制を採る。
- ①入学定員の約20％を対象とする「給付型」奨学金。②希望者全員が受けられる「貸与型」奨学金（卒業後15年で返済）。③貸与型奨学金利用者が弁護士過疎地域へ一定期間赴任した場合には，返還が免除される制度も導入。

開設時期 2004年4月

募集定員 40名 既修者・未修者（2年制，3年制）の定員枠は設けない

通信制・夜間コースの予定 無

教員構成
- 専任教員 19名
- 実務家教員 8名
- 研究者教員 11名

カリキュラム

■法律基本科目群
　公法系…憲法(4)，行政法(2)，公法総合演習Ⅰ(2)，公法総合演習Ⅱ(2)，行政法演習(2)，公法概論(2)
　民事系…民法Ⅰ(6)，民法Ⅱ(4)，民法Ⅲ(2)，民法Ⅳ(2)，民法演習Ⅰ(4)，民法演習Ⅱ(2)，商法(4)，商法演習(2)，民事訴訟法(4)，民事訴訟法演習(2)，民事法総合演習Ⅰ(2)，民事法総合演習Ⅱ(2)，民事法概論(2)，商法演習(2)
　刑事系…刑法総論(4)，刑法各論(2)，刑法演習(2)，刑事訴訟法(2)，刑事訴訟法演習(2)，刑事法総合演習(2)，刑事法演習(2)

■実務基礎科目群
　法曹倫理(2)，法法曹倫理(2)，民事訴訟実務の基礎(2)，刑事訴訟実務の基礎(2)，民事模擬裁判(2)，刑事模擬裁判(2)，ローヤリング(2)，臨床実務(2)，法文書作成(2)，国内取引契約(2)，国際取引契約(2)

■基本法学・隣接科目群
　法学の基礎(2)，司法制度論(2)，法哲学(2)，法制定(2)，比較法(2)，政治学(2)，法情報学(2)，法律英語Ⅰ(2)，法律英語Ⅱ(2)，法律中国語Ⅰ(2)，法律中国語Ⅱ(2)

■展開・先端科目群
　公共関係科目…地方自治法(2)，租税法Ⅰ(2)，租税法Ⅱ(2)，刑事政策・少年法(2)，特別刑法(2)
　民事関係科目…倒産法Ⅰ(2)，倒産法Ⅱ(2)，執行保全法(2)，消費者救済法(2)，商取引法(2)，有価証券法(2)，営業譲渡(2)，経済法Ⅰ(2)，経済法Ⅱ(2)，知的財産法Ⅰ(2)，知的財産法Ⅱ(2)，労働法Ⅰ(2)，労働法Ⅱ(2)
　国際関係科目…国際法Ⅰ(2)，国際法Ⅱ(2)，国際取引法Ⅰ(2)，国際取引法Ⅱ(2)，英米法Ⅰ(2)，英米法Ⅱ(2)，ＥＵ法(2)，現代中国法(2)，アジア会社法(2)，外国人と法(2)

所在地　〒461-8641　愛知県名古屋市東区筒井2丁目10-31
開設予定地　名古屋市東区筒井二丁目10-31　愛知大学　車道校舎
問合せ先　車道事務課　☎052-937-8111
交通機関　名古屋市営地下鉄桜通線　車道駅下車1番出口
ホームページアドレス　http://www.aichi-u.ac.jp/lawschool/

入試データ

(1) **既修者受験資格**
・大学卒　2004（平成16）年3月卒業見込み者
・大学卒業者と同等の学力があると認められる者
・適性試験受験者

(2) **未修者受験資格**
・大学卒　2004（平成16）年3月卒業見込み者
　大学卒業者と同等の学力があると認められる者
・適性試験受験者

(3) **適性試験得点による事前選抜の有無**　原則として足切りしない方向

(4) **提出書類**
　①適性試験の結果，②出身校の成績証明書，③志望理由書等

(5) **社会人への特別措置**　｝社会人などを対象に
(6) **特別枠**　　　　　　　　　A.O.入試実施を検討

(7) **入学課程の決定方法**
・両課程への出願を認める。希望者は既修者試験を受験し，未修者と同時に合格発表する。既修者希望生でも未修者として合格する場合がある。

(8) **既修者・未修者試験の実施時期**　1月下旬～2月上旬

(9) **既修者試験科目**　小論文，面接，法律科目試験（憲法，民法，刑法）

(10) **未修者試験科目**　小論文，面接

(11) **どの団体の適性試験が必要か**　大学入試センター，日弁連の併用
　　　　　　　　　　　　　　　両方の受験が望ましいがどちらか一方でも可

学費等

(12) **受験料**　既修者3.5万円　　未修者3.5万円（予定）

(13) **入学金**　30万円程度

(14) **授業料他**　150万～180万円（予定）

(15) **奨学金制度の内容**　①日本育英会奨学金，②学内奨学金，③法科大学院独自の奨学金

(16) **授業料の減免制度**　司法試験合格後，弁護士過疎地に赴任した場合，減免対象とする

[私立]

愛知学院大学 法科大学院

法科大学院の特色

- 地域に密着し，豊かな洞察力を身につけた法曹の養成
- 法律・宗教・心理の三位一体のカリキュラム群を設定
- ①地域市民のための法曹，②地域経済を支える法曹，③人間と人間関係を洞察できる法曹の鼎を擁する法曹を育成
- 実務基礎科目群としてローヤリング，法文書作成，模擬裁判，エクスターンシップ・クリニックなどの科目を複数の実務家教員で担当
- 幅広い分野にまたがって発展・先端科目群を開講し，44科目の選択科目を全学部の教員が担当するなど，バックアップ体制を整える

開設時期
2004年4月

募集定員
35名 （既修者，若干名を含む）

通信制・夜間コースの予定
予定なし

教員構成
教員総数　48名

■専任教員	15名	●研究者	33名
■兼担教員	30名	●裁判官（元）	1名
■非常勤教員	3名	●検察官（元）	1名
■客員教授	名	●弁護士	6名
		●その他	1名

カリキュラム
■未修者修了97単位，法学既修者67単位

```
所在地      〒470-0195  愛知県日進市岩崎町阿良池12
開設予定地   愛知県日進市岩崎町阿良池12
問合せ先    大学院事務室   ☎0561-73-1111
交通機関    名古屋市営地下鉄東山線藤が丘線下車，名鉄バス愛知学院行
ホームページアドレス   http://www.aichi-gakuin.ac.jp/
```

入試データ

(1) 既修者受験資格
- 大学を卒業した者
- 学校教育法（昭和22年法律第26号）第68条の2第3項の規定により学士の学位を授与された者
- 外国において，学校教育における16年の課程を修了した者
- 文部科学大臣の指定した者
- 本大学院において，大学を卒業した者と同等以上の学力があると認めた者
- 平成16年3月31日までに，上記いずれかの資格を取得する見込みのある者

(2) 未修者受験資格
- 大学を卒業した者
- 学校教育法（昭和22年法律第26号）第68条の2第3項の規定により学士の学位を授与された者
- 外国において，学校教育における16年の課程を修了した者
- 文部科学大臣の指定した者
- 本大学院において，大学を卒業した者と同等以上の学力があると認めた者
- 平成16年3月31日までに，上記いずれかの資格を取得する見込みのある者

(3) 適性試験得点による事前選抜の有無　　未定
(4) 提出書類
　　①適性試験の成績，②出身校の卒業・成績証明書，③健康診断書，④志望理由書
(5) 社会人への特別措置　　未定
(6) 特別枠　　未定
(7) 入学課程の決定方法
- すべての受験者に未修者課程の試験を受けさせ，その合格者の中から希望者に対し既修者試験を課す

(8) 既修者・未修者試験の実施時期　　1月中
(9) 既修者試験科目　　法律科目（憲法・行政法・民法・商法・刑法・民事訴訟法・刑事訴訟法）
(10) 未修者試験科目　　①小論文，②面接（個人面接・グループ討論）
(11) どの団体の適性試験が必要か　　どちらか一方を提出

学費等

(12) 受験料　　3.5万円
(13) 入学金　　20～30万円程度
(14) 授業料　　170万円程度
(15) 奨学金制度の内容　　法科大学院独自の奨学金
(16) 授業料の減免制度　　法科大学院独自の奨学金制度として給付

[私立]

中京大学 法科大学院

法科大学院の特色

- 実務家教員が半数であり，先輩法曹が手厚く少人数を育てる法科大学院
- 正義感を有する市民派法曹，市民のための法的医師を養成
- 被害者，加害者の心理を理解できる法曹の養成
- 企業法務の要請に応える法曹の養成

開設時期 2004年

募集定員 30名

通信制・夜間コースの予定 無

教員構成 教員総数 39名

■専任教員	16名	●研究者	15名
■兼担教員	5名	●裁判官	2名
■非常勤教員	17名	●検察官	3名
■客員教授	1名	●弁護士	16名
		●その他	3名

カリキュラム

- ■法律基礎科目群　法律基礎科目分野・法律演習科目分野（個別演習・総合演習）
- ■実務基礎科目群　導入的科目分野・実務基礎科目分野・実践的科目分野
- ■選択科目　　　　基礎法市民法科目分野・展開先端科目分野・企業法務分野・他研究科選択科目分野

所在地　〒466-8666　名古屋市昭和区八事本町101-2
開設予定地　同　上
問合せ先　法科大学院開設準備室　☎052-835-7991
交通機関　名古屋駅上り地下鉄伏里経由八事下車徒歩3分
ホームページアドレス　http://www.chukyo-u.ac.jp

入試データ

(1) **既修者受験資格**
　・大学卒
　・大学卒業者と同等の学力があると認められる者
(2) **未修者受験資格**
　・大学卒
　・大学卒業者と同等の学力があると認められる者
(3) **適性試験得点による事前選抜の有無**　　なし
(4) **提出書類**
　①適性試験の成績，②出身校の成績証明書，③健康診断書，④推薦書，⑤志望理由書
(5) **社会人への特別措置**　　とらない
(6) **特別枠**　社会人優先枠
(7) **入学課程の決定方法**
　・すべての受験者に未修者課程の試験を受けさせ，その合格者の中から希望者に対し既修者試験を課す
(8) **既修者・未修者試験の実施時期**　　1～2月
(9) **既修者試験科目**　　①小論文，②面接，③法律科目（憲法・行政法・民法・商法・刑法・民事訴訟法・刑事訴訟法）
(10) **未修者試験科目**　　①小論文，②面接
(11) **どの団体の適性試験が必要か**　　大学入試センター，日弁連の併用

学費等

(12) **受験料**　　35,000円（予定）
(13) **入学金**　　未定
(14) **授業料**　　150～200万円（予定）
(15) **奨学金制度の内容**　　①日本育英会奨学金，②学内奨学金，③法科大学院独自の奨学金
(16) **授業料の減免制度**　　未定

[私立]

南山大学 法科大学院

正式名称：南山大学大学院法務研究科（法科大学院）

法科大学院の特色

- 「人間の尊厳を基本とした倫理観を身につけ，社会に貢献できる法曹の養成」を目標とする
- 「人間の尊厳の尊重につながる教育」（人間の尊厳科目群の設置，展開・先端科目群の社会・人権領域における諸科目の設置）
- 「基本科目を中心としつつ，実務応用能力・実務感覚を養う教育」（法律基本科目群における科目横断的科目の設置，展開・先端科目群への実務家の配置〔約半数の科目〕）
- 現役法曹によるアドバイザー制度を設け，学生の目的に合ったアドバイスを行う
- 米国ウィスコンシン大学ロースクールと協定を結び，教員を招いて講義を行う

開設時期 2004年

募集定員 50名

通信制・夜間コースの予定 無

教員構成 教員総数　51名（予定）

- 専任教員　　14名
- 兼担教員　　10名
- 非常勤教員　27名
- 客員教授　　　名
- 研究者　　29名
- 裁判官　　 1名
- 検察官　　 1名
- 弁護士　　19名
- その他　　 1名

カリキュラム

- 未修者98単位　既修者68単位
- 法律基本科目群　60単位
- 実務基礎科目群　10単位以上
- 人間の尊厳科目群　4単位以上
- 展開・先端科目群　24単位以上

所在地　〒466-8673　名古屋市昭和区山里町18
開設予定地　同上
問合せ先　大学院事務室　☎052-832-4345
交通機関　〈地下鉄利用の場合〉地下鉄鶴舞線いりなか駅下車　徒歩15分　地下鉄東山線本山駅下車　市営バス乗り換え　〈市バス利用の場合〉・本山より　島田住宅行または平針住宅行「山手通二丁目」下車　徒歩5分　・栄より　名古屋大学前行「楽園町」下車　徒歩5分　・金山より　名古屋大学前「山手通二丁目」下車　徒歩3分
ホームページアドレス　http://www.nanzan-u.ac.jp/

入試データ

(1) 既修者受験資格
  ・大学卒
  ・大学卒業者と同等の学力があると認められる者
(2) 未修者受験資格
  ・大学卒
  ・大学卒業者と同等の学力があると認められる者
(3) 適性試験得点による事前選抜の有無　　無
(4) 提出書類
  ①適性試験の成績，②自己評価書（志願理由，経歴，学部等の成績，各種試験，TOETL，TOELC，法学検定等の成績，社会的活動等）
(5) 社会人への特別措置　　とらない
(6) 特別枠
(7) 入学課程の決定方法
  ・すべての受験者に未修者課程の試験を受けさせ，その合格者の中から希望者に対し既修者試験を課す
(8) 既修者・未修者試験の実施時期　　検討中
(9) 既修者試験科目　　法律科目（憲法・民法・商法・刑法・民事訴訟法・刑事訴訟法）
(10) 未修者試験科目　　①小論文，②面接
(11) どの団体の適性試験が必要か　　どちらか一方を提出

学費等

(12) 受験料　　検討中
(13) 入学金　　300,000円
(14) 授業料　　1,650,000円
(15) 奨学金制度の内容　　教育ローン制度
(16) 授業料の減免制度　　特になし

[私立]

名城大学 法科大学院
めいじょう

正式名称：名城大学大学院法務研究科

法科大学院の特色

- 養成する法曹，近未来世界において，法の専門家として，柔軟かつ総合的に対応できる法曹人の育成
- 学びのキーワード　バランス感覚に優れた豊かな人間性

・中部地区最大級の8学部21学科を有する総合大学として，本学の学びのキーワードでもある「総合化」「高度化」「国際化」に基づいたカリキュラム構成が特色です。このキーワードに基づき，名城大学法科大学院は法の専門家として，社会の諸問題に柔軟かつ総合的に対応できる法曹の育成を目指します。社会の複雑化がより一層進む現代社会において，高度な専門知識とその運用能力を備えること，同時に，社会の諸問題を解決できる技術として総合的に法を扱う能力が法曹養成において必要不可欠になります。具体的に，本学法科大学院が育成する法曹は，これまでの法曹養成制度改革の議論を踏まえつつ，①多様な素地をもった法曹（法学部以外の卒業生），②多様な専門分野をもった法曹（知的財産権，医事薬事，企業法務，税務等）③専門性の基礎となる法の解釈及び運用能力のある法曹（バランス感覚），④豊かな人間性をもつ法曹（深い理解と洞察）の4つの特徴をもった法曹です。

開設時期　2004年

募集定員　50名

通信制・夜間コースの予定　昼夜開講制

教員構成　教員総数　14名

■専任教員　　14名　　●研究者　　8名
■兼担教員　　　名　　●裁判官　　1名
■非常勤教員　　名　　●検察官　　1名
■客員教授　　　名　　●弁護士　　3名
　　　　　　　　　　　●その他　　1名

カリキュラム　検討中

```
所在地    〒468-8502　名古屋市天白区塩釜口1-501
開設予定地　名古屋市天白区塩釜口1-501　天白キャンパス
問合せ先　法科大学院開設準備室　☎052-832-1151
交通機関　地下鉄東山線「伏見」,地下鉄名城線「上前津」,地下鉄桜通線「丸の内」・
　　　　　「御器所」,JR中央線「鶴舞」の各駅から地下鉄鶴舞線「赤池」「豊田市」行に乗り換え,
　　　　　「塩釜口駅／名城大学前」下車,1番出口徒歩約8分
ホームページアドレス　http://www.meijo-u.ac.jp
```

入試データ

(1) **既修者受験資格**
　・大学卒
(2) **未修者受験資格**
　・大学卒
(3) **適性試験得点による事前選抜の有無**　　無
(4) **提出書類**
　①適性試験の成績,②出身校の成績証明書,③健康診断書,④推薦書,⑤志望理由書,
　⑥活動報告書
(5) **社会人への特別措置**　　未定
(6) **特別枠**
(7) **入学課程の決定方法**
　・
(8) **既修者・未修者試験の実施時期**　　1月下旬～2月上旬
(9) **既修者試験科目**　　①小論文,②面接,③法律科目
(10) **未修者試験科目**　　①小論文,②面接
(11) **どの団体の適性試験が必要か**　　どちらか一方を提出

学費等

(12) **受験料**　　未定
(13) **入学金**　　未定　｝検討中
(14) **授業料**　　未定
(15) **奨学金制度の内容**　　検討中
(16) **授業料の減免制度**

[私立]

京都産業大学 法科大学院

法科大学院の特色

- 教育スタッフの充実（1学年定員60名に対し専任教員22名）
- 充実した施設・設備（全員にロッカー付の机がある自習室，質問・文献等の充実したデータベース）
- 主要講義の自動収録保存システム

開設時期
2004年

募集定員
60名　■既修者　10名程度
　　　■未修者　50名程度

通信制・夜間コースの予定
無

教員構成
教員総数　45名

■専任教員	22名	●研究者	14名
■兼担教員	11名	●裁判官	名
■非常勤教員	12名	●検察官	名
■客員教授	名	●弁護士	8名
		●その他　派遣判事・検事各1名（予定）	

カリキュラム

- ■法律基本科目群　　　　68単位
- ■実務基礎科目群　　　　 8単位
- ■基礎法学・隣接科目群　20単位
- ■先端・展開科目群　　　50単位

■未修者修了　102単位，既修者修了　72単位

```
所在地    〒603-8555    京都府京都市北区上賀茂本山
開設予定地    京都産業大学キャンパス内
問合せ先    法学系事務室    ☎075-705-1458
交通機関    JR京都駅（地下鉄京都駅）・阪急烏丸駅（地下鉄四条駅）から・地下鉄で「北
    山駅」下車→京都バスで京都産業大学前  ・地下鉄で「北大路駅」下車→市バス（北
    3）または京都バスで京都産業大学前下車
ホームページアドレス    http://www.kyoto-su.ac.jp/department/graduate/ksu-ls/
```

入試データ

(1)　既修者受験資格
　・大卒（見込みも含む）
　・大学卒業者と同等の学力があると認められる者
　・一定の社会経験を有する者

(2)　未修者受験資格
　・大学卒業者と同等の学力があると認められる者
　・一定の社会経験を有する者
　・有資格者

(3)　適性試験得点による事前選抜の有無　　あり（定員の4倍の出願者）

(4)　提出書類
　①適性試験成績，②志望理由書，③その他の資料（成績証明書，語学検定の証明書等）

(5)　社会人への特別措置　　とらない

(6)　特別枠　　なし

(7)　入学課程の決定方法
　・全員に未修者試験を課し，既修者認定希望者に対して既修者試験を課す

(8)　既修者・未修者試験の実施時期　　1月と3月

(9)　既修者試験科目　　①小論文，②法律科目（検討中），③面接

(10)　未修者試験科目　　①小論文，②面接

(11)　どの団体の適性試験が必要か　　大学入試センターは提出必須，財団は参考材料

学費等

(12)　受験料　　35,000円（予定）

(13)　入学金　　270,000円（予定）

(14)　授業料　　150万円～200万円

(15)　奨学金制度の内容　　①日本育英会，②法科大学院独自の奨学金，③提携ローン

(16)　授業料の減免制度　　入試成績上位6名は授業料全額免除。7～30位は最初の学期授業料半額免除。以降の学期については前学期の成績をもとに対象者決定

[私立]

同志社大学 法科大学院

正式名称：同志社大学大学院司法研究科法務専攻

法科大学院の特色

- 「自治自立」の精神をもった法曹，「良心を手腕に運用する（人間の尊厳を重んじることのできる）」法曹を育成
- 国際的感覚の豊かな法曹を養成
- 専門的な素養を兼ね備えた法曹の養成

開設時期　　2004年

募集定員　　150名　（既修者100名　未修者50名を目安）

通信制・夜間コースの予定　　無

教員構成　　教員総数　61名

■専任教員	36名	●研究者	36名
■兼担教員	5名	●裁判官	4名
■非常勤教員	20名	●検察官	1名
■客員教授	名	●弁護士	18名
		●その他	2名

カリキュラム

■修了要件　　法学未修者は，3年以上在学し，102単位を履修
　　　　　　　法学既修者は，2年以上在学し，72単位を履修

所在地　〒602-8580　京都市上京区今出川烏丸東入
開設予定地　同志社大学今出川キャンパス　新大学会館（京都市上京区御所八幡町103）
問合せ先　法科大学院設置準備室　☎075-251-3518
交通機関　京都市地下鉄　今出川下車すぐ
ホームページアドレス　http://law.doshisha.ac.jp/ls/

入試データ

(1) **受験資格（既修者・未修者とも）**
 ・大学を卒業した者，および2004年3月卒業見込みの者。
 ・大学に3年次在学している者であって，本大学院の定める条件を満たした者（詳細は検討中）等。

(2) **入試方法**
 第1次審査　書類選考
 　適性試験の成績，学業成績，専門能力・資格，語学能力，職歴・職務経験歴，活動歴，その他（自己アピールシートなど）
 第2次審査
 　未修者　①小論文　②面接
 　既修者　①法律科目試験　②面接
 　併願者　①小論文　②法律科目試験　③面接

(3) **提出書類**
 　①適性試験の成績，②出身校の成績証明書等（検討中）

(4) **社会人への特別措置**　特になし

(5) **特別枠**　特になし

(6) **入学課程の決定方法**
 ・出願時に既修者と未修者のいずれの試験を受験するか選択。ただし，既修者・未修者の併願も可。その場合出願時にどちらを第1志望にするかを決める。（予定）

(7) **既修者・未修者試験の実施時期**　未定

(8) **どの団体の適性試験が必要か**　大学入試センターのみ（必須）

学費等

(9) **受験料**　3.5万円

(10) **入学金**　25万円程度

(11) **授業料**　152.8万円（初年度。入学金を除く，教育充実費を含む）

(12) **奨学金制度の内容**　現在検討中（給付制，貸与制とも）

(13) **授業料の減免制度**　なし（給付制奨学金で対応）

[私立]

立命館大学 法科大学院
りつめいかん

正式名称：立命館大学法務研究科法曹養成専攻

法科大学院の特色

●

開設時期 2004年

募集定員 150名　■既修者　100名程度
　　　　　　　　　■未修者　50名程度

通信制・夜間コースの予定　無

教員構成　教員総数　48名
　■専任教員　　38名　　●研究者　　　　25名
　■兼担教員　　10名　　●裁判官(現・元)2名
　■非常勤教員　　名　　●検察官　　　　 1名
　■客員教授　　　名　　●弁護士　　　　10名
　　　　　　　　　　　　●企業法務　　　 1名

カリキュラム

■グローバルな視点をもち，地域に貢献する人権感覚ゆたかな法曹を養成することを目標とする。
(1) 専門法曹養成のためのプログラム
　　・先端・企業法務プログラム
　　・国際・公共法務プログラム
　　・生活・人権法務プログラム
(2) リーガルクリニック，エクスターンシップによる実践的応用能力の養成
　　リーガルクリニックでは，広く一般的な相談を受け付けるクリニックと，女性と人権に特化したクリニックを行う
(3) 海外ロースクールとの提携による国際的視野をもつ法曹の養成
　3年課程（修了必要単位　100単位）
　　法律基本科目54単位必修，実務基礎科目16単位選択必修，基礎法学・隣接科目4単位選択必修，先端・展開科目26単位以上選択必修
　2年課程（修了必要単位　72単位）
　　法律基本科目26単位必修，実務基礎科目16単位選択必修，基礎法学・隣接科目4単位選択必修，先端・展開科目26単位以上選択必修

```
所在地      〒603-8577  京都市北区等持院北町56-1
開設予定地    京都市北区等持院北町56-1
問合せ先     法科大学院設置事務課    ☎075-466-3076
交通機関     JR・近鉄京都駅より  市バス50／快速205にて「立命館大学前（終点）」下車
ホームページアドレス    http://www.ritsumei.ac.jp/acd/gr/hoka/
```

入試データ

(1) **受験資格**　　未修者，既修者とも，通常の大学院修士課程と同様
(2) **適性試験得点による事前選抜の有無**
　　　　第1次選考は，書類による選考
　　　　　適性試験得点，学部（大学院）成績証明書，エントリーシート（志望理由，多様な経験，各種資格，外国語能力などを記載）による選考
(3) **提出書類**
　　適性試験得点，大学以上卒業（修了）証明書，学部以上成績証明書，エントリーシート，語学能力の公的証明書，資格を証するもの（コピー可）など
(4) **社会人への特別措置**　　なし
(5) **特別枠**　　なし
(6) **入学課程の決定方法**　　出願の段階で，いずれかを選択。併願可。
　　　　　　　　　　　　　　既修者課程のみの試験も実施する。
(7) **試験の実施時期**　　未定（1月中旬および2月中旬～3月初旬予定）
(8) **既修者試験科目**
　　併願　　小論文，グループ討論，法律科目（憲法・民法・刑法）
　　専願　　憲法・民法・刑法（3科目必修）と商法・民事訴訟法・刑事訴訟法のうち1科目選択
(9) **未修者試験科目**　　小論文，グループ討論
(10) **どの団体の適性試験が必要か**　　大学入試センターは必須，日弁連法務研究財団は参考

学費等

(12) **受験料**　　未定
(13) **入学金**　　未定
(14) **授業料**　　未定
(15) **奨学金制度の内容**　　未定
(16) **授業料の減免制度**　　未定

[私立]

龍谷大学 法科大学院

正式名称：龍谷大学大学院　法務研究科（法科大学院）〈設置認可申請中〉

法科大学院の特色

- 2専攻体制（第1専攻－弁護過疎，刑事弁護，社会保障・労働者保護，企業法務，市民の権利擁護に重点を置き京都学舎に設置する。第2専攻－国際人権，ジェンダーと法，子どもの人権，ITと法などに重点を置き東京学舎に設置する。）
- エクスターンシップの必修化
- プロジェクト方式による教育（理論と実務との架橋をめざす実効的な教育・研究システムとして，多様なプロジェクトを設ける）
- 導入教育とフォローアップ教育も充実・徹底

開設時期　2004年4月

募集定員　100名（第1専攻〈京都〉50名，第2専攻〈東京〉50名）

通信制・夜間コースの予定　無

教員構成　教員総数　115名

- ■専任教員　　37名
- ■兼担教員　　 5名
- ■非常勤教員　73名
  （客員教授を含む）
- ●研究者　25名（専任教員中）
- ●裁判官　 2名（専任教員中）
- ●検察官　　　名
- ●弁護士　 8名（専任教員中）
- ●その他　 2名（専任教員中）

カリキュラム

- ■法律基本科目群　公法系14単位，民事系36単位および刑事系12単位
- ■実務基礎科目群　法情報演習，法曹倫理，刑事弁護実務，要件事実論，民事および刑事の実務総合演習，実務研修（エクスターンシップ）
- ■基礎法学・隣接科目群　法哲学，法制史，法社会学，犯罪学，司法医学，外国法，政治学など
- ■展開・先端科目群　国際人権法，税法，会社法，手形・小切手法，企業法務論，倒産法，経済法，ジェンダーと法，社会保障法，労働法，医事法，環境法，刑事政策，少年法，矯正・保護実務論，法と心理，ITと法，知的財産法，宗教法など
- ■修了単位98単位，法律基本科目群62単位，実務基礎科目群20単位，基礎法学・隣接科目群4単位，展開・先端科目群4単位，これに加えて科目群を問わず8単位以上

開設予定地　【第1専攻】京都校「深草学舎」　〒612-8577　京都市伏見区深草塚本町67
　　　　　　【第2専攻】東京校「東京学舎（仮称）」　〒150-0031　東京都渋谷区道玄坂（現在建築中）
問合せ先　法科大学院設置事務室（☎075-645-2070），東京分室（03-5428-2461）
交通機関　・京都校「深草学舎」　京阪電車「深草」駅から徒歩7分，京都地下鉄「くいな橋」駅から徒歩3分，JR奈良線稲荷駅から徒歩10分　・東京校「東京学舎（仮称）」JR渋谷駅から徒歩3分
ホームページアドレス　http://www.ryukoku.ac.jp/lawschool/index.html

入試データ

《予定》以下の入試データにつきましては検討中ですので，本学入試要項にて必ず御確認ください。

(1) 出願資格
　・大学卒及び2004年3月卒業予定見込みの者
　・外国において学校教育における16年の課程を修了した者
　・文部科学大臣の指定した者
　・本法科大学院で，大学を卒業した者と同等以上の学力があると認められた者

(2) 提出書類
　①適性試験の成績，②出身校の成績証明書，③自己推薦書＊（志望理由を含む），④出願シート，⑤卒業・修了（見込み）証明
　　＊自己推薦書について
　　　　法律家を目ざす者として，これまでの大学生および社会人としての経験の中で，自己アピールすることのできる経歴を自由に積極的にご記入してください。（推薦書等の添付も可）

(3) 出願期間
　（前期募集）2003年12月8日～12月17日
　（後期募集）2004年2月25日～3月3日

(4) 試験日
　（前期募集）東京校2004年1月19日または20日，京都校2004年1月22日または23日
　後期募集は書類審査のみです。

(5) 適性試験得点による2段階選抜の有無　　ない

(6) 選考方法
　前期募集
　　①書類審査（適性試験・自己推薦書），②小論文・面接の総合評価
　　　書類審査により小論文・面接の受験者を限定することがあります。
　後期募集
　　書類審査（適性試験・自己推薦書）

(7) 既修者・未修者試験の実施時期　　入学後の早い時期に法律試験をおこない一定レベル以上の成績を収めた者に，30単位を認定します。この認定を受けた者は2年間で修了することが可能となります。

(8) 試験科目　（前期募集）　①書類審査（適性試験，自己推薦書），②小論文・面接
　　　　　　　（後期募集）　書類審査（適性試験，自己推薦書）

(9) どの団体の適性試験が必要か　　どちらか一方を提出（両方を提出も可）

学費等　（予定）

1　受験料　　（前期募集）　第一次選考1万円　　第二次選考2.5万円
　　　　　　　（後期募集）　書類選考2万円
2　入学金　　20万円
3　授業料　　150万円（施設設備費20万円（年間））
4　奨学金制度の内容　　給付，貸与それぞれ複数を検討中

[私立]

大阪学院大学 法科大学院
（おおさかがくいん）

法科大学院の特色

- 企業法務（国際企業法務を含む）法曹の養成を目指す
- 社会人を積極的に受け入れるため，5，6時限，土，日曜日の開講を行う

開設時期 2004年

募集定員 50名（うち，社会人・未修者は50％以上を想定）

通信制・夜間コースの予定 無（但し，土，日曜日も開講）

教員構成 教員総数 26名

■専任教員	13名	●研究者	8名
■兼担教員	7名	●裁判官	1名
■非常勤教員	6名	●検察官	名
■客員教授	0名	●弁護士	3名（うち，2名は裁判官の職務歴あり）
		●その他	1名

カリキュラム

＊ホームページ参照

所在地　〒564-8511　大阪府吹田市岸部南2丁目36-1
開設予定地　大阪学院大学
問合せ先　大学院事務室　☎06-6381-8434
交通機関　JR岸辺駅，阪急（京都線）正雀駅
ホームページアドレス　http://www.osaka.gu.ac.jp

入試データ

(1) 既修者受験資格
　・大学卒業者と同等の学力があると認められる者
　・一定の社会経験を有する者（3年以上の勤務歴を有する者については社会人選抜入試を実施する）
(2) 未修者受験資格
　・大学卒業者と同等の学力があると認められる者
　・一定の社会経験を有する者（3年以上の勤務歴を有する者については社会人選抜入試を実施する）
(3) 適性試験得点による事前選抜の有無　　ならない
(4) 提出書類
　①適性試験の成績，②出身校の成績証明書，③健康診断書
(5) 社会人への特別措置
　・適性試験の評価の割合を低くする
　・小論文又は英語，面接を課す
(6) 特別枠　　社会人優先枠（3年以上の職務歴）15名確保
(7) 入学課程の決定方法
　・すべての受験者に未修者課程の試験を受けさせ，その合格者の中から希望者に対し既修者試験を課す
(8) 既修者・未修者試験の実施時期　　決定していない
(9) 既修者試験科目　　法律科目（憲法・民法・刑法）
(10) 未修者試験科目　　資料（学部成績，クラブ活動，ボランティア活動等），面接
(11) どの団体の適性試験が必要か　　大学入試センターのみ

学費等

(12) 受験料
(13) 入学金
(14) 授業料
(15) 奨学金制度の内容
(16) 授業料の減免制度　　成績優秀者（上位2割程度）に対し授業料の半額免除を検討中

[私立]

関西大学 法科大学院

正式名称：関西大学大学院法務研究科（法科大学院）
法曹養成専攻専門職学位課程

法科大学院の特色

- バラエティに富んだ展開・先端科目
- ソクラティック・メソッドの活用
- ローライブラリーの充実

開設時期　2004年

募集定員　130名　■既修者　70名程度
　　　　　　　　　　■未修者　60名程度

通信制・夜間コースの予定　無

教員構成　教員総数　48名

　　■専任教員　　29名　　●研究者　17名
　　■兼担教員　　 4名　　●裁判官　 5名
　　■非常勤教員　15名　　●検察官　 1名
　　■客員教授　　　名　　●弁護士　 5名
　　　　　　　　　　　　　●その他　 1名

カリキュラム

■法律基本科目群　78単位
■実務基礎科目群　16単位
■基礎法学・隣接科目群　20単位
■先端・展開科目群　64単位

■未修者修了　98単位　　既修者修了　68単位

```
所在地      〒564-8680  大阪府吹田市山手町3-3-35
開設予定地   千里山キャンパス内「以文館」
問合せ先    法科大学院設置準備事務室  ☎06-6368-1326
交通機関    阪急千里線「関大前」駅下車 徒歩約5分
ホームページアドレス  http://www.kansai-u.ac.jp/ls/
```

入試データ

(1) **既修者受験資格**
　・大卒（見込みも含む）
　・大学卒業者と同等の学力があると認められる者

(2) **未修者受験資格**
　・大卒（見込みも含む）
　・大学卒業者と同等の学力があると認められる者

(3) **適性試験得点による事前選抜の有無**　　適性試験の得点のみによる事前選抜は行わないが、学業成績、TOEFLなどの語学力で専門資格などを含めた書類審査による第1次審査

(4) **提出書類**
　①適性試験成績、②出身大学の成績証明書、③語学検定の証明書、④志望理由書

(5) **社会人への特別措置**　　とらない

(6) **特別枠**　　なし

(7) **入学課程の決定方法**
　・既修者課程および未修者課程のそれぞれの専願、既修者課程志願者には未修者課程との併願を認める。併願の場合、既修者課程の合格点に届かず不合格となった場合でも、未修者課程合格の基準を満たしていれば未修者課程への進学を認める

(8) **既修者・未修者試験の実施時期**　　1月～2月

(9) **既修者試験科目**　　①憲法、②民法、③商法、④刑法、⑤民事訴訟法、⑥刑事訴訟法

(10) **未修者試験科目**　　小論文

(11) **どの団体の適性試験が必要か**　　大学入試センターは提出必須、財団は参考材料

学費等

(12) **受験料**　　未定

(13) **入学金**　　13万円（ただし、学内から進学する者の入学金は徴収しない）

(14) **授業料**　　150万円～200万円

(15) **奨学金制度の内容**　　①日本育英会、②法科大学院独自の奨学金

(16) **授業料の減免制度**　　設けない

[私立]

近畿大学 法科大学院

法科大学院の特色

- 地域社会に貢献（宇宙開発等に携わる中小企業が集まっているという地域性を考え「閉鎖会社法」や「企業活動におけるコンプライアンス」などの科目を開講。リーガルクリニックセンターを設置。
- 充実の教員スタッフ（豊富な実務経験を持つ人材が教鞭をとり，英語を母国語とする教員や国際的に活躍している人材を多く招く）
- 最新の設備が整う学習環境（少人数演習室，ローライブラリー，一人一席のパソコン端末付きキャレルデスクを備えた自習室，IT環境の充実）

開設時期　2004年

募集定員　60名

通信制・夜間コースの予定　無

教員構成　教員総数　51名

- ■専任教員　　14名
- ■兼担教員　　10名
- ■非常勤教員　27名
- ■客員教授　　　名
- ●研究者　　32名
- ●裁判官　　　名
- ●検察官　　　名
- ●弁護士　　19名
- ●その他　　　名

カリキュラム

- ■法律基本科目群　56単位必修
- ■実務基礎科目群　9単位以上（7単位必修）
- ■基礎法学・隣接科目群　4単位以上
- ■展開・先端科目群　24単位以上
- ■未修者修了要件　93単位以上

所在地　〒577-8502　東大阪市小若江3－4－1
開設予定地　東大阪市小若江3－4－1〔大学院共同演習棟（仮称）〕
問合せ先　法科大学院設置準備室　☎06－6721－2332
交通機関　近鉄大阪線　長瀬駅より徒歩7分
ホームページアドレス　http://www.kindai.ac.jp

入試データ

(1) **既修者受験資格**
　・大学卒
　・大学卒業者と同等の学力があると認められる者
(2) **未修者受験資格**
　・大学卒
　・大学卒業者と同等の学力があると認められる者
(3) **適性試験得点による事前選抜の有無**　　ある
(4) **提出書類**
　①適性試験の成績，②出身校の成績証明書，③健康診断書，④その他（プレゼンテーションシート）
(5) **社会人への特別措置**　　とらない
(6) **特別枠**　　なし
(7) **入学課程の決定方法**
　・すべての受験者に未修者課程の試験を受けさせ，その合格者の中から希望者に対し既修者試験を課す
(8) **既修者・未修者試験の実施時期**　　1～2月中
(9) **既修者試験科目**　　①小論文，②面接，②法律科目（憲法・民法・商法・刑法・民事訴訟法・刑事訴訟法）
(10) **未修者試験科目**　　①小論文，②面接
(11) **どの団体の適性試験が必要か**　　大学入試センターのみ

学費等

(12) **受験料**
(13) **入学金**　　未定
(14) **授業料**　　未定
(15) **奨学金制度の内容**　　①日本育英会奨学金，②学内奨学金
(16) **授業料の減免制度**　　設ける

[私立]

関西学院(かんせいがくいん)大学 法科大学院

法科大学院の 特色

- 「企業法務に強い法曹」「国際的に活躍できる法曹」「人権感覚豊かな市民法曹」の養成
- スクール・モットーである Mastery for Service を体現していくことの出来る法曹を養成
- 専任教員における実務家教員の割合が50％と高く，実務と理論の融合を目指した少人数教育を実施
- 「エクスターンシップ」，「ローヤリング」，「クリニック」など，学生が実際に生起する問題とふれあう科目を幅広く設置
- 外国人教員を専任教員として採用。アメリカ法，アジア法などを講義
- 「英米法総論」を必修
- 「展開・先端科目群」を学生の将来の志望に対応した三領域に分化
- 米国ロースクールと提携し，留学できるだけでなく，日米双方で法曹資格を取得できる制度を設ける。

開設時期 2004年4月

募集定員 125名（一般入試［既修者］70〜80名，一般入試［未修者］30〜40名，特別入試10〜20名で検討中）

通信制・夜間コースの予定 無

教員構成 教員総数 未定

■専任教員	34名	●研究者	17名
■兼担教員	名	●裁判官	1名
■非常勤教員	名 } 未定	●検察官	名
■客員教授	名	●弁護士	15名
		●その他	1名

カリキュラム

- ■既修者：修了必要単位数68単位以上
- ■未修者：　〃　　　98　〃

所在地　〒662-8501　西宮市上ケ原一番町1-155
開設予定地　兵庫県西宮市上ケ原一番町1-155　関西学院大学西宮上ヶ原キャンパス
　大学院2号館（ロースクール専用棟）
問合せ先　ロースクール開設準備室　☎0798-54-6339
交通機関　阪急今津線甲東園駅徒歩12分または阪急バス5分
ホームページアドレス　http://www.kwansei.ac.jp/law_school/

入試データ

(1) **既修者受験資格**
　・検討中
(2) **未修者受験資格**
　・検討中
(3) **適性試験得点による事前選抜の有無**
　【既 修 者】適性試験の成績，学部成績。（司法試験短答式合格，外国語能力）
　【未 修 者】適性試験の成績，学部成績。（外国語能力）
　【特別入試】適性試験の成績，特性で総合判定。
　※司法試験短答式合格，外国語能力については，合否判定の際，加味する。
(4) **提出書類**
　①適性試験の成績，②出身校の成績証明書，③その他（検討中）
(5) **社会人への特別措置**
(6) **特別枠**　　AO入試的な入学試験。「特別入試」は，将来法曹になった時にその特徴を十分に活かし社会的に寄与する活動が期待できる者を対象とする。
(7) **入学課程の決定方法**
　・既修者課程と未修者課程，両課程への出願を認め，いずれの課程に入学するかは，試験結果に基づき受験者が決定する。
(8) **既修者・未修者試験の実施時期**　　12月～1月で検討中
(9) **既修者試験科目**　《法律科目試験》・憲法（論文形式で解答時間70分）
　　　　　　　　　　　　　　　　　　　・民法（論文形式で解答時間70分）
　　　　　　　　　　　　　　　　　　　・刑法（論文形式で解答時間70分）
　　　　　　　　　　　　　　　　　　　・商法，民事訴訟法，刑事訴訟法
　　　　　　　　　　　　　　　　　　　　（多岐選択マークシート形式で解答時間3科目合計90分）
(10) **未修者試験科目**
　【未 修 者】《論文1》（解答時間90分，日本語か英語1題を選択）
　　　　　　　※具体的な事例について説得力のある文章が書けるかをみるもの。
　　　　　　　　法律科目の知識を問うものではない。
　　　　　　《論文2》（解答時間80分，日本語）
　　　　　　　※長文を読ませ，論理的な分析能力，文章能力をみるもの。
　　　　　　　　法律科目の知識を問うものではない。
　【特別入試】《論文1》（解答時間90分，日本語か英語1題を選択）
　　　　　　　※未修者の《論文1》と共通問題
　　　　　　《面接》（20分～30分）
(11) **どの団体の適性試験が必要か**　　大学入試センター必須。財団適性試験は合否判定に用いることがある。

学費等

(12) **受験料**　　未定
(13) **入学金**　　未定
(14) **授業料**　　未定
(15) **奨学金制度の内容**　　検討中
(16) **授業料の減免制度**　　未定

[私立]

甲南大学 法科大学院
(こうなん)

法科大学院の特色

- 企業法務のエキスパートを育成するため、展開・先端科目として「知的財産法」「経済法」「労働法」「倒産法」の4つの分野にパッケージ学習を行う。
- 基本法律の学習を重視するカリキュラム編成により、段階的、重層的学習による「熟成教育」を実施。
- 徹底した少人数教育（専任教員一人あたりの1学年の学生数約3名）を実施。特別講師に若手弁護士を起用し、自主ゼミの指導等学習サポート体制を強化。
- 24時間利用可能な10階建専用棟を建設し、学生一人につき一台の「自習机」と「ロッカー」を完備。

開設時期 2004年

募集定員 60名（予定）

通信制・夜間コースの予定 無

教員構成 教員総数 33名

- ■専任教員　　21名
- ■兼担教員　　7名
- ■非常勤教員　5名
- ■客員教授　　　名
- ●研究者　　22名
- ●裁判官　　2名（1名は元裁判官）
- ●検察官　　1名
- ●弁護士　　6名
- ●その他　　2名

カリキュラム

- ■修了要件　98単位以上
- ■法律基本科目　60単位（公法12, 民事34, 刑事14）
- ■法律実務基礎科目　8単位
- ■基礎法学・隣接科目　4単位以上
- ■展開・先端科目　26単位以上

所在地　〒658-8501　神戸市東灘区岡本8-9-1
開設予定地　神戸市東灘区岡本8-9-1
問合せ先　甲南大学法曹養成高等教育研究所事務室　☎078-435-2603
交通機関　最寄駅より　JR神戸線　摂津本山駅より徒歩10分　阪急神戸線　岡本駅より徒歩10分
ホームページアドレス　http://lawschool-konan.jp/

入試データ　（予定）

(1) **既修者受験資格**
　・大学入試センター実施の「法科大学院適性試験」を受験していること。
　・財団法人日弁連法務研究財団実施の「法科大学院既修者試験」を受験していること。
　・大卒者（見込の者を含む）。
　・大学卒と同等の学力を有する者。
　・法科大学院が大学卒と同等の学力があると認める者

(2) **未修者受験資格**
　・大学入試センター実施の「法科大学院適性試験」を受験していること。
　・大卒者（見込の者を含む）。
　・大学卒と同等の学力を有する者。
　・法科大学院が大学卒と同等の学力があると認める者

(3) **適性試験得点による2段階選抜の有無**　　行わない

(4) **提出書類**
〈共通〉
　・大学入試センター実施の「法科大学院適性試験」の成績
　・大学学部の成績と司法試験の成績，司法書士等の各種資格，外国語の能力を証明するもの等出願者の多様性を判定できる資料
〈法学既修者〉
　・財団法人日弁連法務研究財団実施の「法科大学院既修者試験」の成績

(5) **社会人への特別措置**　　社会における活動等を考慮する予定。

(6) **特別枠**　　現在検討中。

(7) **入学課程の決定方法**
　・法学未修者・既修者を分けずに試験を行う。
　・受験者全員が小論文試験を受け，法学既修者として入学を希望する者には，専門論文試験を実施する。（法学既修者となるためには，あらかじめ日弁連法務研究財団実施の「法科大学院既修者試験」を受験しておくことが必要。）
　・各種提出の書類と試験の成績を総合評価して選抜を行う。

(8) **既修者・未修者試験の実施時期**　　1月（予定）　2月（予定）

(9) **既修者試験科目**　　専門論文試験

(10) **未修者試験科目**　　小論文

(11) **どの団体の適性試験が必要か**　　大学入試センターのみ

学費等　（予定）

(12) **受験料**　　未定
(13) **入学金**　　未定
(14) **授業料**　　未定
(15) **奨学金制度の内容**　　現在検討中
(16) **授業料の減免制度**　　成績に応じた学費免除，減額の制度を導入予定

[私立]

神戸学院大学 (こうべがくいん) 法科大学院

正式名称：神戸学院大学大学院実務法学研究科（法科大学院）

法科大学院の特色

- 神戸を拠点に，地域社会に貢献し，全国の《ゼロ・ワン地域》にあって，日常的な生活密着型の法的支援を提供できるホームドクター的法曹を養成。
- 神戸市長田に拠点を置く法科大学院として，被災者，高齢者・障害者に対する生活密着型の法的サポート，及び被災企業，中小・零細企業に対する法的サポートを提供できる法曹の養成。
- 国際都市・神戸に拠点を置く法科大学院として，中小の貿易関連企業への法的サポートを提供できる法曹の養成。
- グルーバル化・IT化により変貌している企業活動に対応する法領域（知的財産，国際取引法，国際企業法務，国際私的紛争処理等）における新規の法的ニーズを開拓する能力と対応能力の養成。

開設時期 2004年

募集定員 60名　■既修者 20名程度
　　　　　　　　　■未修者 40名程度

通信制・夜間コースの予定 無

教員構成 教員総数 37名

　■専任教員　19名　　●研究者　27名
　■兼担教員　10名　　●裁判官　 1名
　■兼任教員　 8名　　●検察官　　名
　　　　　　　　　　　●弁護士　 8名（研究者1名兼任）
　　　　　　　　　　　●その他　 3名（研究者1名兼任）

カリキュラム

- 法律基本科目群（3年コース：60単位以上，2年コース：30単位以上）：基礎科目（憲法Ⅰ・Ⅱ・Ⅲ，行政法，民法Ⅰ・Ⅱ・Ⅲ，商法，民事訴訟法，刑法Ⅰ・Ⅱ，刑事訴訟法）総合科目（公法総合Ⅰ・Ⅱ・Ⅲ，民事法総合Ⅰ・Ⅱ・Ⅲ・Ⅳ・Ⅴ・Ⅵ・Ⅶ，刑事法総合Ⅰ・Ⅱ・Ⅲ）
- 実務基礎科目群（10単位以上）：民事訴訟実務Ⅰ・Ⅱ，刑事訴訟実務Ⅰ・Ⅱ，法曹倫理，民事訴訟実務特別講義，企業法務，エクスターンシップ（集中）
- 基礎法学・隣接科目群（4単位以上）：法哲学，法史学，比較法文化，国際法，国際関係論，政治学原論，法と心理学（集中），会計学
- 展開・先端科目群（重点科目4単位以上を含む20単位以上）：労働法，経済法，知的財産法，国際取引（以上重点科目）企業取引法，証券取引法，執行・保全法，国際企業法務，交通事故処理，国際私的紛争処理，サイバー法，家族法，環境法，医事法，社会保障法，行政救済法，税法，企業年金法，倒産処理法，消費者保護法，経済刑法，相隣関係法，高齢者・障害者問題，子どもの権利

■未修者修了所要単位　94単位以上
■既修者修了所要単位　64単位以上

所在地　〒651-2180　兵庫県神戸市西区伊川谷町有瀬518
開設予定地　神戸市長田区西山町2-3-3
問合せ先　法科大学院設置準備室　☎078-974-6073　FAX078-974-5904
交通機関　神戸市営地下鉄「長田」駅　神戸高速鉄道「高速長田」駅より徒歩13分[予定地]
ホームページアドレス　http://www.law.kobegakuin.ac.jp/~ls/
　　　　　　　　　　　Email：lawachool@j.kobegakuin.ac.jp

入試データ

(1) **既修者受験資格**
　・大卒（見込みも含む）
　・大学卒業者と同等の学力があると認められる者
　・大学院修了者（見込みも含む）
　・社会人，有資格実務経験者

(2) **未修者受験資格**
　・大卒（見込みも含む）
　・大学卒業者と同等の学力があると認められる者
　・大学院修了者（見込みも含む）
　・社会人，有資格実務経験者

(3) **適性試験得点による2段階選抜の有無**　あり

(4) **提出書類**
　①適性試験成績，②出身大学の成績証明書，③志望理由書

(5) **社会人への特別措置**　とらない

(6) **特別枠**　有資格実務経験者（公認会計士，司法書士等で実務経験3年以上）

(7) **入学課程の決定方法**
　・全員に未修者試験を課し，その合格者の中から既修者課程進学希望者に対して既修者試験を課す（内部振り分け）

(8) **既修者・未修者試験の実施時期**　12月または1月と3月

(9) **既修者試験科目**　①小論文，②面接，③法学専門試験（憲法・民法・刑法）

(10) **未修者試験科目**　①小論文，②面接

(11) **有資格実務経験者試験科目**　①面接

(12) **どの団体の適性試験が必要か**　大学入試センター，日弁連いずれでも可。

※(11)は特別枠であり，既修者試験，未修者試験とは別枠

学費等

(13) **受験料**　3.5万円
(14) **入学金**　20万円
(15) **授業料**　120万円
　※授業料には，本学法科大学院が提供する夏期・春期休業中の「課外講座」の費用のほか，施設設備利用費，判例検索を自宅でも行うためのネットワーク・アドレス登録料金なども含まれています。
(16) **奨学金制度の内容**　①日本育英会，②学内奨学金，③法科大学院独自の奨学金（支給，貸与）
(17) **授業料の減免制度**　未定

[私立]

姫路獨協大学 法科大学院

法科大学院の特色

- 少人数制でオーソドックスな教育を行う
- 法曹になるための基礎力が本当に身につくような教育を行う
- 総教員数は多彩な70名で，オフィスアワーも積極的に設け個別指導にもあたる

開設時期
2004年

募集定員
40名

通信制・夜間コースの予定
無

教員構成　教員総数　28名

■専任教員	14名	●研究者	8名
■謙担教員	6名	●裁判官	名
■非常勤教員	8名	●検察官	名
■客員教授	0名	●弁護士	5名
		●その他	1名

カリキュラム

■消費者を重視し，地域の法律家養成を目指すカリキュラムを組む。「消費者法」，「消費者法演習」（各2単位）は，必修にする予定である。教員は，弁護士や元検察官などの実務家教員を含む14人の教員を中心とする。学生像としては，細かな論点に拘泥せず，基本枠組を修得し，その上で実践的な課題に対応しようとする学生を期待する。養成したい法曹像は，この延長線上にあると考えている。学内に法廷教員，リーガル・クリニック室を設け，模擬裁判，法律相談を実践する。自習室は24時間利用できるようにする予定である。また，自習室には，パソコンを備えつけ，学生の利便をはかる。

```
所在地    〒670-8524  姫路市上大野7丁目2-1
開設予定地    同　上
問合せ先    開設実施委員会    ☎0792-23-2211
交通機関    JR姫路駅　山陽電鉄姫路駅前から神姫バス「姫路獨協大学行き」又は姫路獨協大学
        経由大学台行き」に乗車し、「姫路獨協大学」で下車　所要時間は約20分
ホームページアドレス    http://www.himeji-du.ac.jp
```

入試データ

(1) **既修者受験資格**
　・大学卒
　・大学卒業者と同等の学力があると認められる者
　・一定の社会経験を有する者（ボランティア活動なども含む）

(2) **未修者受験資格**
　・大学卒
　・大学卒業者と同等の学力があると認められる者
　・一定の社会経験を有する者（ボランティア活動なども含む）

(3) **適性試験得点による事前選抜の有無**　　有

(4) **提出書類**　　検討中

(5) **社会人への特別措置**　　検討中

(6) **特別枠**　　検討中

(7) **入学課程の決定方法**
　・既修者課程と未修者課程，両課程への出願を認める。
　・法学既修者課程のみに出願した受験者が，試験の結果，既修者課程の合格点に届かず不合格となった場合でも，未修者課程の基準を充たしていれば，未修者課程への進学を認める場合がある。

(8) **既修者・未修者試験の実施時期**　　決定していない

(9) **既修者試験科目**　　①小論文，②面接，③法律科目（憲法・民法・刑法）

(10) **未修者試験科目**　　①小論文，②面接

(11) **どの団体の適性試験が必要か**　　どちらか一方を提出

学費等

(12) **受験料**　　○法律科目試験を受験しない者　35,000円
　　　　　　　　○法律科目試験を受験する者　　45,000円

(13) **入学金**　　30万円

(14) **授業料**　　120万円（履修登録単位数に応じて授業料を納入する場合　1単位につき39,000円）

(15) **奨学金制度の内容**　　検討中

(16) **授業料の減免制度**　　検討中

[私立]

広島修道大学 法科大学院

正式名称：広島修道大学大学院法務研究科法務専攻

法科大学院の特色

●

開設時期
2004年

募集定員
50名

通信制・夜間コースの予定
無（午後型時間割）

教員構成
教員総数　約30名

[専任教員内訳]
- ■専任教員　　15名
- ■兼担教員　　 9名
- ■兼任教員　　 5名
- ●研究者　　 8名
- ●元判事　　 1名
- ●弁護士　　 5名
- ●その他　　 1名

カリキュラム
- ■法律基本科目群　　60単位
- ■実務基礎科目群　　14単位
- ■基礎法学・隣接科目群　　4単位以上
- ■展開・先端科目群　　20単位以上
- ■未修者修了単位　98単位　既修者修了単位　68単位

所在地　〒731-3195　広島市安佐南区大塚東1-1-1
開設予定地　広島市安佐南区大塚東1-1-1　広島修道大学キャンパス内　新棟（仮称7号館）建設予定
問合せ先　設置準備室　☎082-830-1101
交通機関　アストラムライン，県庁前駅より35分　広域公園前（修道大学前）下車　広電バスで，JR横川駅より15分　広島修道大学下車
ホームページアドレス　http://www.shudo-u.ac.jp/

入試データ

(1)〜(2)　出願資格（既修者，未修者）
　①大卒（見込も含む。学部・学科・専攻不問）
　②①と同等の学力を有すると認めた者
(3)　適性試験得点による2段階選抜の有無　　無
(4)　提出書類
　①入学志願書，②適性試験の成績，③出身校の成績証明書または社会活動報告書（A方式），④健康診断書，⑤卒業または卒業見込証明書，⑥志望理由書
(5)　社会人への特別措置　　定員枠を設ける。他学部，他学科出身者とあわせて15名
(6)　入学課程の決定方法
　[A方式]　法学部法律学科以外の学部・学科出身者及び社会人を選抜する方式（法律知識不要）　15名
　①適性試験（大学入試センター所定の成績カード提出），②資料小論文，③個別面接
　[B方式]　一般入学試験（法律知識不要）　35名
　①適性試験（大学入試センター所定の成績カード提出），②資料小論文
　[法学既修者認定試験]　A方式，B方式の受験生で法学既修者認定を希望する受験生に対して法律科目試験を行います（法律知識必要）　定めず
　①公法（憲法，行政法）
　②民事法（民法，商法，民事訴訟法）
　③刑事法（刑法，刑事訴訟法）
　＊法学既修者と認定された者は，第1年次に配当される法律基本科目のうち「公法Ⅲ」を除く14科目（30単位）を修得したものとし，2年間で修了可能となります
(7)　既修者・未修者試験の実施時期　　2004年1月下旬〜2月中旬
(8)　既修者試験科目　　①公法，②民事法，③刑事法
(9)　未修者試験科目
　・A方式　①資料小論文，②個別面接
　・B方式　①資料小論文
(10)　どの団体の適性試験が必要か　　大学入試センターのみ

学費等

(11)　受験料　　既修者2万円　　未修者2万円
(12)　入学金　　28万円
(13)　授業料　　150.2万円（在学料145万円＋施設設備資金5.2万円）
(14)　奨学金制度の内容　　1．給付奨学金制度（年25万円，10名），2．奨学融資制度あり
(15)　授業料の減免制度　　未定

[私立]

久留米大学 法科大学院
（くるめ）

正式名称：久留米大学大学院法務研究科（法科大学院）

法科大学院の特色

- 法律学の理論と法曹実務との統合を目指し，一般法理の乏しい法曹実務を排し，実務的考察に疎遠な法解釈学をも排する
- 実務家教員を中心に研究者教員と交えて理論と実務の両面から教育を実施
- 法哲学などの基礎法学を重視し，また憲法的諸価値を重視した教育を実施
- 豊かな教養と専門的な法知識，強い倫理性をそなえた総合的な法曹の養成
- 法曹実務家による実務的授業を充実させ，理論と実務の統合をはかる
- 医療と福祉への接近に配慮したカリキュラム編成

開設時期 2004年

募集定員 40名（予定・内訳はあらかじめ決めていない）

通信制・夜間コースの予定 無

教員構成 教員総数　31名

- ■専任教員　12名
- ■兼担教員　19名
- ●研究者　25名
- ●元裁判官　2名
- ●弁護士　4名

カリキュラム

■法律基本科目群（必修）：いずれの科目も2単位
訴訟実務入門A，B：公法A，B：民法ⅠA，B：民法ⅡA，B：民法ⅢA，B：商法A，B：刑法A，B，C（以上1年次）
民事訴訟法：A，B：刑事訴訟法：民事裁判ⅠA，B：民事裁判ⅡA，B：刑事裁判A，B：公法C：公法総合A，B：商法特講A，B：（以上2年次）
■実務基礎科目群：（＊は法学既修者につき2年次）特に記載する他2単位：
法律情報Ⅰ，Ⅱ（各1単位）（1年次＊）：法曹倫理（2年次）（必修）
訴訟実務演習Ⅰ，Ⅱ，Ⅲ，Ⅳ各A，B：裁判演習A，B：（選択必修）（3年次）
基礎法学・隣接科目群：いずれの科目も2単位：
法哲学：法社会学（選択必修）（1，2，3年次）
その他5科目（選択）
■展開・先端科目群：いずれの科目も2単位：9科目（選択）
1年次から2年次への進級条件：28単位
修了に必要な単位数：94単位（法学既修者64単位）

所在地　〒839-8502　久留米市御井町1635
開設予定地　福岡市久留米市御井町1635番地（御井キャンパス）
問合せ先　御井学会事務部庶務課　☎0942-43-4411
交通機関　JR久大本線・久留米大学前駅　西鉄バス系統番号1・文化センター経由信愛女学院行にて朝妻または久留米大学前下車
ホームページアドレス　http://www.kurume-u.ac.jp/

入試データ （予定）

(1) 既修者受験資格
・大学卒
・大学卒業者と同等の学力があると認められる者
(2) 未修者受験資格
・大学卒
・大学卒業者と同等の学力があると認められる者
(3) 適性試験得点による2段階選抜の有無　　無
(4) 提出書類
①適性試験の成績，②出身校の成績証明書，③健康診断書，④語学等の検定の証明書（提出すれば参考とする），④その他（社会的業績証明書）
(5) 社会人への特別措置　　なし
(6) 特別枠　　なし
(7) 入学課程の決定方法
・すべての受験者に未修者課程の試験を受けさせ，その合格者の中から希望者に対し既修者試験を課す
(8) 既修者・未修者試験の実施時期　　1月中（正式には未定）
(9) 既修者試験科目　　①小論文，②面接，③法律科目：公法（憲法・行政法の基礎），民事法（民法・商法・民訴法の基礎），刑事法（刑法・刑訴法の基礎）
(10) 未修者試験科目　　①小論文，②面接
(11) どの団体の適性試験が必要か　　どちらか一方を提出

学費等

(12) 受験料　　既修者3.2万円　　未修者3.2万円
(13) 入学金　　24万円（本学出身者は12万円）
(14) 授業料　　150万円
(15) 教育充実料　　1万円
(16) 奨学金制度の内容　　検討中
(17) 授業料の減免制度　　検討中

[私立]

西南学院大学 法科大学院
(せいなんがくいん)

法科大学院の 特色

●

開設時期 2004年

募集定員 50名　■既修者　　名
　　　　　　　　　■未修者　　名

通信制・夜間コースの予定　無

教員構成　教員総数　14名
　　■専任教員　　8名　　●研究者　　10名
　　■兼担教員　　4名　　●裁判官　　2名
　　■非常勤教員　2名　　●検察官　　　名
　　■客員教授　　　名　　●弁護士　　2名
　　　　　　　　　　　　●その他　　　名

カリキュラム
■法律基本科目群
■実務基礎科目群
■基礎法学・隣接科目群
■先端・展開科目群

所在地　〒814-8511　福岡市早良区西新6-2-92
開設予定地　西南学院大学西新東キャンパス
問合せ先　法科大学院開設準備室　☎092-823-3720
交通機関　福岡市営地下鉄西新駅下車
ホームページアドレス　http://www.seinan-gu.ac.jp/es-law/index.html

入試データ

(1)　既修者受験資格
　・大卒（見込みも含む）
(2)　未修者受験資格
　・大卒（見込みも含む）（飛び級入学も可）
(3)　適性試験得点による事前選抜の有無　　なし
(4)　提出書類
　①適性試験成績，②出身大学の成績証明書，③卒業証明書もしくは卒業見込証明書（飛び級入学の志願者は除く），④志望理由書，⑤自己推薦書，⑥法科大学院既修者試験（既修者志願者のみ）
(5)　社会人への特別措置　　とらない
(6)　特別枠　　未定
(7)　入学課程の決定方法
　・全員に未修者試験を課し，その合格者の中から既修者課程進学希望者に対して既修者試験を課す（内部振り分け）。
(8)　既修者・未修者試験の実施時期　　2月中
(9)　既修者試験科目　　①小論文，②憲法，③民法，④刑法
(10)　未修者試験科目　　小論文
(11)　どの団体の適性試験が必要か　　どちらか一方を提出

学費等

(12)　受験料　　32,000円
(13)　入学金　　135,000円（予定）
(14)　授業料　　150万円（予定）
(15)　奨学金制度の内容　　未定
(16)　授業料の減免制度　　なし

[私立]

福岡大学 法科大学院

正式名称：福岡大学大学院法曹実務研究科法務専攻（法科大学院）

法科大学院の特色

- 地域住民の法的需要に十分に対応し、地域の発展に寄与するジェネラリストとしての実務法曹を養成
- 地域の特色を生かした教育を加味
- 学生自身の進路に応じて自由に選択できる幅広い実務的視点や実務基礎力の修得ができるカリキュラム
- 学生一人一人が教員と密接に触れ合いながら学べる教育を展開
- 専任教員に占める実務家教員の割合が高く、弁護士、裁判官、検察官、企業法務専門家が約半数を占める

開設時期　2004年

募集定員　50名

通信制・夜間コースの予定　無

教員構成　教員総数　32名

■専任教員	15名	●研究者	24名
■兼担教員	名	●裁判官	2名
■非常勤教員	17名	●検察官	1名
■客員教授	名	●弁護士	4名
		●その他	1名

カリキュラム

■各科目群の単位数

法律基本科目	46単位（必修46単位）
法律実務基礎科目	20単位（必修10単位）
基礎法学・隣接科目	22単位
展開・先端科目	54単位

■修了に必要な単位数　94単位以上（既修者は64単位以上）

```
所在地    〒814-0180  福岡市城南区七隈8-19-1
開設予定地  福岡市城南区七隈8-19-1（福岡大学七隈キャンパス内）
問合せ先   法科大学院開設準備室    ☎092-871-6631（代）
交通機関   JR博多駅「博多駅前」よりバスで40分「福大前」下車，または天神「協和ビ
         ル前」よりバスで30分「福大前」下車
ホームページアドレス  http://www.adm.fukuoka-u.ac.jp/fu850/lawschool.htm
```

入試データ

(1) 既修者受験資格
  ・大学卒
  ・大学卒業者と同等の学力があると認められる者
(2) 未修者受験資格
  ・大学卒
  ・大学卒業者と同等の学力があると認められる者
(3) 適性試験得点による事前選抜の有無　　無
(4) 提出書類
  ①適性試験の成績，②出身校の成績証明書，③志望理由書，④自己評価書など
(5) 社会人への特別措置　　とらない
(6) 特別枠　　とらない
(7) 入学課程の決定方法
  ・すべての受験者に未修者課程の試験を受けさせ，その合格者の中から希望者に対し既修者試験を課す
(8) 既修者・未修者試験の実施時期　　1月中旬～2月上旬
(9) 既修者試験科目　　①小論文，②面接，③法律基本科目
(10) 未修者試験科目　　①小論文，②面接
(11) どの団体の適性試験が必要か　　大学入試センターのみ

学費等

(12) 受験料　　3万2,000円
(13) 入学金　　23万円（本学出身者11万5,000円）
(14) 授業料　　150万円（年額）
(15) 奨学金制度の内容　　未定
(16) 授業料の減免制度　　未定

適性試験・法律学科目一覧

〔国立／公立〕

区分 法科大学院名	適性試験 センター	適性試験 財団	憲法	行政法	民法	刑法	商法	民事訴訟法	刑事訴訟法	公法	民事法	刑事法	法律学試験関連情報
北海道	◎	△	○	△	○	○	△	△	△				△科目中2科目選択
東北	◎	△	○	○	○	○	○	○					財団既修者試験必須
千葉	○	○	○		○	○							民法は親族・相続を除く。財団既修者試験も考慮
東京	◎	△								○	○	○	くわえて法学一般（法律学を学んでいればわかる内容）の中から3科目
一橋	◎		○		○	○							財団既修者試験も受験必須（憲, 民, 刑, 民訴, 刑訴）
横浜国立	◎	△											
新潟	◎									○	○	○	
金沢	◎												3科目
名古屋	◎		○	○	○	○							
京都	◎												商法の出題範囲に注意（本書京大情報参照）
大阪	○	○			○		○						
神戸	◎		○	○	○	○	○						
島根	○	○											全員未修者。入学後に既修者認定を検討中
岡山	◎												口述は公法, 刑事法, 民事法
広島	◎	△								○	○	○	論文試験と択一試験
香川・愛媛	◎												財団既修者試験必須。同試験で判定。
九州	○	○											学部成績, 筆記試験, 口述。科目別に認定。24～30単位必要
熊本	◎									○	○		
鹿児島	◎	△											未修者コースのみ
琉球	○	○											未修者コースのみ
東京都立	◎				○	○	○	○					公法は憲法が中心だが検討中
大阪市立	◎		○		○	○	○	○					商法は会社法と商法総則, 民訴は判決手続

（適性試験に関する備考）◎…提出必須，○…どちらか提出すればよい，△…選考の一材料にとどまる，?…検討中

〔私立〕

区分 法科大学院名	適性試験		法律科目									法律学試験関連情報
	センター	財団	憲法	行政法	民法	刑法	商法	民事訴訟法	刑事訴訟法	公法	民事法	刑事法	
東北学院	○	○											2004年は未修者のみ
白　鷗	◎		○		○	○							財団既修者試験
駿河台	◎	△	○		○	○							
獨　協	◎	△	○		○	○	○						
青山学院	◎	◎								○	○	○	
学習院	◎	△								○	○	○	
慶應義塾	◎	△	○		○	○	○	○	○				
國學院	◎	△											詳細未定
駒　澤	◎	○											財団既修者試験受験必須
上　智	◎									○	○	○	
成　蹊	○	○	○										論文試験(一般)と口述試験(社会)財団既修者試験考慮
専　修	○	○	○		◎	○	○						民法必修，憲法，刑法，商法3科目から1科目選択
創　価	◎		○	△	○	○	○						行政法の基礎を憲法に含む
大東文化	○	○											
中　央	○	○								○	○	○	
東　海	○	○											未修者試験合格者に法律科目課す
東　洋	○	○											
日　本	◎	△											
法　政	◎	△	○	○	○	○	○						択一試験のみ
明　治	◎	△			○	○	○						財団既修者試験受験。
明治学院	○	○	○		○	○							財団既修者試験受験必須
立　教	◎	△	○		○	○	○	○					
早稲田	◎	△											法律学試験内容については未定
神奈川	○	○	○		○	○							試験は択一式。司法試験短答式合格者，法学検定2級合格者は原則的に既修者課程
関東学院	○	○	○		○	○							
桐蔭横浜	◎												未修者課程のみ募集

適性試験・法律学科目一覧

〔私立〕

法科大学院名	適性試験		法律科目										法律学試験関連情報
	センター	財団	憲法	行政法	民法	刑法	商法	民事訴訟法	刑事訴訟法	公法	民事法	刑事法	
北陸	○	○	○	○	○	○	○	○	○				
山梨学院	○	○								○	○	○	財団既修者試験必須
愛知	○	○	○		○	○							法学検定2級，財団既修者試験，現行司法試験を考慮
愛知学院	○	○	○	○	○	○	○	○					
中京	◎	◎											
南山	○		○	○	○	○	○	○	○				公法は憲法のみ
名城	○	○											科目は検討中
京都産業	◎	△											科目は検討中
同志社	◎												試験科目は未定
立命館	◎	△	○		○	○	△	△	△				併願・専願ともに○は必須。専願は，加えて△から1科目選択
龍谷	○	○											入学後に単位取得免除認定
大阪学院	◎		○		○	○							
関・西	◎	△			○	○	○						
近畿	○		○		○	○	○						
関西学院	○	△	○		○	○	○	○	○				憲法，民法，刑法は論文試験。商法，両訴法は択一試験。現行司法試験考慮
甲南	◎												
神戸学院	◎	◎	○		○	○							
姫路獨協	○				○	○							
広島修道	◎									○	○		
久留米	○	○								○	○	○	行政法，刑訴法，民訴法は基礎的問題
福岡	◎		○			○							
西南学院	○	○			○	○							財団既修者試験受験必須
東京法科	◎		△	△	△	△	△	△	△				財団既修者試験受験。公法，民事法，刑事法系から1題ずつ出題予定
大宮法科大学院	○	○											未修者コースのみ

（適性試験に関する備考）◎…提出必須，○…どちらか提出すればよい，△…選考の一材料にとどまる，？…検討中

法科大学院カリキュラム案　資料

ア　法科大学院における教育内容・方法に関する研究会

　　資料1「法科大学院における民事法カリキュラムのあり方（抜粋）」
　　　　2001年4月24日

　　資料2「法科大学院における刑事法カリキュラムのあり方（抜粋）」
　　　　2001年4月24日

　　資料3「法科大学院における教育内容・方法（公法）のあり方について（抜粋）」
　　　　2001年10月26日

　　資料4「法科大学における公法系教育のあり方について（中間まとめ）（抜粋）」
　　　　2002年6月28日　最高裁判例を題材とした憲法領域からの出題例

イ　文部科学省中央教育委員会分科会法科大学院部会

　　資料5「法科大学院の教育内容・方法等に関する中間まとめ（抜粋）」
　　　　2002年1月22日

※法科大学院カリキュラムに関連する部分のみを抜粋しています。

> <資料1>
> **法科大学院における民事法カリキュラムのあり方（抜粋）**
> 2001年4月24日　法科大学院における教育内容・方法に関する研究会

3－2－1－1．民法・基礎科目の編成

■民法1—財産法1（4単位）〜契約法の一般理論を中心として

［1］　民法入門
　　・民法とはどのような法律か
　　・民法の歴史的背景
　　・民法典の体系的特色
　　・民法典に含まれない実質的民法規範の位置づけ
［2］　契約の成立
　　・契約とは何か
　　・契約と法律行為・意思表示
　　・契約の諸類型
　　・契約はいつ成立するか
　　・契約成立前の法律関係
　　・契約の拘束力
　　・契約成立後の事情変更（広義）
［3］　合意の内容
　　・契約当事者の意思による契約関係の形成
　　・当事者意思とその補充（推定的当事者意思，慣習，任意規定と強行規定，信義則等）
　　・契約の解釈
［4］　契約の当事者
　　・権利の主体
　　・自然人と法人
　　・権利能力と行為能力
　　・代理人による契約の締結
［5］　契約の有効性1—契約当事者の意思
　　・行為能力の制限
　　・能力の補充
　　・心裡留保と虚偽表示
［6］　契約の有効性2—錯誤
　　・錯誤とは何か
　　・錯誤の諸形態
　　・動機錯誤と性質錯誤

[7]　契約の有効性 3—詐欺・強迫
　　・詐欺・強迫による取消
　　・違法性
　　・詐欺と錯誤の関係
　　・詐欺・強迫と消費者契約法 4 条
[8]　契約の有効性 4—適法性と妥当性
　　・法律の規定と異なる合意の効力
　　・公序良俗違反
　　・消費者契約法 8 条以下の規定による無効
[9]　契約の有効性 5—代理行為の効力 1
　　・代理権の基礎となる法律関係
　　・有権代理と無権代理
　　・無権代理の法律関係
[10]　契約の有効性 6—代理行為の効力 2
　　・代理権の濫用
　　・表見代理制度
[11]　契約の無効・取消の効果
　　・契約当事者間における法律関係
　　・契約の無効と第三者の関係
　　・無権利者からの譲受人の法的地位
[12]　契約の履行 1—債務内容の実現
　　・任意の履行
　　・弁済と同視しうる消滅原因
　　・履行強制
[13]　契約の履行 2—履行障碍 1
　　・契約締結前の履行不能
　　・契約締結後の履行不能
　　・履行不能と危険負担
　　・履行不能に基づく損害賠償
[14]　契約の履行 3—履行障碍 2
　　・履行期の到来
　　・履行の遅延と履行遅滞
　　・履行遅滞に基づく損害賠償
　　・主たる債務の不完全な履行
　　・その他の義務違反
[15]　契約の履行 4—履行障碍 3
　　・不履行の効果
　　・損害賠償
　　・契約の解除
[16]　契約の履行 5—履行の確保 1

- ・債務者の責任財産を維持する制度
- ・債権者代位権
- ・債権者取消権
- [17] 契約に基づく権利の変動1―当事者間の法律関係
  - ・契約の効果としての権利変動
  - ・意思主義と形式主義
  - ・所有権の移転
  - ・その他の財産権の変動・移転
- [18] 契約に基づく権利の変動2―第三者との法律関係1
  - ・不動産取引における対抗要件主義
- [19] 契約に基づく権利の変動3―第三者との法律関係2
  - ・登記への信頼を保護する可能性
  - ・動産取引における対抗要件主義
  - ・動産取引における善意者保護制度
- [20] 契約に基づく権利の変動4―債権の移転
  - ・債権譲渡
  - ・債務引受
  - ・契約上の地位の移転
- [21] 契約に基づかない権利の変動1
  - ・権利変動の原因
  - ・取得時効と消滅時効
- [22] 契約に基づかない権利の変動2
  - ・死亡による権利変動→相続法
  - ・その他の変動原因
- [23] 財産権1―所有権
  - ・所有権の効力
  - ・所有権の制限
- [24] 財産権2―所有権以外の財産権
  - ・制限物権
  - ・債権(特定物債権,金銭債権,なす債務等)
  - ・その他の財産権と保護法益
- [25] 民法の基本原理
  - ・信義則と権利濫用
  - ・民法の体系再考
  - ・民法解釈のあり方

■民法2―財産法2（4単位）～契約の具体的な類型を中心とした授業
- [1] 契約の諸類型
  - ・典型契約と非典型契約
  - ・双務契約と片務契約

- ・有償契約と無償契約
- [2] 売買契約 1
  - ・双務有償契約の典型
  - ・売買契約の成立
- [3] 売買契約 2
  - ・売主の義務 1
- [4] 売買契約 3
  - ・売主の義務 2
- [5] 売買契約 4
  - ・買主の義務
  - ・売買契約の諸類型
- [6] 賃貸借契約 1
  - ・民法上の賃貸借
  - ・賃借権と地上権
- [7] 賃貸借契約 2
  - ・借地借家法 1
- [8] 賃貸借契約 3
  - ・借地借家法 2
- [9] 消費貸借契約
  - ・消費貸借契約の成立
  - ・期限の定め
  - ・利息の規制
- [10] 請負契約 1
  - ・請負とは
  - ・請負契約の諸類型
  - ・請負契約に共通する原則
- [11] 請負契約 2
  - ・建築請負契約を中心として
  - ・約款と民法上のルール
- [12] 有償委任契約およびその他の契約類型
  - ・有償委任契約
  - ・委任と請負
  - ・他の典型契約
  - ・非典型契約
- [13] 無償契約
  - ・贈与
  - ・使用貸借
  - ・無利息消費貸借
  - ・無償委任
- [14] 組合と団体 1

           ・民法上の組合
　［15］　組合と団体 2
           ・法人の諸態様
           ・法人格の意義
　［16］　組合と団体 3
           ・権利能力なき社団
           ・組合と共有
           ・建物の区分所有
　［17］　担保制度総説＋抵当権 1
           ・平等弁済と優先弁済
           ・債務の履行を確保する制度概観
           ・物的担保と人的担保
           ・約定担保と法定担保
           ・抵当権制度概観
　［18］　抵当権 2
           ・抵当権の効力 1
　［19］　抵当権 3
           ・抵当権の効力 2
　［20］　不動産譲渡担保およびその他の非典型担保
　［21］　質権と動産譲渡担保
　［22］　留置権・先取特権・所有権留保
　［23］　人的担保 1
           ・保証
           ・連帯保証
           ・身元保証
　［24］　人的担保 2 ＋相殺その他の担保制度
           ・連帯債務
           ・重畳的債務引受
           ・相殺
           ・その他の担保制度
　［25］　弁済による代位と求償
           ・第三者弁済と求償関係
           ・任意代位と法定代位

■民法 3―財産法 3（2 単位）～不法行為法およびその他の法定債権関係
　［1］　不法行為法序説
           ・契約に基づく債権関係と法定債権関係
           ・不法行為制度概説
　［2］　過失と権利侵害
　［3］　因果関係

[4] 損害賠償の範囲と損害額の算定1
[5] 損害賠償の範囲と損害額の算定2
[6] 法定監督者責任，使用者責任
[7] 工作物責任
[8] 共同不法行為
[9] 特別法上の不法行為1
[10] 特別法上の不法行為2
・契約責任と不法行為責任
[11] 不当利得1
[12] 不当利得2
[13] 事務管理
・財産法の体系再論

■民法4—家族法（2単位）--親族法・相続法
[1] 家族法総説
・親族法総説
[2] 夫婦1—夫婦関係の成立と効力
[3] 夫婦2—夫婦関係の解消
[4] 親子1—親子関係の成立
[5] 親子2—親権
[6] 養親子関係
[7] 後見・保佐・補助
・扶養
[8] 相続法概説
・法定相続人
[9] 相続の効力1
[10] 相続の効力2
[11] 相続の承認・放棄
[12] 遺言1
[13] 遺言2

■民事訴訟法（1年後期・6単位）
[1] はじめに，民事訴訟法とは何か，民事訴訟の目的
[2] 司法権の限界，訴訟と非訟，裁判を受ける権利
[3] ADR総論—ADRの歴史，理念，種類
[4] ADR各論—裁判外の和解（示談），調停，仲裁
[5] 民事保全1　保全命令の発令
[6] 民事保全2　保全命令に対する不服申立
[7] 民事保全3　保全執行，保全処分の効力
[8] 訴え1　訴え提起の方式，送達，二重起訴

[9] 訴え2　訴訟物
[10] 裁判所：管轄，移送，除斥等
[11] 当事者1　当事者確定，当事者能力，訴訟能力
[12] 当事者2　代理，訴訟担当
[13] 訴訟要件
[14] ADR 弁論主義，釈明
[15] 口頭弁論の諸原則
[16] 準備書面，争点整理手続
[17] 訴訟行為，欠席，中断・中止
[18] 証明1　自由心証主義，自白
[19] 証明2　証明責任
[20] 証明3　証人尋問，当事者尋問
[21] 証明4　書証，鑑定，検証，証拠保全
[22] 和解，請求の放棄・認諾，取下げ
[23] 判決1　判決の手続，既判力の客観的範囲
[24] 判決2　既判力の時的限界・主観的範囲
[25] 複雑訴訟1　訴えの併合，訴えの変更，反訴
[26] 複雑訴訟2　共同訴訟
[27] 複雑訴訟3　訴訟参加
[28] 複雑訴訟4　訴訟承継
[29] 控訴
[30] 上告・上告受理
[31] 抗告，再審
[32] 少額訴訟，手形・小切手訴訟，督促手続
[33] 強制執行1　債務名義，執行文
[34] 強制執行2　不動産執行（差押え，売却準備）
[35] 強制執行3　不動産執行（売却，引渡命令，配当）
[36] 強制執行4　動産執行
[37] 強制執行5　債権執行
[38] 強制執行6　非金銭執行
[39] 強制執行7　執行手続における不服申立て

3－3.　民事法・基幹科目

3－3－2.　民事法演習Ⅰ（民事判例演習）（2単位）

[1]　組合契約の解釈，強行規定
　　・最判平成11年2月23日民集53巻2号193頁
[2]　債権の準占有者に対する弁済―民478条の適用範囲
　　・最判昭和48年3月27日民集27巻2号376頁
　　・最判昭和59年2月23日民集38巻3号445頁

・最判平成9年4月24日民集51巻4号1991頁
［3］ 消滅時効の援用
・最判平成11年10月21日民集53巻7号1190頁
・最判昭和48年12月14日民集27巻11号1586頁
［4］ 抵当権と利用権の調整1—賃料債権への物上代位
・最判平成元年10月27日民集43巻9号1070頁
［5］ 抵当権と利用権の調整2—抵当権に基づく占有者の排除
・最大判平成11年11月24日民集53巻8号1899頁
・最判平成3年3月22日民集45巻3号268頁
［6］ 医師の過失と患者の自己決定（輸血拒否事件）
・最判平成12年2月29日判時1710号97頁
［7］［8］ 被害者の素因と過失相殺の類推適用；因果関係
・最判昭和63年4月21日民集42巻4号243頁（心因的要因）
・最判平成4年6月25日民集46巻4号400頁（身体的素因）
・最判平成8年10月29日民集50巻9号2474頁（身体的特徴）
・最判平成12年3月24日民集54巻3号1155頁（電通事件）
［9］ 将来債権の包括的譲渡
・最判平成11年1月29日民集53巻1号151頁
・最判昭和53年12月15日裁判集民事125号839頁（判時916号25頁）
［10］ 転用物訴権
・最判平成7年9月19日民集49巻8号2805頁
・最判昭和45年7月16日民集24巻7号909頁
［11］ 内縁夫婦の一方の死亡と居住不動産の利用関係
・最判平成10年2月26日民集52巻1号255頁
［12］ 無権代理と相続
・最判平成10年7月17日民集52巻5号1296頁
・最判平成6年9月13日民集48巻6号1263頁
・最判昭和63年3月1日判時1312号92頁
［13］ 遺言の解釈（「○○を相続させる」旨の遺言）
・最判平成3年4月19日民集45巻4号477頁

3－3－3. 民事法演習Ⅱ（民事事例演習）（2単位）

［1］ 代理の対外関係と内部関係
・代理権の濫用と権限踰越
・善管注意義務違反
・法人の代表者
・親権者の代理権濫用
・無権代理人の責任と不法行為責任
［2］ 医療契約上の債務不履行
・注意義務違反

・結果との因果関係
　　　・不法行為責任と契約責任
　　　・損害賠償の範囲
　　　・情報提供義務とインフォームド・コンセント
　　　・専門家責任
　［3］　給付物の瑕疵
　　　・債務者の給付義務の範囲
　　　・原始的瑕疵と後発的瑕疵
　　　・追完可能な瑕疵と追完不能の瑕疵
　　　・瑕疵担保責任の位置づけ
　　　・商事売買と民事売買
　　　・給付者の帰責事由
　　　・損害賠償の可否・範囲と拡大損害
　　　・錯誤による救済可能性との関係
　［4］　不動産取引の保護→後掲モデル参照
　［5］　運送契約上の物品事故
　　　・運送業者の責任
　　　・被用者の過失，履行補助者の過失
　　　・約款による免責の可能性
　　　・請求権競合
　［6］　契約の成立過程における瑕疵
　　　・古典的ルールとしての民法の原則
　　　・契約的拘束からの解放可能性
　　　・契約成立の諸態様
　　　・非対面取引（とくにパソコンを介した取引）
　［7］　重複塡補と損益相殺・代位
　　　・種々の保険給付（私的保険，社会保険等）が損害賠償請求権に及ぼす影響
　　　・生命保険と損害保険
　　　・重畳的に損害塡補を受けることの可否—損益相殺による考慮
　　　・同一保険代位による考慮
　　　・労働災害と保険
　［8］　保証人の弁済と求償権の行使，原債権の移転
　　　・保証人による弁済と求償権の発生時期
　　　・代位と原債権との関係
　　　・物上保証人の地位
　［9］　プライバシー・日照権の侵害
　　　・権利と権利の衝突
　　　・保護法益としてのプライバシー・日照権
　　　・差止請求の可否
　［10］　契約の無効・取消・解除と清算関係

- ・解除と不当利得
- ・受領物の返還
- ・無形的利益の返還
- ・利益の現存
- ・受益者の善意・悪意
- ・不当利得と不法行為

[11] 離婚とその効果
- ・離婚の実体的要件
- ・離婚の法的手続
- ・離婚の効果
- ・財産分与と分与者の無資力
- ・仮装離婚
- ・未成年者の親権者決定
- ・幼児の引渡請求

[12] 親子関係の存否と相続権
- ・嫡出否認の訴えと親子関係不存在確認の訴え
- ・前提問題としての親子関係の存否
- ・親族法における意思と事実
- ・詐欺・錯誤・強迫に基づく認知

[13] 遺産の分割
- ・遺産分割協議と前提事実に関する錯誤
- ・遺産共有
- ・債務の共同相続
- ・負担付遺贈
- ・物権的帰属関係

3－3－4. 民事法演習Ⅴ（民事裁判演習）（4単位）

[1] 導入―訴訟記録の解説
[2] 依頼者面談，代理権授与（ゲスト：弁護士）
[3] 弁護士倫理入門（ゲスト：弁護士）
[4] 訴状の作成（簡単な事件例を幾つか与え，グループごとに訴状を作成させる）
[5] 訴状に関する議論（各グループに分かれて前回作成した訴状の内容を議論）
[6] 送達（送達の実際上の問題点から手続保障の本質論）（ゲスト：裁判所書記官）
[7] 欠席の場合の処理
[8] 要件事実論入門 1　証明責任，主張責任，推定
[9] 要件事実論入門 2　要件事実の内容，請求原因・抗弁・再抗弁
[10] 準備書面の作成（簡単な事実を幾つか与え，グループごとに準備書面を作成させる）
[11] 準備書面に関する議論（各グループに分かれて前回作成した準備書面の内容を議論）
[12] 釈明
[13] 争点整理実習 1　弁論準備手続（ゲスト：裁判官）

[14] 争点整理実習2　書面による準備手続（各グループから出させた準備書面を基に，電話会議システムを用いて争点整理を実習）（ゲスト：裁判官）
[15] 事実認定論入門1　証拠法総論，事件の筋とすわり
[16] 事実認定論入門2　経験則の役割
[17] 証拠の採否
[18] 書証の認否
[19] 和解実習（ゲスト：裁判官）
[20] 証人面談，陳述書の作成（ゲスト：弁護士）
[21] 証人尋問実習1（訴訟記録を基に，証人尋問の方法を議論）
[22] 証人尋問実習2（実際に模擬的な証人尋問を実習）
[23] 判決書の作成（簡単な事件例を幾つか与え，グループごとに判決書を作成させる）
[24] 判決書に関する議論（各グループに分かれて前回作成した判決書の内容を議論）
[25] 控訴状，控訴理由書，控訴判決書
[26] 上告受理申立書，上告受理申立理由書，上告判決書

3－3－5.　民事法演習Ⅵ（実体法・手続法統合演習）（4単位）

[1]　導入
[2][3]　貸金返還請求事件
　　　（実体法：消費貸借，手続法：自白，相殺の抗弁，二重起訴）
[4]－[6]　保証債務履行請求事件（実体法：保証，時効，無権代理，手続法：擬制自白，共同訴訟，弁論分離，反射効，訴訟告知，同時審判共同訴訟）
[7][8]　立替金返還請求事件（実体法：求償権，手続法：合意管轄，移送）
[9][10]　売買代金請求事件（実体法：売買，行為能力，手続法：訴訟能力，法定代理）
[11][12]　建物収去土地明渡請求事件（実体法：賃貸借，借地借家法，手続法：既判力の時的限界）
[13]　共有土地境界確定事件（実体法：共有，手続法：固有必要的共同訴訟，形式的形成訴訟，検認，不利益変更禁止）
[14]－[15]　抵当権登記抹消請求事件（実体法：抵当権，不動産登記法，手続法：訴訟物，争点効，意思表示義務の執行）
[16][17]　債権者代位事件（実体法：債権者代位権，手続法：訴訟担当，独立当事者参加，既判力の主観的範囲）
[18][19]　医療過誤事件（実体法：過失，手続法：訴訟物，鑑定，証拠保全）
[20][21]　不法行為事件：交通事故（実体法：自賠法，損害，手続法：当事者照会，一部請求，証明責任，訴訟物，損害額の認定）
[22]－[24]　不法行為事件：公害（実体法：因果関係，手続法：訴訟物の特定，当事者能力，選定当事者，将来給付の訴え，文書提出命令，証明度）
[25]－[27]　離婚事件（実体法：婚姻，離婚，手続法：訴訟物，弁論主義，形成訴訟）
[28][29]　親子関係確認事件（実体法：親子関係，手続法：職務上の当事者，確認の利益，補助参加，再審）

<資料2>
法科大学院における刑事法カリキュラムのあり方(抜粋)

2001年4月24日 法科大学院における教育内容・方法に関する研究会

【刑事法Ⅰ(刑法)】(6単位)
[授業構成の例]
- [1] 刑事法の概観
- [2] 犯罪原因論
- [3] 犯罪現象論(統計からみた犯罪現象)
- [4] 犯罪対策論の基礎(刑法の存在理由)
- [5] 刑罰理論,刑事制裁論
- [6] 現行法上の刑罰
- [7] 日本刑法の歴史,比較法
- [8] 刑法とその解釈
- [9] 犯罪論の基礎
- [10] 犯罪論(1)
- [11] 犯罪論(2)
- [13] 犯罪論(3)
- [14] 犯罪論(4)
- [15] 犯罪論(5)
- [16] 罪数,刑の適用
- [17] 刑法における生命・身体の保護(1)
- [18] 刑法における生命・身体の保護(2)
- [19] 自由に対する罪,個人の私的領域を侵す罪
- [20] 名誉・信用・業務に対する罪
- [21] 財産犯(1)
- [22] 財産犯(2)
- [23] 財産犯(3)
- [24] 財産犯(4)
- [25] 公共危険犯
- [26] 偽造罪(1)
- [27] 偽造罪(2)
- [28] 薬物犯罪
- [29] 国家的法益に対する罪(1)
- [30] 国家的法益に対する罪(2)

【刑事法Ⅱ(刑事訴訟法)】(4単位)
[授業構成の例]

- ［1］　刑事手続概観
- ［2］　捜査1―捜査法の基本問題
- ［3］　捜査2―捜査の端緒
- ［4］　捜査3―被疑者の逮捕
- ［5］　捜査4―被疑者の勾留
- ［6］　捜査5―逮捕勾留の諸問題
- ［7］　捜査6―被疑者の取調べ
- ［8］　捜査7―捜索・差押え・検証（1）
- ［9］　捜査8―捜索・差押え・検証（2）―身体からの採証
- ［10］　捜査9―新しい捜査手法
- ［11］　捜査10―被疑者の防禦（1）
- ［12］　捜査11―被疑者の防禦（2）―弁護人の援助
- ［13］　公訴1―公訴権とその抑制
- ［14］　公訴2―公訴提起の手続
- ［15］　公訴3―審判の対象
- ［16］　公判1―被告人・弁護人
- ［17］　公判2―裁判所と公判手続
- ［18］　公判3―証拠開示・迅速な裁判
- ［19］　証拠1―基本原則
- ［20］　証拠2―自白
- ［21］　証拠3―伝聞法則
- ［22］　証拠4―違法収集証拠
- ［23］　裁判1―公判の裁判
- ［24］　裁判2―裁判の効力
- ［25］　上訴
- ［26］　非常救済・特別手続

5　刑事法基幹科目

【刑事法演習Ⅰ（刑法）】（4単位）

［授業構成の例］
- ［1］　刑法解釈論の基礎
- ［2］　刑法の機能と刑法の解釈
- ［3］　犯罪の処罰根拠
- ［4］　不作為犯
- ［5］　因果関係
- ［6］　故意・錯誤
- ［7］　過失（1）
- ［8］　過失（2）
- ［9］　正当防衛

- [10] 権利行使と財産犯
- [11] 責任能力
- [12] 実行の着手
- [13] 中止犯
- [14] 共同正犯（1）
- [15] 共同正犯（2）
- [16] 共同正犯（3）
- [17] 罪数と犯罪競合（1）
- [18] 罪数と犯罪競合（2）
- [19] 刑の適用
- [20] 結果的加重犯
- [21] 財産犯（1）
- [22] 財産犯（2）
- [23] 財産犯（3）
- [24] 財産犯（4）
- [25] 偽造罪（1）
- [26] 偽造罪（2）
- [27] 企業犯罪
- [28] 薬物犯罪
- [29] 交通事犯
- [30] 賄賂罪

【刑事法演習Ⅱ（刑事訴訟法）】（4単位）
［授業構成の例］
- ［1］ 捜査の法的規制
    - ・強制処分と任意処分
    - ・強制処分法定主義と令状主義
    - ・任意処分の相当性
    - ・違法捜査に対する救済との関係
- ［2］ 警察活動と捜査
    - ・職務質問と付随する所持品検査
- ［3］ 逮捕と勾留
    - ・逮捕と勾留との関係
    - ・事件単位の原則
    - ・一回性の原則
- ［4］ 任意同行と取調べ
    - ・任意取調べの相当性
- ［5］ 別件逮捕・勾留と余罪取調べ
- ［6］ 捜索・差押え
    - ・令状による捜索・差押え

・令状によらない捜索・差押え
　[7]　身体検査と体液採取
　　　・強制採尿
　　　・身体の捜索・検証・鑑定処分
　[8]　科学的証拠収集
　　　・写真撮影
　　　・通信傍受
　　　・電磁的記録の収集保全
　　　・コンピュータネットワークの捜査
　[9]　被疑者の弁護
　　　・弁護人の選任
　　　・接見交通と接見指定
　　　・違法捜査の是正・救済手法
　[10]　黙秘権
　　　・黙秘権の範囲
　　　・刑事免責
　[11]　公訴提起
　　　・訴追裁量権の行使とその逸脱
　　　・違法捜査と公訴提起の効力
　[12]　起訴状
　　　・訴因の特定
　　　・予断防止の原則
　[13]　訴因の変更
　[14]　訴訟条件
　　　・告訴・告発
　　　・公訴時効
　　　・訴訟条件と訴因
　　　・形式裁判
　[15]　迅速な裁判
　[16]　被告人の弁護
　　　・保釈
　　　・国選弁護
　　　・必要的弁護
　[17]　事前準備と証拠開示
　[18]　証拠の関連性
　　　・性格証拠
　　　・科学的証拠
　[19]　自白の証拠能力
　　　・任意性とその立証
　　　・違法収集自白

・派生証拠の証拠能力
[20]　自白の証明力
　　　・補強法則
　　　・自白の証明力評価
[21]　伝聞法則（その1）
　　　・伝聞と非伝聞
[22]　伝聞法則（その2）
　　　・伝聞例外
[23]　違法収集証拠の排除法則
[24]　裁判の効力
　　　・内容的確定力
　　　・一事不再理の効力
[25]　上訴—とくに控訴審
[26]　外国人と刑事手続
　　　・通訳をめぐる諸問題
　　　・入管法制と刑事手続
[27]　犯罪被害者と刑事手続

【刑事法演習Ⅲ（刑事法総合演習）】（2単位）
[授業構成の例]
[1]　因果関係とその認定
[2]　殺意とその認定
[3]　過失とその認定
[4]　責任能力とその認定
[5]　阻却事由とその主張・立証
[6]　挙証責任の転換・推定規定
[7]　共謀とその認定（1）—共謀の認定と訴因
[8]　共謀とその認定（2）—共謀の認定と共犯者の自白
[9]　罪数と刑事手続（1）——一部起訴，時効，告訴
[10]　罪数と刑事手続（2）—罪数と訴因・一時不再理効
[11]　微罪と刑事手続
[12]　新しい犯罪現象と刑事手続（1）—ネットワーク犯罪と刑事手続
[13]　新しい犯罪現象と刑事手続（2）—ネットワーク犯罪と刑事手続

> <資料3>
> **法科大学院における教育内容・方法（公法）のあり方について（抜粋）**
> 2001年10月26日　法科大学院における教育内容・方法に関する研究会

2－2　公法基礎科目

（1）「人権の基礎理論」　2単位

〔授業構成の例〕

〔1〕　幸福追求権

　幸福追求権による包括的人権保障の問題に関して，幸福追求権規定の法規範的性質，幸福追求権の人権体系上の地位，幸福追求権の本質と保障範囲などの問題について考察する。

（参照判例）
　　　　　京都府学連事件　最大判昭和44・12・24刑集23－12－1625
　　　　　在監者の喫煙　最大判昭和45・9・16民集24－10－1410
　　　　　前科照会事件　最判昭和56・4・14民集35－3－620

〔2〕　人権の享有主体性（未成年者の人権）と人権の制約原理

　人権の制約原理に関する基本的な考え方を理解させるとともに，自己決定権とパターナリスティクな制約との関係について，未成年者の人権の問題と関連させつつ検討する。

　またあわせて，教育を受ける権利や教育権の所在に関する問題についても言及する。

（参照判例）
　　　　　バイク3ない原則　最判平成3・9・3判時1401－56
　　　　　旭川学テ事件　最大判昭和51・5・21刑集30－5－615
　　　　　第1次家永訴訟上告審判決　最判平成5・3・16民集47－5－3483

〔3〕　人権の妥当範囲（特別の法律関係における人権・私人間効力）

　学校における児童・生徒の権利に関する問題を素材として，特別権力関係論や部分社会論あるいは私人間効力論について検討する。

（参照判例）
　　　　　富山大学単位不認定事件　昭和52・3・15民集31－2－234
　　　　　麹町中学内申書事件　最判昭和63・7・15判時1287－65
　　　　　三菱樹脂事件　最大判昭和48・12・12民集27－11－1536
　　　　　昭和女子大事件　最判昭和49・7・19民集28－5－790
　　　　　日産自動車事件　最判昭和56・3・24民集35－2－300

〔4〕　法の下の平等

　尊属殺人罪・傷害致死罪に関する判例などを素材にして，「平等」の観念に関する基本的な理解や憲法第14条の規範構造，平等審査の基本的な枠組みなど，法の下の平等に関する基本的問題について検討する。

(参照判例)
　　　　　尊属傷害致死罪　最大判昭和25・10・11刑集4－10－2037
　　　　　尊属殺　最大判昭和32・2・20刑集11－2－824
　　　　　尊属殺　最大判昭和48・4・4刑集27－3－265
　　　　　尊属傷害致死　最判昭和49・9・26刑集28－6－329

〔5〕　選挙権と法の下の平等
　議員定数訴訟を素材として，「法の下の平等」や「国民代表」の観念と選挙権あるいは選挙制度のあり方に関する基本的な問題について，二院制度にも言及しつつ，検討を行う。
　なお，訴訟形式に関する問題や，合理的是正期間論，事情判決の法理あるいは将来効に関する問題などについては，基幹科目において取り扱うのが適切である。
(参照判例)
　　　　　●衆議院
　　　　　最大判昭和51・4・14民集30－3－223
　　　　　最大判昭和60・7・17民集39－5－1100
　　　　　最大判平成11・11・10民集53－8－1441・1577・1704
　　　　　●参議院
　　　　　最大判昭和39・2・5民集18－2－270
　　　　　最大判平成8・9・11民集50－8－2283
　　　　　最大判平成12・9・6民集54－7－1997

〔6〕　信教の自由と政教分離
　信教の自由と政教分離の意義，およびその相互関係について検討する。
　但し，目的・効果基準の具体的な適用などに関する判例分析は基幹科目において取り扱われるのが適切であるので，ここでは信教の自由をめぐる問題を中心に授業を行い，政教分離については，その基本的な問題を取り扱うにとどめるのが望ましいと考えられる。
(参照判例)
　　　　　（1）　信教の自由
　　　　　犯人蔵匿罪事件　神戸簡判昭和50・2・20判時768－3
　　　　　剣道実技拒否事件　最判平成8・3・8民集50－3－469
　　　　　オウム真理教解散請求事件　最判平成8・1・30民集50－1－199
　　　　　（2）　政教分離
　　　　　津地鎮祭訴訟　最大判昭和52・7・13民集31－4－533
　　　　　愛媛玉串料訴訟　最大判平成9・4・2民集51－4－1673

〔7〕　表現の自由（1）
　「表現の自由の優越的地位」の理論を中心に，表現の自由を保障する意義について基本的な検討を行った上で，煽動罪と性表現規制に関する事例を素材として，表現内容の規制に関する問題について考察を行う。
(参照判例)
　　　　　米供出拒否扇動事件　最大判昭和24・5・18刑集3－6－839
　　　　　破防法扇動罪事件　最判平成2・9・28・刑集44－6－463
　　　　　チャタレー事件　最大判昭和32・3・13刑集11－3－997

　　　　　　悪徳の栄え事件　最大判昭和44・10・15刑集23－10－1239
　　　　　　四畳半襖の下張事件　最判昭和55・11・28刑集34－6－433
〔8〕　表現の自由（2）
　　　表現行為に対する典型的な規制形態である検閲・事前抑制の問題について考察するとともに，表現の自由と名誉権保護との衡量のあり方について検討する。
　　（参照判例）
　　　　　　税関検査事件　最大判昭和59・12・12民集38－12－1308
　　　　　　北方ジャーナル事件　最大判昭和61・6・11民集40－4－872
　　　　　　夕刊和歌山時事事件　最大判昭和44・6・25刑集23－7－975
　　　　　　月刊ペン事件　最判昭和56・4・16刑集35－3－84
〔9〕　表現の自由（3）
　　　表現の自由を自由な情報流通システムの保障という観点から捉えた場合，情報収集および情報受領の自由の保障が重要な意義を有している。そこで，知る権利や取材の自由に関する問題の検討を通じて，国政に対する批判あるいは実効的な監視を行うためには，情報収集権の保障が不可欠であることを理解させる。
　　　なお，知る権利や情報公開に関する問題の詳細については，展開科目「情報法」などにおいて取り扱われることが望ましい。
　　（参照判例）
　　　　　　石井記者事件　最大判昭和27・8・6刑集6－8－974
　　　　　　外務省機密漏洩事件　最決昭和53・5・31刑集32－3－457
　　　　　　博多駅事件　最大決昭和44・11・26刑集23－11－1490
　　　　　　TBS事件　最決平成2・7・9刑集44－5－421
　　　　　　法廷メモ訴訟　最大判平成元・3・8民集43－2－89
〔10〕　経済的自由（1）
　　　職業選択の自由に関する問題について，経済・社会政策との関係（例えば近年の規制緩和政策）などを視野に入れながら検討する。
　　（参照判例）
　　　　　　公衆浴場事件　最大判昭和30・1・26刑集9－1－89
　　　　　　小売市場事件　最大判昭和47・11・22刑集26－9－586
　　　　　　薬事法距離制限事件　最大判昭和50・4・30民集29－4－572
　　　　　　西陣ネクタイ訴訟　最判平成2・2・6訟月36－12－2242
　　　　　　酒類販売免許事件　最判平成4・12・15民集46－9－2829
〔11〕　経済的自由（2）
　　　財産権に関する基本的問題について検討する。その際，規制自体の合理性のほか，損失補償の問題についても留意する。
　　（参照判例）
　　　　　　ため池条例事件　最大判昭和38・6・26刑集17－5－521
　　　　　　森林法共有分割制限事件　最大判昭和62・4・22民集41－3－408
〔12〕　生存権
　　　生存権について，その権利性をめぐる問題や憲法第25条1項と2項の関係などを中心に検

討する。
(参照判例)
　　　食糧管理法違反事件　最大判昭和23・9・29刑集2－10－1235
　　　朝日訴訟　最大判昭和42・5・24民集21－5－1043
　　　堀木訴訟　最大判昭和57・7・7民集36－7－1235
〔13〕　労働基本権
　主として公務員の争議行為の規制に関する判例を素材として，労働基本権に関する基本的問題について考察する。
(参照判例)
　　　全逓東京中郵事件　最大判昭和41・10・26刑集20－8－901
　　　都教組事件　最大判昭和44・4・2刑集23－5－305
　　　全農林警職法事件　最大判昭和48・4・25刑集27－4－547
　　　全逓名古屋中郵事件　最大判昭和52・5・4刑集31－3－182

(2)　「統治の基本構造」　2単位
〔授業構成の例（その1）〕
I　立憲主義（あるいは法治国家論）
・立憲主義の起源と意義
[1]　比較不能な世界観の共存，公と私，硬性憲法の意義
[2]　日本の立憲主義の歴史
・法の支配
[3]　法の支配の概念，民主政原理との異同，裁判による行政・立法統制のあり方
・政府と市場
[4][5]　政府の役割，公共財と私的財，規制の概念と手法，規制緩和・民営化・競争促進の異同，行政主体論，国際機構・民間組織と政府
・立憲主義の例外
[6]　天皇制，平和主義
II　民主政原理（あるいは国民主権）
・国民代表の意義（何を，あるいは誰を代表するのか）
[7][8]　nation主権とpeuple主権の対比，選挙制度等のあり方
・民主政の意義
[7][8]　多元主義と共和主義（社会選択理論と討議民主主義論）の対比，選挙制度・立法権の範囲（委任立法の限界）独立行政委員会の意義・違憲立法審査のあり方・裁判による行政統制のあり方（立法者意思のとらえ方）等にもたらす帰結（注）
・行政権と立法権の関係
[9][10][11]　大統領制・議院内閣制・議会統治制の対比と異同（準大統領制，首相公選制），両院制の功罪，統治（government）の意義と統制，内閣，官僚制
・地方自治
[12][13]　分権の功罪，単一国家と連邦国家の異同，分権の仕組み

(注) ［7］［8］は，国民代表の意義というテーマか民主政の意義というテーマか，いずれを選択的に行うことが想定できる。二つのテーマは相互補完的である。

〔授業構成の例（その2）〕
Ⅰ　立憲主義
〔1〕　立憲主義の歴史的経緯
　　　・世界史のなかの立憲主義
　　　・日本における立憲主義の理解
〔2〕　民主政原理と法の支配～統治における裁判の位置
　　　・民主政の意義，法の支配との相互関係
　　　・法の支配・法治国思想・法律の支配の異同
　　　・統治メカニズムの一環として裁判所が占める位置
Ⅱ　国家政府の仕組み
〔3〕　立法権・行政権・司法権
　　　・明治憲法下の解釈論と，日本国憲法下の解釈論の異同
　　　・憲法と実定法制（国会法・裁判所法および各種訴訟法・内閣法等）との関係
〔4〕　法律と予算
　　　・法律の意義～法律の専管事項論（含，行政組織の設置）
　　　・法律と予算との異同
　　　・委任立法の限界論
〔5〕　行政活動の位置づけ
　　　・法律と「行政活動」の関係～法律による行政の原理・法律の留保論
　　　・予算と「行政活動」の関係
　　　・「行政権」と「行政活動」の異同
　　　・国家行政（国家の「行政活動」）と地方行政（地方の「行政活動」）の間の共働と対立の関係（序論→〔8〕）
　　　・内閣（長）・国会（地方議会）・裁判所による「行政活動の統制」
Ⅲ　国と地方
〔6〕　地方自治の本旨
　　　・その意義～なぜ地方自治は必要か
　　　・「地方政府」か「地方行政組織」か
　　　・「地方自治の本旨」の実定制度的内容～戦後の地方自治法制の変遷
〔7〕　条例論
　　　・法律との比較，および自主立法論
　　　・法律との関係（委任条例と独自条例／独自条例の法律違反性の判定）
　　　・条例と規則の関係
〔8〕　国家行政組織と地方行政組織の関係
　　　・地方行政活動に対する国家行政組織の関与
　　　・関与のあり方に関する地方自治法の定め

Ⅳ 司法制度
〔9〕 司法権の意義
・司法権の意義，裁判所法3条1項との関係
・客観（非主観的）訴訟制度
・非訟制度
〔10〕 違憲審査制度
・違憲審査制度の理念的根拠
・付随的審査論と客観訴訟
〔11〕 民事・刑事・行政事件における司法制度の諸問題
・適正手続論
・陪審制・実質的証拠法則
・行政事件における憲法論

Ⅴ 政府のガバナンス（ガバメント・ガバナンス）維持のためのその他の制度
〔12〕 情報公開法制
・情報公開法および情報公開条例の仕組み
・おもな不開示事由
〔13〕 個人情報保護法制
・個人情報の収集・管理・利用の規律
・個人の情報の開示・訂正の制度

（3）「行政活動と訴訟」 2単位
〔授業の内容〕
○工夫した点
　周知のとおり，行政法はとりわけ幅広い法領域をその対象としている。それを2単位（90分×13回）に絞り込むとなると，行政法・基礎科目の授業の構成と内容には，それ相応の工夫が必要となる。行政法・基礎科目の受講者は法学未修者，すなわち学部で法律科目を全く又は十分には履修していない人々であることを考慮すると，尚更このことが当てはまる。
　本研究会での討議の結果，この点のブレークスルーを次のような形で図る方策を考えてみた。すなわち，行政法では紛争の起こり方やその類型が民事法・刑事法に比べると初学者には分かりにくいという点を考慮し，まずは事件・事例を複数用意して，受講者に配布しておく。
　次に，基礎科目・行政法では，それらの事件・事例を繰り返し使用することによって，一方では範囲を限定するとともに，他方では1つの事件・事案に複数の論点が含まれていることを受講者に悟らせ，複眼的な考察方法が存することを発見させよう，というのである。
○その具体例
　したがって，受講者に配布する事件・事例は，事実関係がさほど複雑ではなく，しかし様々な論点を含む複合的な，ふくらみのあるものであることが望ましい。そのような事件・事例としてわれわれが想定したのは，ランダムに並べると，たとえば次のようなものである。
　国道43号線訴訟（最2小判平7・7・7民集49巻7号1870頁［平成4年（オ）第1503号事件］，民集49巻7号2599頁［平成4年（オ）第1504号事件］→含まれる論点：行政紛争の生成の仕方，それに伴う訴訟形式の選択の問題（行訴か民訴か）など

外為法輸出承認禁止（ココム）事件（東京地判昭44・7・8行集20巻7号842頁、判時560号6頁）→含まれる論点：取消訴訟と国賠訴訟の関係、狭義の訴えの利益、法律解釈、行政裁量など

出入国管理（退去強制）事件（一例：福岡地判平4・3・26判時1436号22頁、判タ787号137頁→最2小判平8・7・12裁判所時報1175号11頁、判タ924号150頁）→含まれる論点：行政上の不服申立て、強制執行、行政手続、訴えの利益、執行停止、法の一般原則など

風営法許可（取消）の事件（一例：東京高判平成11・3・31判時1689号51頁）→含まれる論点：許認可法制の典型例＝法律解釈、行政裁量、処分の職権取消しと撤回など

建築確認の留保の事例（一例：名古屋地判平8・1・31行集47巻1＝2号131頁、判例地方自治156号78頁）→含まれる論点：ラブホテル規制条例と行政指導、申請の効果、不作為の違法確認の訴えなど

ストロングライフ事件（最1小判昭56・2・26民集35巻1号117頁、判時996号39頁、判タ438号82頁）→含まれる論点：行政処分（登録拒否）、行政裁量、国家賠償など

ゴミ焼却プラントの建設契約（一例：最判3小昭62・3・20民集41巻2号189頁、判時1228号72頁、判タ633号116頁）→含まれる論点：契約への法的規律、訴訟の類型、地方自治など

○本科目のネーミング

以上のような特色と内容があることを踏まえて、本科目（法科大学院における基礎科目としての行政法）は、「行政活動と訴訟」と称することにした。

〔授業構成の例〕（2単位＝90分×13回）
ユニット
［1］ 行政活動をめぐる紛争はいかにして生起するか？
　・様々な行政活動
　・紛争の具体例
　・どう争うか（1）――取消訴訟
　・どう争うか（2）――国賠訴訟
　・どう争うか（3）――民事訴訟
［2］ 窓口指導と行政手続法
　・窓口指導の法的性質
　・行政手続法の定め
　・ノーアクションレター制度
［3］ 申請書・届の受取り拒否
　・申請と届出の異同
　・行政手続法の定め
　・受取り拒否への対抗手段
［4］ 処分の特色――許認可の概要
　・契約と比べて見た処分の特色
　・許認可制度の概要
［5］ 法律・行政立法・行政規則
　・行政活動と基準の設定
　・計画

- ・法律・法規命令・行政規則
- ・パブリックコメント制度
- [6] 申請に対する処分
  - ・審査基準と標準処理期間
  - ・その法的性格
  - ・実体法にはどのような定めがあるか——行政裁量
  - ・拒否処分に対してどう争うか
- [7] 不利益処分
  - ・定義
  - ・処分基準の法的性格
  - ・理由の提示
  - ・聴聞手続の詳細
  - ・調査
  - ・職権による処分
- [8] 処分の実効性確保
  - ・実効性確保の手法が必要な理由
  - ・処罰の手法
  - ・強制の手法
- [9] 事後行政手続
  - ・事前手続との関係
  - ・行政不服審査制度
  - ・審査請求手続の概要
  - ・行政審判——特許と審決手続
- [10] 行政事件訴訟（1）
  - ・概観
  - ・要件審理と本案審理
  - ・要件審理の諸問題
- [11] 行政事件訴訟（2）
  - ・本案審理の対象＝違法性
  - ・取消訴訟の審理手続
- [12] 国家賠償法（1）
  - ・取消訴訟と国賠訴訟の関係
  - ・1条責任の具体例
  - ・注意すべき点
- [13] 国家賠償法（2）
  - ・2条責任の具体例
  - ・注意すべき点
  - ・国賠法のその他の論点
- （※） なお，損失補償については，もっぱら時間的制約という理由から，憲法の授業に委ねることにした。

2－3 公法基幹科目・憲法

(2) 「憲法演習Ⅰ・憲法訴訟論」 2単位
〔授業構成の例〕
Ⅰ 違憲審査制度の基本構造
〔1〕〔2〕 付随的違憲審査制度

日本国憲法第81条に規定されている違憲審査制度が，なぜ付随的違憲審査制度であると理解されるべきなのか，付随的違憲審査制度とは具体的にどのような制度を意味するものであり，どのような憲法訴訟制度が許容されうるのか（例えば，客観訴訟における違憲審査など），付随的違憲審査制度の長所および短所はどのような点にあるのか，といった問題について検討を行う。

その際，最高裁判所判例や憲法・裁判所法の制定過程における資料などを素材とすることにより，判例や立法資料の取扱いについても指導を行う。

（参照判例）
    刑事法応急措置法事件　最大判昭和23・7・8刑集2－8－801
    食糧管理法違反事件　最大判昭和25・2・1刑集4－2－73
    警察予備隊事件　最大判昭和27・10・8民集6－9－783
    苫米地事件　最大判昭和35・6・8民集14－7－1206
    教育勅語事件　最判昭和28・11・17行集4－11－2760

〔3〕 裁判所による違憲審査の民主主義的正統性

国民主権を基礎とし，国民代表機関である国会を国権の最高機関と規定する憲法の民主主義的な枠組みの中で，裁判所の違憲審査がどのような正統性を有し，どのような役割を果たすことが期待されているのかという問題について考察する。

そして，そのような考察に基づいて，裁判所による憲法解釈の方法や違憲審査基準の問題について基本的な検討を加える。

〔4〕 憲法判例

憲法判例の法源性，先例拘束性および憲法判例の変更に関わる問題について検討を行う。

その際，判決理由を判決主文や基礎となる事実関係と関連付けて読むことにより，抽象的な表現が用いられやすい憲法関連判決において判示事項と傍論を区別する重要性を理解させる。

（参照判例）
    皇居前メーデー事件　最大判昭和28・12・23民集7－13－1561
    朝日訴訟　最大判昭和42・5・24民集21－5－1043
    全農林警職法事件　最大判昭和48・4・25刑集27－4－547
    春闘日教組スト事件　東京地判昭和55・3・14判時967－17

Ⅱ 「法律上の争訟」の要件
〔5〕〔6〕 争訟の具体性・主観的権利性

行政事件訴訟の訴訟要件をめぐる問題，とりわけ抗告訴訟の対象となる国家行為の具体性や原告適格に関する問題については，憲法の司法権論や裁判を受ける権利論の観点から批判的に考察を加えることが必要である。

その場合，対象となる問題は多岐にわたることとなるので，例えば，行政計画の問題を取り上げて，どのような法的性質の計画について，どの時点で争訟の対象とし，誰に争わせることが，裁判所による実効的な権利救済あるいは行政の適法性の維持にとって適切かを検討することなどが考えられる。
（参照判例）
　　　　土地区画整理事業計画　最判昭和41・2・23民集20－2－271
　　　　都市計画法上の用途地域指定　最判昭和57・4・22民集36－4－705
　　　　成田新幹線工事実施計画　最判昭和53・12・8民集32－9－1617
　　　　土地改良事業計画　最判昭和60・12・17民集39－8－1821
　　　　都市再開発事業計画　最判平成4・11・26民集46－8－2658
　　　　都市計画法上の地区計画　最判平成6・4・22判時1499－63

〔7〕　部分社会論
　部分社会論に関する基礎的な知識および一般的な問題点について学習していることを前提として，さらに，宗教団体の内部紛争を素材として，信教の自由・政教分離・宗教団体の自治と法律上の争訟性に関わる問題について考察する。
（参照判例）
　　　　板曼陀羅事件　最判昭和56・4・7民集35－3－443
　　　　日蓮正宗管長地位不存在確認訴訟　最判平成5・9・7民集47－7－4667
　　　　種徳寺事件　最判昭和55・1・11民集34－1－1
　　　　本門寺事件　最判昭和55・4・10判時973－85
　　　　蓮華寺事件　最判平成1・9・8民集43－8－889

〔8〕　対審手続・裁判の公開と司法権
　対審手続や裁判の公開との関連で，非訟事件と司法権の関係に関する問題について考察を行う。
（参照判例）
　　　　金銭債務臨時調停法事件　最大決昭和35・7・6民集14－9－1657
　　　　婚姻費用分担審判事件　最大決昭和40・6・30民集19－4－1114
　　　　非訟事件手続法過料事件　最大決昭和41・12・27民集20－10－2279
　　　　裁判官分限事件　最大決平成10・12・1民集52－9－1761

Ⅲ　違憲審査の対象

〔9〕　統治行為論
　違憲審査の対象に関わる問題として，いわゆる統治行為論について検討し，裁量論との異同について考察を加える。
（参照判例）
　　　　苫米地事件　最大判昭和35・6・8民集14－7－1206
　　　　砂川事件　最大判昭和34・12・16刑集13－13－3225
　　　　沖縄職務執行命令訴訟　最大判平成8・8・28民集50－7－1952

〔10〕　立法不作為
　立法不作為により憲法上の権利が侵害されている場合，どのような方法で救済を受けることができるかについて，立法不作為の違憲確認訴訟や国家賠償訴訟などに関する問題を検討

する。
(参照判例)
   在宅投票制度廃止事件　最判昭和60・11・21民集39－7－1512
   台湾人元日本兵補償事件　東京高判昭和60・8・26判時1163－41
   第三者所有物没収事件　最大判昭和37・11・28刑集16－11－1593
   河川付近地制限例事件　最大判昭和43・11・27刑集22－12－1402
   再婚禁止期間訴訟　最判平成7・12・5判時1563－81
   ハンセン病訴訟　熊本地判平成13・5・11

Ⅳ　憲法判断の要件

〔11〕　憲法上の争点を提起する当事者適格

　憲法法理に関わる問題として，憲法上の争点を提起することのできる当事者適格を考える必要があるのか否か，もしその必要があるとすれば，どの範囲で当事者適格が認められるのかなどの問題について考察を行う。

(参照判例)
   第三者所有物没収事件　最大判昭和37・11・28刑集16－11－1593
   徳島公安条例事件　最大判昭和59・9・10刑集29－8－489（高辻裁判官意見）
   川崎民商事件　最大判昭和47・11・22刑集26－9－554

Ⅴ　憲法判断の方法・効力と実効的救済

〔12〕　憲法判断の方法・効力

　議員定数配分訴訟を素材として，その訴訟形式，憲法判断の対象（定数配分規定の可分・不可分論），合理的是正期間論，事情判決の法理あるいは将来効に関する問題などを検討する。

(参照判例)
   最大判昭和51・4・14民集30－3－223
   最大判昭和58・11・7民集37－9－1243
   最大判昭和60・7・17民集39－5－1100
   最大判平成5・1・20民集47－1－67

〔13〕　実効的権利救済

　侵害されたあるいは侵害が予測される権利を実効的に救済するために，裁判所がどのような方法をとることが可能かという観点から，義務付け訴訟や差止め訴訟あるいは仮の救済などに関わる問題について検討を加える。

(参照判例)
   北方ジャーナル事件　最大判昭和61・6・11民集40－4－872
   大阪空港事件　最大判昭和56・12・16民集35－10－1369
   堀木訴訟　東京地判昭和40・4・22行集16－4－570
   執行停止事件　最大判昭和27・10・15民集6－9－827
   高田事件　最大判昭和47・12・20刑集26－10－631

(3)「憲法演習Ⅱ・人権保障論」 2単位
〔授業構成の例〕
〔1〕 生命に対する権利と自己決定権
　最高裁判所が憲法13条の一内容として認めた「国民の私生活上の自由」には、どのような自由が含まれると考えるべきか。いわゆる「自己決定権」は、「私生活上の自由」といえるか。また、自己決定権とりわけ生命に対する権利の保障あるいは制約に関して、憲法・民事法・刑事法がそれぞれどのような規律を行い、相互に関連しているか。このような問題について、安楽死や宗教上の信念に基づく輸血拒否事件を素材として考察する。
（参照判例）
　　　　　エホバの証人輸血拒否事件　最判平成12・2・29民集54-2-582
　　　　　東海大学安楽死事件　横浜地判平成7・3・28判時1530-28
〔2〕〔3〕 犯罪とプライバシーの権利・表現の自由
　犯罪の被疑者・被告人あるいは被害者などのプライバシーの権利に関する問題について、公正な刑事・民事司法制度のあり方や犯罪報道・犯罪小説などの表現の自由との関連で考察する。また特に、少年犯罪に関する報道等の
　問題についても検討を加える。
（参照判例）
　　　　　ノンフィクション逆転事件　最判平成6・2・8民集48-2-149
　　　　　少年通り魔実名報道事件　大阪高判平成12・2・29判時1710-121
〔4〕〔5〕 平等関連訴訟における違憲審査基準
　非嫡出子の法定相続分不均等問題や住民票続柄記載の問題について、最高裁判所や下級裁判所の判例を比較対照し、平等関連訴訟における目的・手段審査の基準や、差別とプライバシーに関する問題について検討する。
　またさらに、私人相互間の訴訟における法令の違憲審査に関する手続的問題や、遺言における相続分の差別に関する問題であった場合などと比較しながら、私人間効力や民事法における任意規定の違憲審査のあり方についても考察する。
（参照判例）
　　　　　非嫡出子法定相続分差別事件　最大決平成7・7・5民集49-7-1789
　　　　　非嫡出子住民票続柄記載事件　最判平成11・1・21判時1675-48
〔6〕 積極的差別是正措置と法の下の平等
　性差別に関する設例などを素材として、憲法上許されない不平等な事態とは、そもそもどのような事態をいうのか、明文で性別による差別的取扱いを規定していない場合、個々の事例において差別的意図・動機の存在をどのように認定するのか、結果において男女間で不均衡が生じている場合、それを直接的に差別ということができるのか、憲法上、積極的差別是正措置は許容されるのか、といった問題について検討する。
〔7〕 選挙活動に関する規制についての違憲審査基準
　議院内閣制をとる日本国憲法においては、選挙制度など国民の代表者の選び方については国民の代表者が自ら決定するシステムとなっている。そこで、このことから代表者の選出方法を定めるに際してどのような弊害が生じうるのか、また司法審査にどのような役割が期待され、それに基づけばどのような審査基準をとることが適切かといった問題について、事前

運動・戸別訪問・未成年者の選挙活動の禁止などを素材として検討を加える。
（関連判例）
    事前運動の禁止 最大判昭和44・4・23刑集23－4－235
    戸別訪問の禁止 最判昭和56・7・21刑集35－5－568
    文書活動の制限 最大判昭和30・3・30刑集9－3－635

〔8〕〔9〕 政教分離と目的審査基準
  愛媛玉串料訴訟最高裁判決での目的効果基準の適用は，それ以前の先例と比較してどう評価されるべきか。「諸般の事情」の「総合的」評価をどのようにおこなうかの指針がそこから読み取れるか。今後違憲とされうる事例としてどのようなものが考えられるかなど，様々な事例について目的効果基準の具体的適用をめぐる問題を考察する。
（関連判例）
    津地鎮祭訴訟 最大判昭和52・7・13民集31－4－533
    自衛官合祀訴訟 最大判昭和63・6・1民集42－5－277
    愛媛玉串料訴訟 最大判平成9・4・2民集51－4－1673
    箕面忠魂碑訴訟 最判平成5・2・16民集47－3－1687

〔10〕 差別的表現の規制
  人種・民族差別を助長する表現や少数者集団に向けられた侮辱的な表現，あるいはポルノグラフィに関する問題などを素材として，伝統的なスティグマを払拭し社会において平等の実現を図るための方法をめぐる問題や，個人の感情あるいは心理的静謐を保護法益として表現の自由を規制する場合の問題などについて検討する。
  その際，必要に応じて，人種差別撤廃条約などに言及し，国際的人権保障と憲法による人権保障の相互関係についても考察を行う。

〔11〕 表現の自由と違憲の条件
  表現活動への国家からの補助が選択的に行われることに対して憲法上の規律をかけることが可能かという問題を，具体的設例を使って考える。特定の範疇の表現にのみ補助を行わないこととそれを禁止することの異同，その範疇が表現内容中立的か否かで立論はどう変わるかなどを考察する。そして，それを通じて，人権が侵害されるという場合，いったいどのような状態を基準として判断されるべきなのかという，より一般的な問題へと検討を深めていく。

〔12〕 国家賠償と損失補償
  予防接種禍，非加熱製剤によるHIV感染問題，あるいはハンセン病患者隔離問題をめぐって，人権救済の方法としての国家賠償および損失補償に関する問題（国家行為の違法性・故意過失・給付額の算定・救済策の迅速性など）について検討を行う。
（参照判例）
    予防接種禍訴訟 東京地判昭和59・5・18判時1118－28
    ハンセン病訴訟 熊本地判平成13・5・11

〔13〕 法律と人権保障
  人権に関する基本的規律は法律に基づいて行われなければならないという憲法上の要請は，とりわけ行政との関係において，人権を保障するための重要な手続的保障であると考えられる。そこで，具体的な事例を素材として，法律による規律の明確性や委任立法の範囲など，

法律による人権の規律のあり方に関する問題について検討を行う。
(参照判例)
　　　　　国家公務員法違反事件　最判昭和33・5・1刑集12－7－1272
　　　　　在監者接見制限事件　最判平成3・7・9民集45－6－1049
　　　　　徳島公安条例事件　最大判昭和50・9・10刑集29－8－489
　　　　　青少年保護育成条例事件　最判昭和60・10・23刑集39－6－413
　　　　　旭川市国民健康保険条例事件　旭川地裁平成10・4・21判時1641－29

2－4　公法基幹科目・行政法

(2)　「行政法演習Ⅰ・違法判断」　2単位
〔授業構成の例〕
Ⅰ　行政活動への実体的規律
[1]　法解釈1　各種制度の法的仕組み
　　行政活動の根拠となる法律の解釈作法を検討する。行政過程がやや複雑な仕組みとして作られている事例を素材とする。
　　たとえば，許認可制度における職権取消しと撤回論の理解を深める素材として，風俗営業適正化法の定めるふたつの許可取消し制度について，それぞれいかなる要件によって発動されるべきものか，相互関係はどうかという解釈問題を取り上げる（参照，東京高判平11・3・3判例時報1689号51頁）。
[2]　法解釈2　根拠法以外の法律・法の一般原則の適用
　　行政活動の根拠となる法律の解釈適用にあたって，当該法律以外の法律の適用があるか（著名例として，民法177条や167条，借家法など），法の一般原則の適用があるか（とくに信頼保護）といった問題を取り上げる。
[3]　法解釈3　各種の行政立法および行政計画
　　行政組織が自ら定立する各種の規範（政省令・通達・要綱・回答など）や計画は，いかなる程度で，裁判所が，行政活動の適法性・違法性を判定するために参照すべき規範，または，参照が許される規範となるかを検討する。いわゆる行政解釈の尊重の問題も含める。
[4]　行政裁量1　行政裁量の存否と司法審査のあり方
[5]　行政裁量2　行政裁量の存否と司法審査のあり方
　　行政活動の根拠となる法律の解釈として，行政機関にどのような裁量的判断の余地が認められるか，それに対する司法審査の手法ないし基準についての判例の展開，その手法ないし基準は何によって決まるか，いわゆる裁量基準の存在がどのような影響を及ぼすかを検討する。
[6]　行政裁量3　不作為への司法審査のあり方
　　監督権限の不行使や行政指導の不作為など，行政機関の不作為の違法性（作為義務）が争点となる場面を取り上げる。主として国家賠償訴訟の事案が素材となろうが，法定外抗告訴訟の事案も考えられる。
　　なお，委任命令の憲法の限界論は，基礎科目「統治の基本構造」で取り上げ，部分社会論・統治行為論は，基幹科目「憲法演習Ⅰ・憲法訴訟論」で取り上げる。

Ⅱ 行政活動への手続的規律

[7] 行政手続の種類,および行政手続規範の相互関係

　行政手続の種類や存在理由,行政手続を義務付ける諸種の規範の相互関係を理解するため,憲法上の適正手続論,行政手続法,個別法,行政手続条例の相互関係,適用除外を解釈論的に検討する。

　なお,余裕があれば,あわせて,行政 ADR,パブリック・コメント,アドバンス・ルーリングなどについての立法論的見通しを得ておくことが望まれる。

[8] 手続違反の諸相

　いかなる手続違反が裁判において争点とされうるかを,行政手続法の場合(弁明機会付与や聴聞の適切さ,通知の適切さ,提示された理由の十分さ,文書閲覧の拒否の正当性など),独禁法などの準司法的手続の場合(職能分離など),行政不服審査法その他の不服申し立ての場合(審査手続や教示の適切さ)を取り上げて検討する。

　なお,行政上の不服申立てについては,行政活動の一例として「行政法演習Ⅰ・違法判断」で扱われる部分(手続違反の諸相・手続違反の効果)と,提訴にかかる諸問題として「行政法演習Ⅱ・訴訟方法」で扱われる部分(抗告訴訟の前置手続としての行政上の不服申立て)とに分かれる。

[9] 手続違反の効果

　行政活動に手続違反が見出されたとき,裁判所が結論に反映させるか(行政処分を取消す,損害賠償を認める,契約を無効にするなど)という問題を検討する。たとえば,行政手続法制定以前の最高裁判決(旅券法の理由付記や運輸審議会の公聴会),契約手続違反の効果に関する最高裁判決,独禁法の準司法的手続違反に関する東京高裁判決などを検討する。

[10] 事実認定——実質的証拠の制度

　実質的証拠の制度(独禁法その他において実定的に規定されているが,労働組合法の解釈としては判例上否定)について,その運用のために必要な行政手続上の要件のほか,実質的証拠の有無についての裁判上の攻撃防御の仕方を検討する。事実認定権限は司法権に必須か,実定法の根拠無くして実質的証拠の運用をすることは可能かという問題にも,言及する。

Ⅲ その他の諸問題

[11] 国家賠償法1条における違法と過失

　国家賠償法1条における違法と過失の関係(違法一元,過失一元,二元的構成の使い分け),過失の認定の仕方(職員個人か組織か,等)を取り上げる。立法や裁判といった特殊事案における不法行為責任については,適宜言及するにとどめる。

[12] 国家賠償法2条における瑕疵

　国家賠償法2条における瑕疵論については,各法科大学院ごとに,民事法担当者と調整したうえで,行政法の一環として取り上げることが望ましい論点に絞って取り上げる。1条と2条の重複関係についても言及することが望ましい。

[13] 行政指導の諸問題

　これまでの学習の復習と整理を兼ねた応用問題として,行政指導(法律・条例に定めのないもの)が争点となる各種の訴訟(国家賠償訴訟が中心となる)において,行政活動の適法性・違法性はいかなる規範に照らして判定されているか,また判定されるべきかを検討する。行政指導は,行政活動の実体法的規律の問題(行政裁量の行使の一態様)や,手続的規律の問

題(法定の手続の省略)の一現象として現れるほか,法律や条例の実体的・手続的規律の外で行われる行政活動としても現れている。とくに最後のタイプについては,裁判所がいかなる規範に照らしてその適否を判定しているのかが問題となる。

あわせて,行政手続法の行政指導規定を,判例理論の編み目なかに位置付けて理解させる。

(3) 「行政法演習Ⅱ・訴訟方法」 2単位
〔授業構成の例〕
Ⅰ 訴訟提起の準備
[1] 訴状の作成

架空の行政紛争事例を与えて,訴状を作成させ,訴訟提起の準備段階でどのようなことに目配りをしておくべきかについて,鳥瞰する。訴訟方式(訴訟ルート)の選び方,訴訟対象の選び方,原告の選び方,被告の選び方・その記載の仕方,請求の併合の可否,取消訴訟の出訴期間の起算点,不服申し立て前置の要否,裁判管轄など,実務上留意すべき行政訴訟に固有の問題があることに気付かせる。当然ながら,訴状の書き方の巧拙は,ここでは関心の対象ではない。

Ⅱ 抗告訴訟の対象・当事者と前置手続
[2] 処分性

計画,給付行為,規範定立行為(要綱・通達を含む),行政指導など,処分性の有無が争点となる判例について,何が処分性の有無の決め手であったかを検討する。あわせて,行政事件訴訟法における行政処分概念の由来,処分性の概念の立法論的な有用性(その有無)についても,適宜言及する。

[3] 原告適格

行政処分の相手方以外の第三者の原告適格を論じる判例について,何が決め手であったかを検討する。

[4] 狭義の訴えの利益(客観的利益)(含,事情判決との使い分け)

いわゆる訴えの客観的利益の事後的消滅を論じる判例を検討して,何が決め手であったかを検討する。また,行訴法の事情判決との間の使い分けにも言及する。

[5] 憲法論的見地からの検討

司法権や法律上の争訟性の観点から,訴訟の適否を論じる判決を取り上げて検討したうえで,〔2〕～〔4〕で見た処分性・原告適格・狭義の訴えの利益の問題との間に,問題意識の重複が見られないかを検討し,憲法論(司法権論)との関係を確認する。

時間的余裕があれば,住民訴訟や,新地方自治法で導入された国と地方公共団体の間の訴訟も素材に加えることが有用であろう。

この問題は,基幹科目「憲法演習。・憲法訴訟論」でも取り上げられうる。

[6] 抗告訴訟の前置手続としての行政上の不服申立て

行政上の不服申立て制度のうち,抗告訴訟の前提手続としての意味をもつ部分(不服申立て前置の要否,前置義務があるときの裁決・決定の不作為の取扱い,原処分主義など)を取り上げる。

行政上の不服申立ては,行政活動の一例として基幹科目「行政法演習Ⅰ・違法判断」で扱われる部分(手続違反の諸相・手続違反の効果)と,提訴にかかる諸問題として基幹科目

「行政法演習Ⅱ・訴訟方法」で扱われる部分（抗告訴訟の前置手続としての行政上の不服申立て）とに分かれる。

Ⅲ 訴訟方式の選択

[7] 抗告訴訟の間の選択（含，判決の効力）
　　取消訴訟と法定外抗告訴訟の間の選択関係を，取消判決の効力論を含めて取り上げる。行政事件訴訟法の解釈，判例理論の分析評価，立法論的検討を行う。

[8] 無効確認訴訟の訴えの利益
　　無効確認訴訟の訴えの利益論のほか，無効確認訴訟の性格を検討することで，抗告訴訟と当事者訴訟・（狭義の）民事訴訟との間の区別について，解釈論的・立法論的に理解を深める。

[9] 抗告訴訟と他の訴訟方式の関係（1）

[10] 抗告訴訟と他の訴訟方式の関係（2）
　・行政処分に対する抗告訴訟と国家賠償訴訟の関係
　・行政機関のある行為に対して，抗告訴訟を提起すべきか，狭義の民事訴訟（差止めや不存在・無効確認を求める訴え）を提起すべきか
　・行政処分に対する抗告訴訟と，行政処分の相手方その他の私人を被告とする民事差止め訴訟との関係
　・行政処分に対する抗告訴訟と，当該処分に続く処分性を欠く行為（工事など）を対象とする民事差止め訴訟との関係
　・行政上の義務違反者に対して国・自治体が原告となって是正を求める訴訟，行政上の代執行と民事上の強制執行申立ての関係

などといった諸問題をまとめて取り上げる。行訴法の解釈論とともに立法論的検討を加える。

　このほかに，抗告訴訟と刑事訴訟の間の選択という問題もあること（交通反則金の最高裁判決）に言及することも考えられる。

[11] 租税事件・労働事件の訴訟方式
　　［9］［10］の応用として，租税事件における，納付済税額の不当利得返還請求訴訟と賦課決定に対する抗告訴訟の関係，労働事件における，労働委員会の決定に対する抗告訴訟と，労使間の民事訴訟の関係などを検討する。

[12] 仮の救済
　　仮の救済を申し立てる際の諸問題のうち，執行停止と民事保全の使い分け（［9］［10］の応用例でもある），執行停止の要件といった基本的な解釈問題を取り上げ，その立法論的評価についても言及する。

[13] 住民訴訟

> **＜資料4＞**
> **法科大学院における公法系教育のあり方などについて**
> **（中間まとめ）（抜粋）」**
>
> 2002年6月28日　法科大学院における教育内容・方法に関する研究会

最高裁判例を題材とした憲法領域からの出題例
【出題の意図】
設問1：図式的な違憲審査基準論に惑わされずに，判決文を正確に理解することができるかどうかをみる。
設問2：単独所有が「近代市民社会における原則的所有形態である」とする本件法廷意見の前提とその意義を理解しているか否かをみる。
設問3：判例法理を前提として，適切な立案を行う能力をみる。
【問題】
　次に掲げるのは，森林法186条の共有林分割請求権制限規定を違憲とする判決の法廷意見である。これを読んで，後掲の各設問に答えなさい。
〔参照条文〕
　森林法186条　森林の共有者は，民法第256条第1項の規定にかかわらず，その共有に係る森林の分割を請求することができない。ただし，各共有者の持分の価額に従いその過半数をもって分割の請求をすることを妨げない。民法256条1項　各共有者は何時ニテモ共有物ノ分割ヲ請求スルコトヲ得但五年ヲ超エサル期間内分割ヲ為ササル契約ヲ為スコトヲ妨ケス。
　憲法29条は，1項において「財産権は，これを侵してはならない。」と規定し，2項において「財産権の内容は，公共の福祉に適用するやうに，法律でこれを定める。」と規定し，私有財産制度を保障しているのみでなく，社会経済的活動の基礎をなす国民の個々の財産権につきこれを基本的人権として保障するとともに，社会全体の利益を考慮して財産権に対し制約を加える必要性が増大するに至ったため，立法府は公共の福祉に適合する限り財産権について規制を加えることができる，としているのである。
　財産権は，それ自体に内在する制約があるほか，右のとおり立法府が社会全体の利益を図るために加える規制により制約を受けるものであるが，この規制は，財産権の種類，性質等が多種多様であり，また，財産権に対し規制を要求する社会的理由ないし目的も，社会公共の便宜の促進，経済的弱者の保護等の社会政策及び経済政策上の積極的なものから，社会生活における安全の保障や秩序の維持等の消極的なものに至るまで多岐にわたるため，種々様々でありうるのである。したがって，財産権に対して加えられる規制が憲法29条にいう公共の福祉に適合するものとして是認されるべきものであるかどうかは，規制の目的，必要性，内容，その規制によって制限される財産権の種類，性質及び制限の程度等を比較考量して決すべきものであるが，裁判所としては，立法府がした右比較考量に基づく判断を尊重すべきものであるから，立法の規制目的が前示のような社会的理由ないし目的に出たとはいえないものとして公共の福祉に合致しないことが明らかであるか，又は規制目的が公共の福祉に合致するものであっても規制手段が右目的を達成するための手段として必要性若しくは合理性に欠けていることが明らか

であって，そのため立法府の判断が合理的裁量の範囲を超えるものとなる場合に限り，当該規制立法が憲法29条2項に違背するものとして，その効力を否定することができるものと解するのが相当である（最高裁昭和43年（行ツ）第120号同62年4月22日大法廷判決・民集41巻3号408頁）。

森林法186条は，共有森林につき持分価額2分の1以下の共有者に民法256条1項所定の分割請求権を否定している。

そこでまず，民法256条の立法の趣旨・目的について考察することとする。共有とは，複数の者が目的物を共同して所有することをいい，共有者は各自，それ自体所有権の性質をもつ持分権を有しているにとどまり，共有関係にあるというだけでは，それ以上に相互に特定の目的の下に結合されているとはいえないものである。そして，共有の場合にあっては，持分権が共有の性質上互いに制約し合う関係に立つため，単独所有の場合に比し，物の利用又は改善等において十分配慮されない状態におかれることがあり，また，共有者間に共有物の管理，変更等をめぐって，意見の対立，紛争が生じやすく，いったんかかる意見の対立，紛争が生じたときは，共有物の管理，変更等に障害を来し，物の経済的価値が十分に実現されなくなるという事態となるので，同条は，かかる弊害を除去し，共有者に目的物を自由に支配させ，その経済的効用を十分に発揮させるため，各共有者はいつでも共有物の分割を請求することができるものとし，しかも共有者の締結する共有物の不分割契約について期間の制限を設け，不分割契約は右制限を超えては効力を有しないとして，共有者に共有物の分割請求権を保障しているのである。このように，共有物分割請求権は，各共有者に近代市民社会における原則的所有形態である単独所有への移行を可能ならしめ，右のような公益的目的をも果たすものとして発展した権利であり，共有の本質的属性として，持分権の処分の自由とともに，民法において認められるに至ったものである。

したがって，当該共有物がその性質上分割することのできないものでない限り，分割請求権を共有者に否定することは，憲法上，財産権の制限に該当し，かかる制限を設ける立法は，憲法29条2項にいう公共の福祉に適合することを要するものと解すべきところ，共有森林はその性質上分割することのできないものに該当しないから，共有森林につき持分価額2分の1以下の共有者に分割請求権を否定している森林法186条は，公共の福祉に適合するものといえないときは，違憲の規定として，その効力を有しないものというべきである。

〔現行の〕森林法186条は，森林法（明治40年法律第43号）6条の「民法256条ノ規定ハ共有ノ森林ニ之ヲ適用セス但シ各共有者持分ノ価格ニ従ヒ其ノ過半数ヲ以テ分割ノ請求ノ為スコトヲ妨ケス」との規定を受け継いだものである。明治40年法6条の立法目的は，その立法の過程における政府委員の説明が，長年を期して営むことを要する事業である森林経営の安定を図るために持分価格2分の1以下の共有者の分割請求を禁ずることとしたものである旨の説明に尽きていたことに照らすと，森林の細分化を防止することによって森林経営の安定を図ることにあったものというべきであり，当該森林の水資源涵養，国土保全及び保健保全等のいわゆる公益的機能の維持又は増進等は同条の直接の立法目的に含まれていたとはいい難い。昭和26年に制定された現行の森林法は，明治40年法6条の内容を実質的に変更することなく，その字句に修正を加え，規定の位置を第7章雑則に移し，186条として規定したにとどまるから，同条の立法目的は，明治40年法6条のそれと異なったものとされたとはいえないが，森林法が1条として規定するに至った同法の目的をも考慮すると，結局，森林の細分化を防止することによっ

て森林経営の安定を図り,もって国民経済の発展に資することにあるというべきである。
　同法186条の立法目的は,以上のように解される限り,公共の福祉に合致しないことが明らかであるとはいえない。
　したがって,森林法186条が共有森林につき持分価額2分の1以下の共有者に分割請求権を否定していることが,同条の立法目的達成のための手段として合理性又は必要性に欠けることが明らかであるといえない限り,同条は憲法29条2項に違反するものとはいえない。以下この点につき検討を加える。
　森林が共有となることによって,当然に,その共有者間に森林経営のための目的的団体が形成されることになるわけではなく,また,共有者が当該森林の経営につき相互に協力すべき権利義務を負うに至るものではないから,森林が共有であることと森林の共同経営とは直接関連するものとはいえない。したがって,共有森林の共有者間の権利義務についての規制は,森林経営の安定を直接的目的とする前示の森林法186条の立法目的と関連性が全くないとはいえないまでも,合理的関連性があるとはいえない。
　森林法は,共有森林の保存,管理又は変更について,持分価額2分の1以下の共有者からの分割請求を許さないとの限度で民法第3章第3節共有の規定の適用を排除しているが,そのほかは右共有の規定に従うものとしていることが明らかであるところ,共有者間,ことに持分の価額が相等しい2名の共有者間において,共有物の管理又は変更等をめぐって意見の対立,紛争が生ずるに至ったときは,各共有者は,共有森林につき,同法252条但し書に基づき保存行為をなしうるにとどまり,管理又は変更の行為を適法にすることができないこととなり,ひいては当該森林の荒廃という事態を招来することとなる。同法256条1項は,かかる事態を解決するために設けられた規定であることは前示のとおりであるが,森林法186条が共有森林につき持分価額2分の1以下の共有者に民法の右規定の適用を排除した結果は,右のような事態の永続化を招くだけであって,当該森林の経営の安定化に資することにはならず,森林法186条の立法目的と同条が共有森林につき持分価額2分の1以下の共有者に17分割請求権を否定したこととの間に合理的関連性のないことは,これを見ても明らかであるというべきである。
　森林法は森林の分割を絶対的に禁止しているわけではなく,わが国の森林面積の大半を占める単独所有に係る森林の所有者がこれを細分化し,分割後の各森林を第三者に譲渡することは許容されていると解されるし,共有森林についても,共有者の協議による現物分割及び持分価額が過半数の共有者の分割請求権に基づく分割並びに民法907条に基づく遺産分割は許容されているのであり,許されていないのは,持分価額2分の1以下の共有者の同法256条1項に基づく分割請求のみである。共有森林につき持分価額2分の1以下の共有者に分割請求権を認めた場合に,これに基づいてされる分割の結果は,右に述べた譲渡,分割が許容されている場合においてされる分割等の結果に比し,当該共有森林が常により細分化されることになるとはいえないから,森林法が分割を許さないとする場合と分割等を許容する場合との区別の基準を遺産に属しない共有森林の持分価額2分の1を超えるか否かに求めていることの合理性には疑問があるが,この点はさておいても,共有森林につき持分価額2分の1以下の共有者からの民法256条1項に基づく分割請求の場合に限って,他の場合に比し,当該森林の細分化を防止することによって森林経営の安定を図らなければならない社会的必要性が強く存すると認めるべき根拠は,これを見いだすことができないにもかかわらず,森林法186条が分割を許さないとする森林の範囲及び期間のいずれについても限定を設けていないため,同条所定の分割の禁止は,

必要な限度を超える極めて厳格なものとなっているといわざるをえない。
　まず，森林の安定的経営のために必要な最小限度の森林面積は，当該森林の地域的位置，気候，植栽竹木の種類等によって差異はあっても，これを定めることが可能というべきであるから，当該共有森林を分割した場合に，分割後の各森林面積が必要最小限度の面積を下回るか否かを問うことなく，一律に現物分割を認めないとすることは，同条の立法目的を達成する規制手段として合理性に欠け，必要な限度を超えるものというべきである。また，当該森林の伐採期あるいは計画植林の完了時期等を何ら考慮することなく無期限に分割請求を禁止することも，同条の立法目的の点からは必要な限度を超えた不必要な規制というべきである。
　更に，民法258条による共有物分割の方法について考えるのに，現物分割をするに当たっては，当該共有物の性質・形状・位置又は分割後の管理・利用の便等を考慮すべきであるから，持分の価格に応じた分割をするとしても，なお共有者の取得する現物の価格に過不足を来す事態の生じることは避け難いところであり，このような場合には，持分の価格以上の現物を取得する共有者に当該超過分の対価を支払わせ，過不足の調整をすることも現物分割の一態様として許されるものというべきであり，また，分割の対象となる共有物が多数の不動産である場合には，これらの不動産が外形上一団とみられるときはもちろん，数か所に分かれて存在するときでも，右不動産を一括して分割の対象とし，分割後のそれぞれの部分を各共有者の単独所有とすることも，現物分割の方法として許されるものというべきところ，かかる場合においても，前示のような事態の生じるときは，右の過不足の調整をすることが許されるものと解すべきである（最高裁昭和28年（オ）第163号同30年5月31日第三小法廷判決・民集9巻6号793頁，昭和41年（オ）第648号同45年11月6日第二小法廷判決・民集24巻12号1803頁は，右と抵触する限度において，これを改める。）。また，共有者が多数である場合，その中のただ一人でも分割請求をするときは，直ちにその全部の共有関係が解消されるものと解すべきではなく，当該請求者に対してのみ持分の限度で現物を分割し，その余は他の者の共有として残すことも許されると解すべきである。
　以上のように，現物分割においても，当該共有物の性質等又は共有状態に応じた合理的な分割をすることが可能であるから，共有森林につき現物分割をしても直ちにその細分化を来すものとはいえないし，また，同条2項は，競売による代金分割の方法をも規定しているのであり，この方法により一括競売がされるときは，当該共有森林の細分化という結果は生じないのである。したがって，森林法186条が共有森林につき持分価額2分の1以下の共有者に一律に分割請求権を否定しているのは，同条の立法目的を達成するについて必要な限度を超えた不必要な規制というべきである。
　以上のとおり，森林法186条が共有森林につき持分価額2分の1以下の共有者に民法256条1項所定の分割請求権を否定しているのは，森林法186条の立法目的との関係において，合理性と必要性のいずれをも肯定することができないことが明らかであって，この点に関する立法府の判断は，その合理的裁量の範囲を超えるものであるといわなければならない。したがって，同条は，憲法29条2項に違反し，無効というべきであるから，共有森林につき持分価額2分の1以下の共有者についても民法256条1項本文の適用があるものというべきである。

設問1：最高裁の判例は，経済活動規制が，積極的な社会経済政策の実施を目的とする場合には，当該規制が「著しく不合理であることの明白である」か否かを問う，緩やかな「明白性の

基準」を，当該措置が自由な職業活動が社会公共に対してもたらす弊害を防止するための消極的，警察的措置であれば，「よりゆるやかな制限である……規制によっては右の目的を十分に達成することができないと認められる」か否かを審査する「厳格な合理性の基準」を用いることを明らかにしたと考えられている。

　本判決は森林法における共有林の分割制限規定を，消極的警察的目的の措置と捉えたのだという議論があるが，それは妥当であろうか。以下の二つの文章を参照しながら答えよ。

　森林法186条は，……坂上裁判官補足意見の言葉をかりて言えば，実態は，「ほんの一握りの森林共有体の経営の便宜のために，すべての森林共有体の，しかもそのうちの持分2分の1以下の共有者についてのみ，その分割請求権を奪う」という，福祉国家的理想に基づく典型的な積極目的規制とは程遠いものとみるのが妥当と思われる立法である。……そうだとすれば，今村教授が指摘されたとおり，186条は「経済政策目的を持つものとは言え，寧ろ消極的な現状維持を狙いとするもの」であり，今回の判決の多数説も，186条の立法目的を実質的にはそういう消極目的規制に近いとする立場を採っているとみることができるのではないか，と私は解する。（芦部信喜『人権と憲法訴訟』（有斐閣，1994）478頁）

　以下，議論を正確にするため，統計数字については，林野庁監修「林業統計要覧」1986年度版所載の各表によることとするが，その「1980年世界農林業センサス結果」によると，わが国での共同所有者による森林保有は，統計に表れない0.1ヘクタール未満の森林を除き，0.1ヘクタール以上のものに限れば，16万6145事業体で合計60万1673ヘクタールに過ぎず，面積比にすると，2500万ヘクタール余とされるわが国の全森林の2.4％，1470万ヘクタールに及ぶ私有森林の約4パーセントを占めるのみである。しかも，そのうち0.1ヘクタールないし1ヘクタール（未満）しか保有しない事業体は9万6280事業体に達し，全共同事業体の約58パーセントに当たり，これに1ないし5ヘクタール（未満）しか保有しない事業体を併せると，14万4996事業体（全共同事業体の87％強）にも達するのである。……〔森林経営にとって〕望ましいとされる「相当広大な面積」をかりに100ヘクタール以上と低く抑えたとしても，その条件に達するものは僅かに557事業体（全共同事業体の0.3パーセント強）に過ぎない。共有にかかる森林の殆どは，共同所有ではあっても，共同経営という名に値しないものである。

　とすれば，森林経営の観点から共有を論じても余り意味はなく，森林法186条は，ほんの一握りの森林共有体の経営の便宜のために，すべての森林共有体の，しかもそのうちの持分2分の1以下の共有者に付いてのみ，その分割請求権を奪うという不合理を敢えてしていると結論せざるをえない（本判決に対する坂上壽夫裁判官補足意見）

設問2：共有林分割制限規定が違憲無効とされたとき，民法典の共有に関する規定が適用されるのは当然のことか。それは，「森林法は，共有森林の保存，管理又は変更について，持分価額2分の1以下の共有者からの分割請求を許さないとの限度で民法第3章第3節共有の規定の適用を排除しているが，そのほかは右共有の規定に従うものとしていることが明らかであるところ」であるからか。森林法が，民法典の共有の規定の適用を全面的に排除しているとすると，どうであろうか。非嫡出子法定相続分規定違憲訴訟（最大決平成7年7月5日民集49巻7号1789頁）の場合，非嫡出子の相続分に関する規定が無効だとすると，当然に嫡出子と同一の相続分が保障されることになるか否かという論点と比較しながら答えよ。

設問3：この判決を前提として，森林経営の安定化を図るために森林の細分化を防ぐ規定を設けようとすると，どのような論点に配慮した規定でなければならないか。

> **＜資料5＞**
> **法科大学院の教育内容・方法等に関する中間まとめ（抜粋）**
> 　　　　　　　2002年1月22日　文部科学省中央教育審議会大学分科会法科大学院部会

資料Ⅰ　公法系のカリキュラム・モデル案

1　公法系科目の必修総単位数
　法律基本科目のうち，公法系科目（憲法・行政法）の必修総単位数は10単位とする。

2　公法系カリキュラムの考え方
・公法系科目の必修総単位数を各科目にどのように配分するか，どのような科目をいずれの学年に配当するかについては，各法科大学院の選択にゆだねられるべきである。10単位を超える必修総単位数を要求することもありうるものと考えられる。
・公法系科目に限らず，必修科目の履修の仕方については，限られた単位数の中で受講者の負担が過大とならないような配慮をしつつ，しかも授業の効果をあげる工夫が必要である。本モデル案では，その工夫として，憲法と行政法を一体化した科目を置くこと，そして，複数の科目のバスケットの中から一定単位数になるまでの単位の修得を要求する方式について検討を加えている。
・以下で述べるカリキュラム・モデル案では，1年次で公法分野の基本的な知識と考え方の修得をめざし，2年次以降で法的分析能力，議論の能力などのさらなる発展をめざすという考え方がとられている。もとより，カリキュラム編成の基本的な考え方は多様でありうる。本カリキュラム・モデル案は，他の考え方の可能性を否定するものではない。

3　公法系カリキュラム・モデルの一例
（1）　1年次の科目
　1年次の科目はいずれも，法学未修者に，公法分野での基本的な知識とものの見方・考え方を身につけさせることを目標とする。下記の2科目のいずれも，憲法あるいは行政法に特化せず，その一体化（ないし融合）をはかっている。

　　・**前期統治の基本構造（2単位）**
　　　「統治の基本構造」は，公法分野に共通する最少限の基礎知識としての国家機構の概要とその諸原理について見取り図を与えることを目標とする。立憲主義の起源と内容，民主政原理，法の支配，権力分立，議院内閣制と官僚制，国と地方との関係などを取り上げる。具体的な授業構成において，憲法および行政法の基礎にある基本原理の考察を重視するか，あるいは実定制度の基礎的な理解に重点を置くか等については，各法科大学院の工夫と選択にゆだねられるべきであろう。

　　・**後期人権と国家作用（4単位）**
　　　日本国憲法下における権利保障の基本的構造を理解させ，各人権規定に関する基礎的な知識と考え方の修得をはかるとともに，基本的人権に関わる行政活動のあり方やその紛争

処理の方法についての基礎的な知識と考え方の修得をめざす。各法科大学院における人員の構成等によっては、主として憲法上の権利に関わる授業と、主として行政活動とその紛争処理の仕組みに関わる授業（各2単位）に分離して科目を置くことも考えられる。

(2) 2年次の科目

　2年次の科目はいずれも、受講者が1年次の各科目、あるいはそれに相当する科目の履修により、法律学の基礎的な知識と考え方をすでに修得していることを前提としながら、法曹実務家として必要な公法分野の専門的知識の修得とともに、法的分析能力および法的な議論を遂行する能力等のさらなる育成をはかるものである。各科目に関する網羅的な知識の教授ではなく、具体的な素材に基づく双方向・多方向の授業を少人数で行うことが想定されている。

・憲法総合（2単位）

　法曹実務家が訴訟等を通じて人権救済等、憲法規範の実現を図るために必要な専門的知識と法的な思考能力、議論の能力等のさらなる育成をはかる。司法審査制の基本構造、法律上の争訟の概念、違憲審査の対象、違憲判断の方法等を対象とする「憲法訴訟論」や違憲審査の基準とそれに対応する違憲主張の適格論などを扱う「人権保障論」等が主な主題として想定できる。

・行政法総合（2単位）

　法曹実務家にとって必要と思われる行政過程および行政救済に関する専門的知識と法的思考・分析能力等をさらに深めることをめざす。具体的な素材に基づく双方向・多方向の授業を少人数で行うことが想定されている点は、憲法総合と同様である。行政活動に関する訴訟の提起の仕方に焦点をあてる授業や、本案の審理のあり方に焦点をあてる授業等を想定することができる。

※なお、憲法総合および行政法総合については、2単位の授業科目を複数用意し、それら一群の科目のバスケットのなかから、一定の単位数（たとえば4単位あるいは6単位）に達するまでの科目の履修を要求する方式をとることも考えられる。

資料Ⅱ　民事系のカリキュラム・モデル案

1　民事系科目の必修総単位数

　法律基本科目のうち、民事系科目（民法・商法・民事訴訟法）の必修総単位数は32単位とする。

2　民事系カリキュラムの考え方

・民事系科目の必修総単位数を各科目にどのように配分するか、どの科目をどの学年に配当するか、民事系科目の編成をどのように行うか等については、各法科大学院がその教育方針にしたがって判断すべきである。

・民事系科目に限らず、必修科目の履修の仕方については種々の考え方があり、とくに、法科大学院の1年次においては基礎的な法分野に関する基本的な体系的理解を主眼とし、2年次以降に応用的・先端的な問題や法分野を学ぶべきであるとする考え方と、このような、基礎と応用を区別するカリキュラムでは1年次における履修が受動的で知識偏重型となる危険が大きいとして、この区別を排して、1年次から相当程度深化した内容を理解させ、問題解決

能力，事案分析能力を修得させるべきであるとする考え方が対立するが，第三者評価基準や設置基準を定めるにあたっては，いずれかの立場を是とするのではなく，各法科大学院が，それぞれの考え方と教育方針にしたがい，これらの基準の枠内で，創造的・批判的な法的思考力・分析力を備えた法曹を養成するにふさわしいと考えるカリキュラムを開発することが相当と考えられる。

3　民事系カリキュラム・モデルの一例

2で述べた考え方の相違にしたがい，民事系カリキュラム・モデルも多様でありうるが，その一例として，以下のようなカリキュラム・モデルを考えることができる。

このモデルは，1年次における基礎科目と2年次における応用科目とを段階的に区別する考え方にしたがったものであるが，このような区別を否定する考え方によれば，これとは大きく異なったカリキュラム・モデルとなりうることは，いうまでもない。

（1）　民事系科目の単位配分

民事系科目の必修総単位数32単位の内訳は，民法12単位，商法4単位，民事訴訟法4単位，民事法総合12単位とする。

民事法総合科目をどのような編成とするかについては種々の考え方がありうる。民法を主たる対象とするもの，商法を主たる対象とするもの，民事訴訟法を主たる対象とするものというように分野を原則として区別することも可能であるが，民法・商法を一体的に取り扱う科目，実体法と手続法を統合する科目などの編成も考えられる。また，単位数の配分についても，2単位ごとに区分する，4単位で行うなど，多様でありうるが，本モデル案では，6つの2単位科目を想定している。

（2）　1年次の科目

・1年次においては，基本的な体系的理解を主眼とした法律基本科目を以下のように履修する。
　　前期　民法8単位
　　後期　民法4単位，商法4単位，民事訴訟法4単位

・これらの科目における基本的な体系的理解は，各法分野全体に関わるような，あるいは各法分野を超えて相互に関連するような応用的・発展的な問題を理解するために不可欠であるのみならず，法律基本科目以外の展開科目・先端科目を履修する場合にも，その前提として必須のものである。

・1年次の民事系科目においても，単に法的知識の受動的な修得が目的とされるのではなく，創造的・批判的な法的思考能力・分析能力の育成がめざされるべきであることは当然であり，少人数教育の利点を活かした教育方法を工夫することが肝要である。

・民法の科目をどのように編成するかについては，これまで一般的であった，民法典の編別を科目編成にも反映させるべきであるとする考え方，対象となる法律関係の相違に着目して，たとえば，契約法，不法行為法（ないし法定債権関係法），物権法，家族法といった編成をとるべきであるとする考え方など，種々の考え方がありうる。

このモデル例では，前期の民法8単位で，契約法を中心とした取引法を，後期の4単位で，比較的独立性の高い分野と考えられる不法行為法を中心とした法定債権関係法（2単位）と家族法（2単位）を学修することが想定されている。また，従来，物権法は独立した科目とされることが通例であったが，その主要部分である物権変動の問題は，契約による権利変動の問題

として，また，担保物権の問題は，人的担保とあわせて債権の履行確保の問題として位置付けられ，いずれも前期8単位の民法科目で取り上げられることになる。
　前期に契約法の基礎を修得することにより，後期配当の商法や民事訴訟法の理解がより容易になると期待される。
・後期配当の商法（4単位）では主として会社法を，民事訴訟法（4単位）では主として判決手続を学修する。
（3）　2年次の科目
・2年次においては，1年次における法律基本科目の履修を前提として（法学既修者については，これにおおむね対応する法的思考能力・分析能力が備わっていることを前提として），応用的・発展的な問題を取り扱い，創造的・批判的な法的思考力・分析能力をより高度なものとすることが主眼となる。
　　　前期　民事法総合（2単位）×4
　　　後期　民事法総合（2単位）×2
・2年次の民事系科目では，各法分野を超えた制度相互間の関係を理解することが必要となる。たとえば，上掲の民事法総合科目を民法総合，商法総合，民事訴訟法総合というように，分野を区別した名称に変更したとしても，他分野に属する問題もその対象に含まれうることは当然である。

資料Ⅲ　刑事系のカリキュラム・モデル案

1　刑事系科目の必修総単位数
　法律基本科目のうち，刑事系科目（刑法・刑事訴訟法）の必修総単位数は12単位とする。

2　刑事系カリキュラムの考え方
・法科大学院により，刑事法関係を重点的な専門分野とする法曹養成をめざすことはありえ，その場合，上記より多くの刑事系科目群の履修を義務づけたり，そうでなくともその履修を推奨することが考えられる。また，基礎法学・隣接科目群や展開・先端科目群のなかで刑事法関連の科目を充実させるということもありえよう。これらの点については，各法科大学院の創意工夫により，独自性のあるカリキュラム編成が認められるべきである。
・同様に，必修総単位数の内訳として，どの科目に何単位を配分するか，また，どの科目をどの学年に配当するかについては，各法科大学院がそれぞれの教育方針にしたがって独自に決定していくことが望ましい。
・必修総単位数の配分につき，ここで提示するモデル案は，体系的・基礎的理解を主眼とした科目としての「刑法」6単位を1年次に配当し，その履修を前提として，2年次には，「刑事訴訟法」4単位と，さらに，「深化と統合」を目ざした科目としての「刑事法総合」2単位を履修させるものであるが，これとはやや異なり，たとえば，1年次に「刑法」4単位，2年次に「刑法」2単位，「刑事訴訟法」4単位，「刑事法総合」2単位を履修させることや，科目をより細分化し，1年次と2年次にそれぞれ配当して履修させるということも考えられる。
・さらに，基本的考え方を異にしたカリキュラム編成もありうる。すなわち，1年次の「基礎」と2年次以降の「深化と応用」とを分断すること，刑法と刑事訴訟法とを分けて教えること

は適切でないとして、1年次の最初から統合的かつ応用的な内容の授業を行うべきだという考え方もありえ、たとえば、1年次には、刑法と刑事訴訟法、さらに刑事政策を統合する「刑事法総合」を6単位科目として提供し、2年次には「刑事法総合」6単位を履修させることも考えられる。
・第三者評価基準や設置基準を定めるにあたっては、以上のいずれかの考え方に固定してしまうのではなく、多様なカリキュラム案の実現が可能となるようにし、それぞれのカリキュラム編成の間での「競争」が行われうるようにすることこそが望ましいと思われる。

3 刑事系カリキュラム・モデルの一例
(1) 刑事系科目の単位配分
　刑事系科目については、必修総単位数12単位のうち、「刑法」に6単位、「刑事訴訟法」に4単位、「刑事法総合」に2単位を配分することが考えられる。
(2) 1年次の科目
・「専門法曹になるための基礎的な法知識を確実に修得させ、基本的な考え方を体系的に理解させること」に主眼を置いた科目として「刑法」（6単位）を履修させる。その内容は、刑法総論、すなわち、刑法の基礎理論、犯罪論、刑罰論、および、刑法各論、すなわち、刑法典の処罰規定および重要な特別刑法上の処罰規定の解釈論である。
・6単位でこのような広い範囲をカバーできるかどうか、疑問に思われるかもしれないが、法科大学院においてはこれは可能だと考えられる。なぜなら、第1に、法科大学院生はすべて、当初から実務法曹になることをめざして、明確な目的意識と強い学習意欲を有しており、授業への能動的参加が期待され、教育効果も高いものと想定される。第2に、法科大学院生は、学部卒業者ないし社会人であり、学部学生に比し、より本質的事項に集中した、より効率的な授業が可能である。
・とはいえ、授業内容自体にも、大幅な見直しが必要となろう。
・まず、単なる知識の伝達ではなく、時間の制約はあるにせよ、問題領域を限定した上で「深化と応用」が可能となるような一連のテーマを取り上げることが必要である。刑法総論、とりわけ犯罪論は、基礎的な法的思考力・問題解決能力を鍛えるのにきわめて有効であり、網羅的ではないにせよ、重要テーマのいくつかを選択し、掘り下げた内容の授業を行うことが望ましい。たとえば、理論的な射程の広い問題である「被害者の同意」、事実関係の分析にも密接に関わる「過失犯」や、実務的重要性が高く、理論的にも総合的な理解を要求する「結果的加重犯」等のテーマを詳しく取り上げることが考えられる。
・これに対し、たとえば錯誤論についてはよりスリム化し、共犯については、実務上の重要性に鑑みて共同正犯に的を絞ることも考えられる。反対に、罪数や犯罪競合等、いわば「犯罪論と刑罰論の繋ぎ目」に位置する問題、刑の適用・量刑等の刑罰論に属するテーマには、従来よりも多くの時間を割くことが必要となろう。
・刑法各論についても、刑法典上の罪であっても、その主要なもののみを取り上げれば足りると考えられる反面、特別刑法の規定、たとえば経済犯罪や薬物犯罪に関する諸規定は、その実務上の重要性から、より詳しく扱うことが望ましい。
・授業の方法については、単なる解釈論に終始してはならず、従来よりも、刑事訴訟法との関連、犯罪現象論や犯罪対策論、刑事立法論との繋連を強く意識したものとすべきである。単

に知識の受動的な修得ではなく、批判的・創造的な法的思考力・分析力の育成がめざされるべきであること、少人数教育の利点を活かした教育方法を工夫すること等は、他の法律基本科目の場合と同じである。

(3) 2年次の科目
・2年次においては、1年次における刑法の履修を前提として、また、法学既修者については、これに対応する法的思考能力・分析能力が備わっていることを前提として、「刑事訴訟法」4単位の集中的な授業を行うことが考えられる。さらに、刑法と刑事訴訟法の融合的な論点に関する総合科目として「刑事法総合」（2単位）を履修させることが考えられる。

刑事訴訟法（2年次、4単位）
・単位数としては、従来の法学部授業と異ならないが、それに比べて、格段に内容の濃い授業が期待される。また、これまでの大学の刑事法教育が手続法をやや軽く見る傾向があったとすれば、これを改めることにも役立つと考えられる。
・この授業では、刑罰法令を実現する手続の流れ、個々の制度の仕組みとその趣旨、基本的な解釈論上の問題と、判例あるいは学説による問題解決を取り上げ、それらの確実な修得を前提として、刑事法が機能する「場」を明確に意識させ、そこでの刑法・刑事訴訟法の働き・機能を把握させることがめざされるべきである。これは、実務における刑事法の「使われ方」を理解させることにほかならず、最終的には、刑事手続関与者、すなわち、裁判官、検察官、弁護人等により相対的な、しかもどれかに偏ることのない多面的な見方を理解させることにまで及ぶものでなければならない。
・また、この授業は、刑法と刑事訴訟法との連繋を正確に修得させるとともに、既存の実定法規の解釈論や実務の運用、基本判例の理解だけでなく、政策的・立法論的視点からのアプローチを加味し、刑事政策や刑事立法論との連繋に留意したものとなることが要請される。
・授業の進め方として、手続の流れを理解するうえで、モデル事例を設定し、その処理を手続の流れにそってたどっていくという方法が有効であると考えられる。とりわけ、事例に即して作成されたモデル書式やビデオ等の教材との組み合わせにより、学習効果が高まることが期待される。

刑事法総合（2年次、2単位）
・刑事法総合は3つのねらいをもつ必修科目として位置づけられる。すなわち、第1に、既修の刑法の学識を深めること、第2に、刑法と刑事訴訟法とを結びつけて統合的に理解させること、第3に、実務関連科目ひいては実務修習へと架橋する科目として、そこにおける学習に不可欠な前提知識と理解を修得させることである。
・この授業では、従来の学部教育で手薄となりがちであった事実関係の把握・分析の能力が育成されるように配慮することが必要である。
・具体的テーマとしては、実体法の側からは、たとえば、過失犯、責任能力、共同正犯、財産犯ないし経済犯罪、薬物犯罪などのテーマが考えられる。教える側には、これまでと異なった新しい論点やテーマを「発見」し、これらへのアプローチを展開させることが要請される。
・この授業の主要な教育目標は、すでに修得した体系的知識を具体的な事例との関係で「使いこなせる」レベルにまで高めること、基本的な判例について、その事実関係との対比から、その射程を見極める能力を涵養すること、判例の事例と類似のケースにつき判例に基づく立論の技法を体得すること、それを前提としたうえで批判的・発展的思考を展開できるように

するための訓練をすること，複数の刑事法分野にまたがる複合的な論点，民法や行政法などと関わる論点を含む事案について，事実関係を分析して解釈論上の論点をみずから発見し，説得的な解釈論を展開する能力をつけることである。

法科大学院をねらう

2003年7月18日　第1版第1刷発行

©編　者　中央ゼミナール
発行者　今井　貴・稲葉文子
発行所　㈱信　山　社
〒113-0033　東京都文京区本郷6-2-9-102
TEL 03-3818-1019　FAX 03-3818-0344
制作：編集工房INABA

2003, Printed in Japan　　　印刷・製本／松澤印刷

ISBN4-7972-9087-0 C2037

学生・社会人のための
法科大学院コース

比べてください

授業内容はココが違う!

- ■適性試験は予想されるパターンに対応、毎回演習を取り入れ、確実に8割を目指す!
- ■小論文は予想されるさまざまなパターンに対応。解説＋答案作成＋添削指導＋個別アドバイスで得点源に!
- ■専門科目は体系的な学習と論述練習で真の学力を身に付ける。1年間で基本六法を完全にマスター!
- ■ハイレベル校では法学英語も出題!法学英語の答案作成＋添削指導＋解説の中ゼミ自慢の「添削型英語講座」で万全!
- ■それでも不安の方には、小論文・専門論文・語学すべての科目について、3年次編入コースの基礎講座がバックアップ!

授業以外のサポートはココが違う!

- ■中ゼミの模擬面接は伝統の個別指導、さらにディベート指導も!進路相談・学習相談は、講義担当講師を含めスタッフが個別対応!
- ■法科大学院各校に関する情報を収集し、完全提供。実戦に即した公開模試を実施!（適性試験・小論文・専門論文）
- ■提出書類（課題論文・志望理由書）も個別指導。中ゼミは365日自習室開放、ビデオ学習や自主ゼミで応援!

今までの司法試験対策とここが違う!
キメ細かな合格支援システム

大学3年生の皆さんへ
早期のスタートが合格のカギ!大学3年生コースを本年10月開講予定です。

無料体験授業受付中!
希望の講座を無料体験授業として受講することができます。（要予約。講座名、曜日、時間帯、詳細はお問合せください。）

7月中旬発刊!
中央ゼミナール編
法科大学院をねらう
発行：信山社
A5判、約240頁

後期生募集中

コース	タイプ（夏期講習は7/28開講）	授業料（入学金含む）
総合コース	夏期講習＋2学期＋目前講習＋ビデオ学習（1学期分）	380,000円
	2学期＋目前講習＋ビデオ学習（1学期分）	330,000円
専門3科目コース	夏期講習＋2学期＋目前講習＋ビデオ学習（1学期分）	310,000円
	2学期＋目前講習＋ビデオ学習（1学期分）	270,000円

編入・転部・社会人・大学院入試での合格実績、ノウハウ、豊富な情報量で高い評価をうけています　　［案内書請求は下記へ］

中央ゼミナール
http://www.chuo-seminar.ac.jp/sus

〒166-8542　東京都杉並区高円寺南4-45-10
JR中央・総武線/地下鉄東西線「高円寺駅」南口1分
☎ 0120-555-510